吉村靖徳

九州の古墳

増補改訂版

海鳥社

目次 Contents

宮崎県・西都原古墳群

佐賀県

長崎県

本扉写真：福岡県・伝岩戸山古墳出土の武装石人（正福寺蔵）

熊本県

大分県

宮崎県

鹿児島県

＊各古墳の問合せ先やアクセスなどの見学に関する情報は巻末の「掲載古墳一覧」で紹介しています。
＊各古墳の名称は指定名称に拠っています。
＊本書では時代区分について、前期（三世紀中頃－四世紀後半）、中期（四世紀末－五世紀）、後期（六世紀初頭－後半）、終末期（六世紀末－七世紀後半）としています。
＊本書に掲載した写真は所有者の許可を得て、すべて著者が撮影したものです。

【総説】

ヤマト政権と九州の古墳

前方後円墳の時代

古墳時代は、それまで地域ごとに展開していた弥生時代墳丘墓に代わる記念物、「前方後円墳」という画一化された特定個人墓の出現をもってはじまった。共通する型式の墓をつくることは単なる文化的な現象ではなく、畿内勢力による地方統治という内政面と外交権の掌握の手段として、政治的意図のもとに定着していった。つまり畿内の勢力が、各地の有力首長と同盟関係を結んで地域を治める権限と独自の対外交渉を後方支援的に承認し、その証《あかし》としてハード面の前方後円墳の築造とソフト面の葬送儀礼をセットとする画一化された祭式の形が共有されるに至った。古墳時代は、両者のそうした政治的な関係が、前方後円墳を頂点とする古墳の形や規模、埋葬施設、副葬品に如実にあらわれる時代で、段階的に政権の体制を整えながら国家の成立に向けて動いていく。

一方、地方首長も畿内勢力と関係を結ぶことにより、地域首長間における優位性の担保に基づきつつ覇権を強化し、独自に周辺地域や朝鮮半島と交流・交易を行った。そして埋葬施設などの墓制についても様々な文化を華開かせる。

ヤマト政権と前方後円墳

前方後円墳の成立

前方後円墳体制というシステムづくりの主導的な役割を果たしたのは初期ヤマト政権、つまり奈良県大和盆地東南部の纒向《まきむく》遺跡の首長たちであった。

纒向遺跡は東西二km、南北一・五kmの範囲に及ぶ。そこでは先進的な技術を伴った物流機能を果たす大規模な運河が整備され、東海・北陸・山陰・吉備など各地の搬入土器の出土割合の高さは各地から人が集まる一大都市であったことを物語っている。遺跡には柵列《さくれつ》の内側に規則的に配置した中核施設とみられる大型掘立柱建物群も存在した。集落における農工具の鍬《くわ》よりも土木事業に使用したと考えられる鋤《すき》の割合が高いことも特徴的で、この遺跡が一般的な村落とは違って都市のような性格を持つことを裏付ける資料となる。

纒向遺跡は都市機能を持っていただけでなく、纒向型と呼ばれる画一化した前方後円形の墳墓と、殯《もがり》を含む新しい葬送祭式も成立させた。

最古の前方後円墳・纒向石塚古墳からは、平行する弧状の線が帯のようになった文様を刻んだ木板（弧文円板《こもんえんばん》）が、遺跡内から同様の文様がある石製品（弧文石）が出土している。弧文石（弧帯文石《こたいもんせき》）は吉備地域の弥生時代後期後半の楯築墳丘墓《たてつきふんきゅうぼ》で首長の葬送儀礼に用いられ、纒向石塚古墳に少し遅れる箸墓《はしはか》古墳の特殊壺形埴輪・特殊器台形埴輪もまた吉備地域の墳丘墓を飾った土器に由来する。このほか竪穴式石槨《たてあなしきせっかく》の祖型とみられるホケノ山古墳の石囲木槨墓《いしがこいもっかくぼ》

箸墓古墳の200mほど東にあるホケノ山古墳は、前方部が短く撥形に開く纒向型前方後円墳という最古の型式

は徳島県・萩原墳墓群一号墓など瀬戸内地域の墳丘墓に、葺石《ふきいし》は山陰地域の四《よ》隅突出型墳丘墓《すみとつしゅつがたふんきゅうぼ》の貼石《はりいし》に、さらに鏡をはじめ威信財を副葬する風習は北部九州地域や瀬戸内東部地域に起源を求めることができ、それまで地域ごとに独自の展開をしていた弥生時代首長の墳丘墓における特徴的な祭祀形態を統合した結果、前方後円墳という祀りの場が成立した可能性が考えられる。前方後円墳の墳形のモデルについては諸説あるが、瀬戸内地域に分布する、方形の突出部を持つ墳丘墓に由来するものとみられる。

こうした特定首長のための画一化された墳墓の形と一連の葬送祭式の成立、そして纒向型前方後円墳が関東から九州まで広範囲に波及することを重視すれば、時代を画する大きな転機といえるだろう。

巨大古墳の出現

纒向遺跡で成立した前方後円墳は、儀礼の様式を整えながら、次の段階には墳丘長二七八ｍにも及ぶかつてない規模の箸墓古墳を出現せしめた。

箸墓古墳は、土器編年など考古学的検討により三世紀後半から末頃に築造されたと考えられるが、周溝から出土した土器に付着した炭化物の理化学的な年代測定（放射性炭素年代測定）の結果では西暦二四〇－二六〇年という数値が出た。仮にそこまで年代を遡らせると卑弥呼が亡くなった時期と重なってくることになる。

ところで、弥生時代終末期の墳丘墓やホケノ山古墳のような初現期の纒向型前方後円墳には、中国の後ろ盾を周囲に知らしめる威信財として画文帯神獣《がもんたいしんじゅう》

右：倭迹迹日百襲姫命（やまととひももそひめのみこと）を葬ったとされる箸墓古墳は最古の大型前方後円墳。卑弥呼の墓とする説も有力／左：黒塚古墳の竪穴式石槨。棺の周りを囲む三角縁神獣鏡は最多の33面を数えるが、被葬者の頭部に副葬されていたのは舶載の画文帯神獣鏡であった

鏡《きょう》などの舶載鏡を副葬するものがある。そして次の段階に至り、中国・魏が卑弥呼に贈った鏡と考えられてきた三角縁神獣鏡《さんかくぶちしんじゅうきょう》が出土するようになる。それは箸墓古墳という巨大古墳が出現した段階か、初期ヤマト政権の墓域が纒向古墳群から北側の大和《おおやまと》古墳群・柳本古墳群に移る頃で、奈良県・黒塚古墳や京都府・椿井大塚山《つばいおおつかやま》古墳に代表される三角縁神獣鏡の大量副葬や、その同型鏡の地域首長墓への配付と前方後円墳の築造がセットになって地方に拡がっていく。

こうして畿内の首長連合と地域首長の間で、前方後円墳、長大な竪穴式石槨に納められた割竹形木棺《わりたけがたもっかん》、三角縁神獣鏡・腕輪形石製品・玉など宗教的色彩の濃い副葬品という定型化された要素を共有する祭式が定着し、畿内勢力主導の政治構造が成立するに至った。

■変動と変革の時代

古墳時代中期（四世紀末―五世紀）は、いわゆる「倭の五王」（讃《さん》・珍《ちん》・済《せい》・興《こう》・武《ぶ》）が活躍した時代で、領土拡大や朝鮮半島の鉄資源の確保を目的に、ヤマト政権は激動の半島情勢を見据えながら伽耶地域・百済地域との強い関わりを求めることになった。

この時期、ヤマト政権の中枢は対外政策の利点から内陸の大和の地を離れ、同じ大和川水系の河内・古市《ふるいち》古墳群と大阪湾に近い和泉・百舌鳥《もず》古墳群（いずれも大阪府）周辺に拠点・墓域を移す。これら二つの地域では、誉田御廟山《こんだごびょうやま》古墳（伝応神陵・四二五ｍ）や国内最大の大仙《だいせん》古墳（伝仁徳陵・四八六ｍ）をはじめ多くの巨大古墳が併存することに示されるように、両地域で交互に首長を

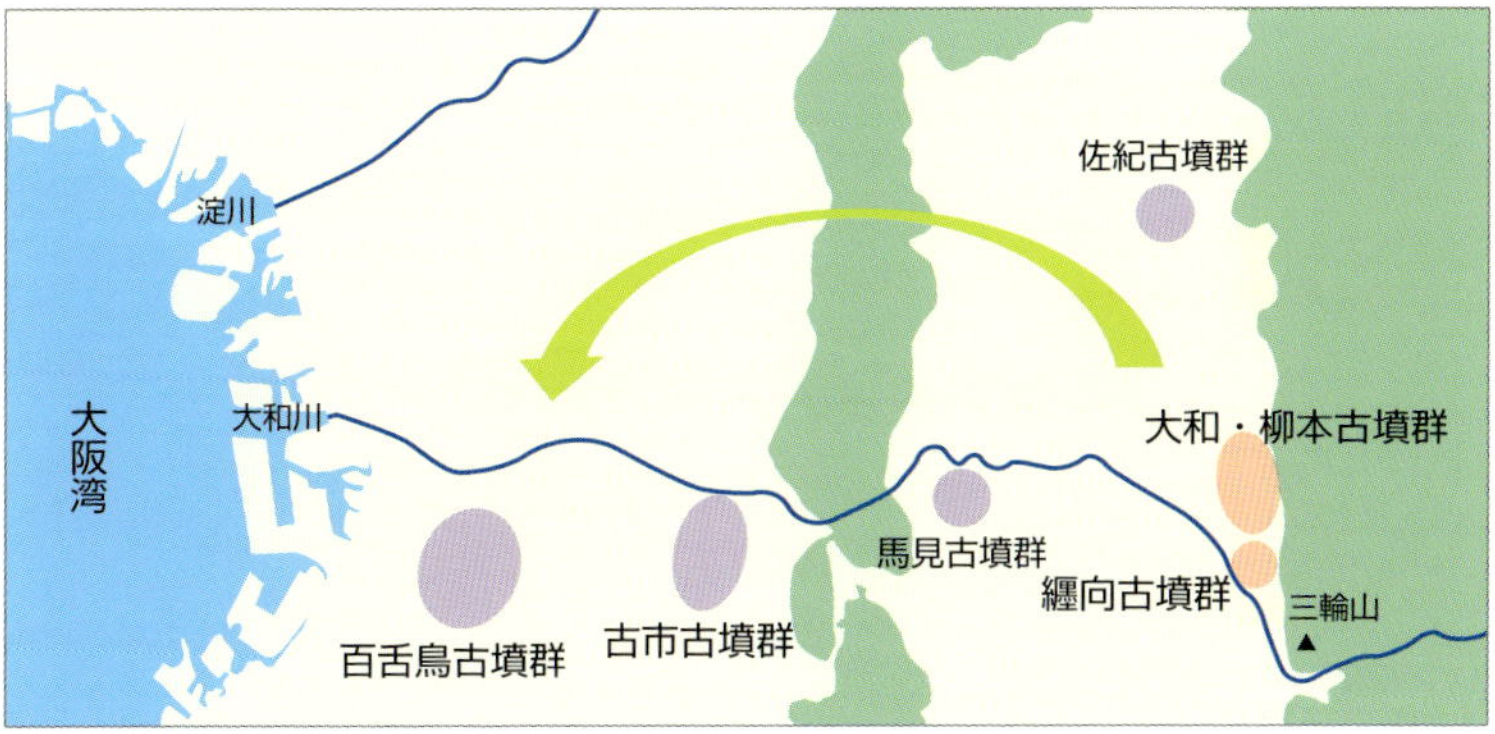

ヤマト政権の墓域は中期に入って奈良盆地を離れ、大阪平野に移動する

輩出する。地方においても地域最大級の古墳が数多くつくられ、それまでの首長系譜が途絶える、あるいは墓域が移動するといった畿内の動向に連動する状況もみられる。つまり、既存の首長層の再編が行われて、かつての宗教的儀礼を共有する連合政権から脱却し、武力に基づく王権を頂とした畿内政権と地方との新たな関係性が成立した変動の時代でもあった。

　中国・朝鮮半島への進出や交易は、半島系の騎馬の風習をはじめ、鍛冶や鍍《と》金《きん》技術、鉄素材の鉄鋌《てってい》、中国・南朝の画文帯神獣鏡といった大陸の文物をもたらした。また中期初頭の高句麗の南下によって、鉄資源が豊富な伽耶地域を中心とする朝鮮半島南部地域の渡来人が倭に流入した影響は大きい。彼らの指導による鍛冶技術の導入は革新的で、鉄製武具や武器を大量に生産できるようになる。さらに中期中頃以降には甲冑《かっちゅう》や馬具、服飾具など金銅製品が多く副葬されはじめ、この時期にも一つの波があった。

　中期初頭の渡来人の墓を含む福岡県・池《いけ》の上《うえ》墳墓群からは、鉄器生産に必要な鉄鉗《かなはし》と鉄槌《かなづち》とともに轡《くつわ》や伽耶系の陶質土器、初期須恵器が出土し、渡来人とその技術が局所的に定住・定着していたことがわかる。政権中枢の畿内でも中期中頃の奈良県・五条猫塚《ごじょうねこづか》古墳で金銅製蒙古鉢形眉庇付冑《もうこばちがたまびさしつきかぶと》のほか、鏨《たがね》、鉄鉗、鉄槌、鉄床《かなとこ》、砥石などの鍛冶具が、近接する集落からは百済系土器や鉄鋌が出土し、渡来人が生産活動に関わったことが窺える。鉄鋌は、奈良県・大和六号墳（ウワナベ古墳の陪塚《ばいちょう》）で八七二枚もの埋納例が知られる。

　古墳時代中期の時代性は副葬品に反映され、鉄鏃《てつぞく》や大刀《たち》などの武器、それまでの革綴《かわとじ》に代わる鋲留《びょうどめ》技法を用いた短甲や冑などの鉄製武具、馬具の副葬が日

百舌鳥古墳群中の大仙古墳（伝仁徳陵）は墳丘長486mの世界に誇る前方後円墳。前方部の埋葬施設は竪穴式石槨に納められた長持形石棺で、眉庇付冑が副葬されていた

立つようになる。特に古市古墳群に属する誉田御廟山古墳の陪塚の一つアリ山古墳（大刀七十七振、鉄鏃一六一二本）、墓山古墳の陪塚の野中古墳（甲冑《かっちゅう》十組、大刀一五三本）、そして黒姫山《くろひめやま》古墳（短甲二十四領、衝角付冑《しょうかくつきかぶと》十一領、眉庇付冑十三領ほか）の遺物群はこの時期の象徴的な組み合わせで、武器・武具の副葬はそれらを配布された地域首長墓にも及んだ。

中期には大阪府・大庭寺《おおばでら》遺跡や福岡県・朝倉古窯跡群で韓国・洛東江《ナクトンガン》流域の伽耶諸国をはじめとする朝鮮半島南部の影響を受けた須恵器生産が開始され、墓制では北部九州の玄界灘沿岸地域における横穴式石室の導入、生活様式では竈《かまど》の導入という大きな変革もあった。なお、文物の流入は東アジアからのものにとどまらない。奈良県・新沢千塚《にいざわせんづか》古墳群一二六号墳出土のガラス製の皿と括《くびれ》碗《わん》は、ササン朝ペルシャの王宮・アルダシール遺跡（イラク）の出土品と同じ成分であったため西アジアから伝来した製品と証明され、この時代の東西交流の範囲を知ることができる。

古墳時代中期の対外交渉と内政

ヤマト政権は、朝鮮半島経営の後ろ盾を得ることを目的に中国江南《こうなん》の東晋、南朝（宋・斉・梁）への朝貢を盛んに行った。その動きは『晋書』『宋書』などの史書に、四一三年から五〇二年に至る間の通交記事としてあらわれる。また高句麗好太王碑文《こうたいおうひぶん》はこれに先立つヤマト政権の半島への進出の状況を語る史料で、辛亥《しんがい》年（三九一年）条に、倭が百済・新羅に軍事介入した後に高句麗とも戦を交えたことが記されている。高句麗は三九九年に倭と結んだ百済を侵攻

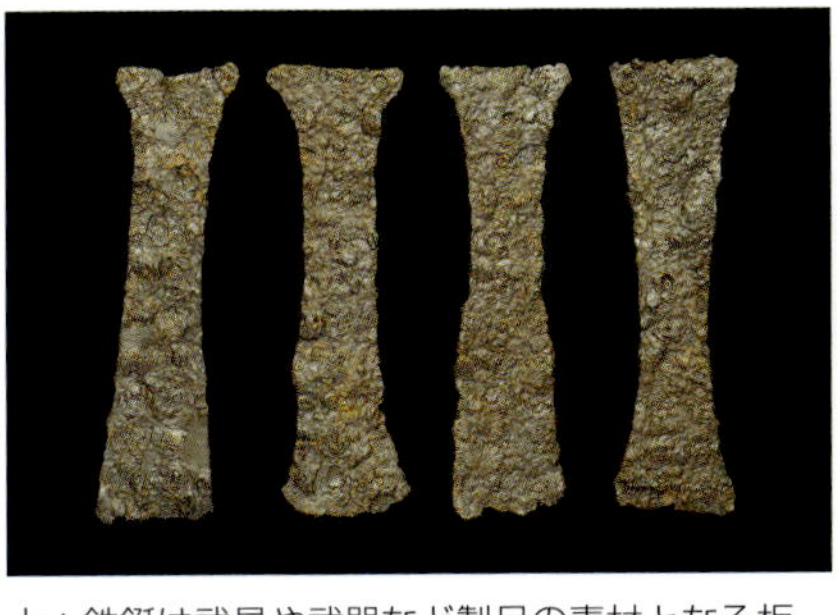

上：鉄鋌は武具や武器など製品の素材となる板。5世紀は鉄の時代ともいえる（福津市教育委員会蔵）／右：猫迫１号墳の武人埴輪は最古級の中期前半のもの（田川市教育委員会蔵）

し、新羅に援軍を送って、敗走した倭軍を追いながら南下している。

中期はじめにはじまるこうした朝鮮半島の領土争いを優位に進めるため、倭王・武（雄略天皇）は四七八年に宋に対して倭国一二一国、朝鮮半島九五国の支配領域を示した上表文を送り、当時、宋から北魏対策で重視されていた百済を除く朝鮮半島を統治する「安東大将軍」の称号を受け、東アジアにおける国際的地位が向上した。倭王への七支刀《しちしとう》の献上以来親交のあった百済は、四七五年に高句麗の侵攻で漢城《ハンソン》が陥落し南の熊津《ウンジン》に都を移すが、高句麗を牽制し南方へ進出するための後ろ盾を倭に求めた。一方の倭にとっても、鉄資源を持った伽耶地域の掌握や南朝への海上交通路を確保する上で百済は重要な存在であった。そうした中、中期後半には朝鮮半島南東部の洛東江《ナクトンガン》流域と、百済の南部に接した半島南西部の栄山江《ヨンサンガン》流域及び海南《ヘナム》半島を中心に、九州の造墓集団の手による倭系古墳が出現する。

一方、内政については、地方首長層が着実に政権組織のもとに組み込まれていった。吉備勢力は初期ヤマト政権の黎明期から政権との強い関わりを持ち、中期前半には百舌鳥古墳群中の上石津《かみいしづ》ミサンザイ古墳（伝履中陵）と同一規格とされる岡山県・造山《つくりやま》古墳（墳丘長三六〇ｍ）や作山《つくりやま》古墳（二八六ｍ）のように屈指の巨大古墳を築造し、一時的に畿内勢力と並立するまでに成長していた。しかし、雄略七（四六三）年、伽耶に派遣された吉備田狭《きびのたさ》が新羅に通じて謀反を企て、また、雄略二十三（四七九）年に雄略天皇の妃・吉備稚姫《きびのわかひめ》と星川皇子による反乱が鎮圧されて以降は、吉備勢力に目立った動きがなくなり、政権との格差が確固たるものになったとみられる。

5世紀後半の東アジア。倭は激動の朝鮮半島の覇権を承認してもらうため、江南の東晋、南朝（宋・斉・梁）への朝貢を盛んに行った

他の地方首長についても、東国の埼玉県・稲荷山古墳出土の辛亥（四七一年）銘金象嵌鉄剣《きんぞうがんてっけん》の銘文から世襲の武官（杖刀人《じょうとうじん》）として、西国では熊本県・江《え》田船山《たふなやま》古墳の銀象嵌大刀の銘文から文官（典曹人《てんそうじん》）として、それぞれの被葬者が人制《ひとせい》のもとで王権に出仕していた状況が窺える。銘文の「獲加多支鹵《わかたける》」は『日本書紀』に載る大泊瀬《おおはつせ》幼武《わかたける》、つまり雄略天皇にあたる。さらに千葉県・稲荷台一号墳出土銀象嵌鉄剣の「王賜」銘は、王権の成立を中期前半まで遡らせ得る資料で、すでにこの頃には官人組織も編成されていた可能性がある。

■磐井の乱と行政機構の整備

古墳時代後期（六世紀初頭―後半）になると、東国を除いて前方後円墳の規模が縮小化し、武力を背景とした権威を視覚的に誇示する巨大古墳への執着から次第に脱け出す。この時期、朝鮮半島政策の不振や地方豪族の蜂起も招いたが、乱の鎮圧を契機とした屯倉《みやけ》の設置など、ヤマト政権は地方の経営体制を強化する。また、地方を治めた官職（国造《こくぞう・くにのみやつこ》）も西国ではこの頃に制度化されたとみられ、『日本書紀』によれば物部《もののべ》麁鹿火《あらかい》が磐井を斬ったことに連動して「疆場《さかいば》」、つまり国造の統治範囲となる行政区の境界を定めている。こうした行政機構の整備を進めることによって律令国家の形成に向けて大きく動き出す。

後期前半の中央では、継体天皇の擁立に伴い、それまでヤマト政権の墓域があった大和川水系の古市・百舌鳥古墳群から、水運に有利な大阪府・今城塚《いましろづか》古墳（継体陵に比定）が位置する大阪平野北部の淀川水系に中枢を移す。また、中国との通交も途絶え、百済・新羅による伽耶地域の覇権争いという状況下で、

倭の五王の一人・雄略天皇から下賜された江田船山古墳出土の大刀。「獲□□□鹵大王」（＝獲加多支鹵）は雄略天皇（レプリカ。和水町教育委員会蔵）

大伴金村《おおとものかなむら》は伽耶諸国を継体六（五一二）年に百済に譲り渡し半島の基盤の一部を失う。しかし倭は、中期後半に百済・東城王《トンソンワン》を擁立し、後期前半には皇子にあたる武寧王《ムリョンワン》の陵墓（五二三年銘の墓誌を持つ）の棺材として高野槇《こうやまき》を提供するなど、特に百済との親密な関係は保たれていた。

そうした中、継体二十一（五二七）年に、新羅に侵攻された伽耶救援のための政権軍の進軍を北部九州の在地豪族・筑紫君磐井《つくしのきみいわい》が阻止したことに端を発する「磐井の乱」が起こる。政権は物部麁鹿火《もののべあらかい》を派遣し乱を鎮圧したのち、安閑元（五三四）年の武蔵国造《むさしのくにのみやつこ》の内紛によるものなど、安閑天皇の治世に関東から九州にいたる広い範囲に屯倉《みやけ》を設置する。もともと稲穀などの財源を得るための王権の直轄地であった屯倉は、この頃には政治・軍事の直接的な拠点となり、地方を統治する上での重要な役割を担った。その顕著な例が宣化元（五三六）年に整備された那津官家《なのつのみやけ》である。那津官家は、律令期に西海道を総管し、軍事拠点ともなった広域行政機関・大宰府の前身である筑紫大宰《つくしのたいさい・つくしのおおみこともち》に繋がっていく官司（役所）と考えられている。磐井に進軍を阻止された近江毛野《おうみのけぬ》は王権に仕えた官人で、かつて磐井とともに中央に出仕していたことが『日本書紀』に記載され、中期以降の官制の整備が後期には定着していた状況が想定できる。しかしながら磐井の乱は内政面のみならず政権による外交権掌握の点でも大きな画期となり、中央集権化に向けた基本的な政治構造を確立させた。

ちょうどこの頃から、いわゆる群集墳が丘陵地に爆発的に築造されるようになる。群集墳は装飾付大刀を所有するような盟主墳とそれ以外の小円墳から成り立っているが、小円墳をつくった共同体の構成員の間でも馬具を持つ人とそ

継体陵とみられる今城塚古墳は6世紀前半では最大規模の墳丘長190m。周堤に接して埴輪祭祀場が復元されている

れ以外の人々というように、経済力や首長への貢献度に基づく社会的地位の差が目立ってくる。その背景には、鉄製農耕具の普及などで生産力の多少が明瞭になり、経済力の格差が生まれたことがあったとみられる。群集墳の増加は、地方豪族が、経済力を蓄えてきた有力家長層を自ら積極的に取り込んで共同体の体制を整える過程で、より下位の層にも古墳の築造を認めた結果と考えられる。こうしてヤマト政権の支配構造は、地方の有力首長や再編された地域首長層を通して、群集墳を営んだ共同体の内部にまで浸透していった。

精巧な金銅製品

後期になると首長墳への副葬品にも変化がみられ、中期までの武器・武具類の大量副葬が姿を消して金銅製の装飾品に主体が移る。鍍金技術は中期に朝鮮半島からもたらされ、特に後期後半から終末期にかけては装飾大刀のほか、精巧な透かし彫りが施されたきらびやかな馬具や冠・飾履《しょくり》などの服飾品の副葬・埋納が有力豪族に好まれた。その顕著な例として群馬県・観音山《かんのんやま》古墳、奈良県・藤ノ木古墳、福岡県・船原《ふなばる》古墳、宮地嶽《みやじだけ》古墳、長崎県・双六《そうろく》古墳、笹塚古墳、宮崎県・百塚原《ひゃくつかばる》古墳群から出土した品々があげられる。

古墳時代の終焉

終末期（六世紀末－七世紀後半）は東国を除いて前方後円墳がつくられなくなった時期で、同時に律令制が成立する時代への過渡期にあたる。時代区分上はほとんどが、崇峻五（五九二）年に推古天皇が飛鳥・豊浦宮《とゆらのみや》で即位した年か

岩戸山古墳。継体天皇の治世に起きた北部九州の豪族・筑紫君磐井の乱は古代最大の内戦ともいわれる

らはじまる飛鳥時代に含まれる。

欽明十三（五五二）年（五三八年説もあり）に百済から仏教が伝来して以降、仏教は巨大古墳の築造に代わる国策の柱となり、薄葬に拍車がかかることになった。蘇我稲目《そがのいなめ》にはじまる崇仏派の蘇我氏と、古来からの祖先崇拝を推進する物部《もののべ》氏の対立は、用明二（五八七）年の「丁未《ていび》の乱」で物部氏が滅ぼされて決着をみる。丁未の乱の翌年に最初の寺院・法興寺《ほうこうじ》（飛鳥寺）が建立されるが、政権中枢最後の前方後円墳である奈良県・見瀬丸山《みせまるやま》古墳（欽明陵に比定）はこの直前頃の古墳で、前方後円墳という形を共有するヤマト政権の体制は仏教を庇護する蘇我氏の台頭とともに崩れ、三百年以上続いた前方後円墳の時代が終わりを迎えることになる。

前方後円墳が姿を消したあと、陵墓や有力氏族の墓の形は方墳や円墳に移行する。蘇我氏全盛の礎を築いた蘇我稲目の墓とみられる奈良県・都塚《みやこづか》古墳をはじめ、稲目の子・馬子の墳墓に比定される石舞台《いしぶたい》古墳、稲目の孫にあたる用明天皇の陵墓（大阪府・春日《かすが》向山《むかいやま》古墳）、馬子の姪の推古天皇の陵墓（奈良県・植山《うえやま》古墳。大阪府・山田高塚《やまだたかつか》古墳に改葬）など蘇我氏に関係する古墳は一辺四〇－六五m程度のやや横長の方墳となる。その後、七世紀中頃の舒明陵（六四一年没）に比定される奈良県・段《だん》ノ塚《づか》古墳（六四三年の改葬前は方墳か）を嚆矢に陵墓は八角墳に統一される。そして大化二（六四六）年には身分に応じて規模や造墓日数を定めた薄葬令《はくそうれい》が出され、古墳時代の厚葬の習慣が完全に終息を迎えることになる。埋葬施設も都が置かれた飛鳥の地・奈良盆地南辺部や大阪平野南東端部を中心に、それまでの横穴式石室から、一つの棺を納めるた

右：都塚古墳。崇仏派として物部氏と争った蘇我稲目の墓とする説がある。稲目は后妃として娘を嫁がせ、天皇の外戚となった／左：石舞台古墳は蘇我稲目の子・馬子の墓。馬子は排仏派の物部守屋を討ち、物部氏を滅ぼした。方墳は蘇我氏と密接な関係がある墳形

めの横口式石槨に移行するとともに、殯《もがり》期間の短縮、そして火葬の導入によって葬送儀礼の様式が大きく変質していく。有力氏族の墓への意識や構造の変化は地方にも及ぶが、薄葬令で庶民が墳丘を築くことが禁じられたにもかかわらず、七世紀中頃以降も律令制の成立期（七世紀後半代）を迎えるまでは小規模な石室墳の造営が存続していた。

九州の古墳

■初期ヤマト政権と九州

九州は『古事記』に「身一つにして面四つあり」と記されるように、地理的条件によって地域色豊かな文化が展開する。この九州においても中央の動きに連動して、定型化した特定個人墓である初期の前方後円墳が各所にあらわれる。それらは筑前・那珂八幡《なかはちまん》古墳や金比羅山《こんぴらやま》古墳のように北部九州の海路や内陸の要衝だけでなく、豊後・下原《しもばる》古墳や日向・西都原《さいとばる》古墳群八一号墳のほか、薩摩半島基部の端陵《はしのりよう》古墳や、最南端の前方後円墳を擁する塚崎古墳群が築かれた大隅に及ぶ可能性がある。つまり古墳時代を通じて前方後円墳をつくることのなかった薩摩半島・川内《せんだい》川以南を除けば、大和での前方後円墳体制の成立と時間差がなく、初期ヤマト政権と九州の在地有力首長との間で政治的な関係が成り立っていた。一方で、大陸に直結する日本海側の航路のなかでも玄界灘を抱える筑前地域は、西新町《にしじんまち》遺跡の朝鮮半島系、畿内系、山陰系、瀬戸内系など国内外の出土土器が物語るように、大陸と列島の結節点となる貿易拠点であった。

終末期の奈良県・岩屋山古墳の埋葬施設は花崗岩の切石を用いた整美な横穴式石室

西暦三〇〇年を前後する頃、豊前海に面して前期古墳としては九州最大級の豊前・石塚山《いしづかやま》古墳が出現する。この古墳は竪穴式石槨に納めた割竹形木棺を埋葬施設とし、舶載鏡と複数の三角縁神獣鏡を副葬する前方後円墳で、政権中枢の定型化した前方後円墳と共通する要素を備えたものであった。前期の北部九州ではこの古墳を頂点に、筑前・原口《はらぐち》古墳や豊前・赤塚《あかつか》古墳など、畿内の有力首長墓と同じ型で製作された三角縁神獣鏡を共有・副葬する古墳が見つかっている。しかし、たとえば赤塚古墳に畿内系の埋葬施設でなく伝統的な箱形石棺が採用されている点は、地方色のあらわれか、逆に政権側の規制を示している可能性もある。前期段階、玄界灘沿岸地域では久里双水《くりそうずい》古墳や、後漢鏡と三角縁神獣鏡の配置が奈良県・黒塚古墳に通じる一貴山銚子塚《いきさんちょうしづか》古墳など八〇－一〇〇m級の有力首長墓をはじめ、糸島半島基部や筑紫《つくし》平野北端部にも初期の前方後円墳が集中する。このように早い段階から北部九州地域の首長を初期ヤマト政権が取り込んだ背景には、鉄や銅などの資源をはじめとする大陸の物資を安定的に確保する窓口的な役割を求めた側面があったと考えられる。

一方、これら北部九州の古墳と相前後する時期、南部九州では日向地域の生《いき》目《め》古墳群で一号墳（一二〇m）がつくられる。生目古墳群に関してはまだ実態がわからない部分も多いが、一号墳に続いて三号墳（一四三m）、二二号墳（一〇一m）と、一〇〇mを超える前方後円墳が三世代続いており、墳丘規模が首長の序列を忠実に反映していたとすれば、前期段階の九州で最も上位の首長に位置づけられることになる。

前期後半になると薩摩・大隅地域を除いて八〇m級の大型の前方後円墳が九

右：三角縁神獣鏡が出土した赤塚古墳は石塚山古墳と並ぶ九州でも早い段階の前方後円墳
左：生目古墳群は前期の大型前方後円墳群。写真の３号墳は４世紀代としては九州最大

州各地に拡がっていく。次の段階の中期前半には日向・西都原古墳群を営んだ勢力が政権との関係を反映するように台頭し、九州の他地域の首長墓を凌駕する最大規模の古墳をつくる。こうした背景には、前期段階の石塚山古墳や小熊《こぐま》山《やま》古墳のように豊後水道に面した古墳が出現する要因となった瀬戸内海経由で畿内に至る海上交通路の存在に加え、政権が神話の国である日向の首長に対して同祖的な繋がりを認めていたことがあったのかもしれない。

九州の東西の海路はまた、ヤマト政権が特別な呪力を秘めた威信財である南島産貝製品を入手するといった物資の流通ルートの側面も持っていた。

前方後円墳に次ぐ序列の前方後方墳は、九州では二十例あまりと少なく北部九州に限られる。筑前・焼《やき》ノ峠《とうげ》古墳や肥前・吉野《よしの》ヶ里《がり》遺跡ＳＴ二二〇〇号墳など前期前半の事例が前方後円墳とは離れて点在し、中期初頭には対馬島に出居《でい》塚《づか》古墳もつくられるものの、最大でも四〇ｍ程度の規模にとどまる。

中期の有力首長墓の動向

玄界灘は畿内と北部九州を繋ぐ海路で、前期以来、畿内と大陸を結ぶ道としても重要であった。この玄界灘沖に浮かぶ沖ノ島では、すでに前期後半から大陸への航海安全を祈願する祭祀がはじまっていて、朝鮮半島との繋がりを持つ海人族・胸形《むなかた》氏（胸肩氏）がこの国家的祭祀に携わることになった。中期前半には胸形氏一族の墓域が玄界灘に面した台地上に営まれはじめ（津屋崎《つやざき》古墳群）、中期中頃には勝浦峯《かつうらみね》ノ《の》畑《はた》古墳（墳丘長九七ｍ）などの大型前方後円墳も出現した。以降、娘が天武天皇の側室となった胸形君徳善《むなかたのきみとくぜん》が被葬者とされる

国家的祭祀が行われた沖ノ島（沖津宮）は玄界灘沖60㎞に浮かぶ絶海の孤島。今も当時の祭祀跡が残る

終末期の宮地嶽古墳に至るまで系譜が繋がる。津屋崎古墳群の首長墓で発掘調査に至った事例は多くはないものの、関連する周辺の古墳や集落からは三国時代の将来品や鍛冶関連遺物の出土が目立ち、海を介して大陸と活発に交流を行っていた集団の性格の一端を垣間見ることができる。

沖ノ島と性格が酷似する遺跡は韓国にも存在する。全羅南道・竹幕洞《チュンマクドン》遺跡は黄海に突出する岬上に立地し、倭が百済の漢城《ハンソン》・熊津《ウンジン》・扶余《プヨ》あるいは中国南朝へ向かう際の航行上の重要な中継点となった。沖ノ島と同じく前期から続く竹幕洞遺跡では、魏晋南北朝や伽耶系の遺物も多く出土するが、特に中期に至り、百済・倭の関係強化を反映してか、沖ノ島祭祀と共通する倭系の石製模造品を用いた祭祀が活発化している。

玄界灘沿岸地域の胸形氏が航路確保の過程で政権の一翼を担った一方、中期中頃には有明海に通じる矢部川と広川に挟まれた内陸部の筑後地域に筑紫君《つくしのきみ》が台頭し（八女《やめ》古墳群）、有明海を取り巻く勢力の連合体が形成される。その拡がりは筑後・石人山《せきじんさん》古墳を中心に、肥前・肥後地域の有力首長墳に採用された横口式家形石棺・石製表飾《せきせいひょうしょく》の分布圏として捉えることができる。構成員である肥後・江田船山《えたふなやま》古墳の被葬者は同種の石棺を採用したにもかかわらず、副葬された「治天下獲□□□鹵《（わかたける）》大王世奉事典曹《てんそう》」銘銀象嵌大刀の銘文から雄略天皇に仕えた文官という立場であり、大局的には政権組織に組み込まれていたといえるが、連合体の形成が国家成立に大きな影響を与えたことは疑いない。

ところで、有明海と八代海も畿内への重要なルートの一つとして機能し、やはり大陸に通じる海上交通路でもあった。政権は雄略期に盛んに南朝に遣使を

石人山古墳の被葬者は有明海沿岸地域に勢力を張った筑紫君の祖。巨大な横口式家形石棺には直弧文と円文のレリーフが浮かび上がる

送るが、『日本書記』には雄略十（四六六）年、身狭村主青《むさのすぐりあお》が呉（南朝の宋）から帰国した際に、有明海沿岸部にあたる水沼君《みぬまのきみ》の領域に上陸したことが記されている。火君《ひのきみ》は有明海と八代海の海路により、中期に古市古墳群・市野山《いちのやま》古墳（伝允恭陵）の陪塚の長持山《ながもちやま》古墳や唐櫃山《からとやま》古墳などの政権中枢に肥後北部（菊池川下流域）の阿蘇凝灰岩製の刳抜式《くりぬきしき》舟形石棺を、その後、後期前半には大王の棺として今城塚古墳（継体陵）に肥後中部（宇土《うと》半島基部）の馬門石《まかどいし》（阿蘇ピンク石と呼ばれる凝灰岩）製石棺を供給する。このように肥後中北部地域の首長層もまた海の道を介してヤマト政権との繋がりを保った。そして肥後北部内陸のマロ塚古墳のように、小規模な円墳に葬られた首長にもかかわらず複数の鉄製武具を保有できる者がいたことは、沿岸部だけでなく陸路の要衝を政権が掌握していた事実も物語っている。

一方、南部九州における西都原古墳群の男狭穂塚《おさほづか》（一五五ｍ）と九州最大の女狭穂塚《めさほづか》（一七六ｍ）の存在は、政権と日向地域の特に強い繋がりを窺わせる。女狭穂塚の被葬者は仁徳天皇の妃となった髪長姫《かみながひめ》に、日向地域最初の首長墓・生目《いきめ》一号墳の被葬者を景行天皇の皇子・豊国別皇子《とよくにわけのみこ》にあてる説がある。その正否はともかく、日向地域は、前方後円墳の密集度や、中小首長墓への蛇行剣《だこうけん》と規格化された甲冑の濃密な分布圏を形成することに示されるように、王権による南部九州の掌握、南島あるいは南朝との航路の安定的な確保といった狙いに基づき関係を結んでいた。中期前半には、それまで首長系譜がなかった大隅地域の志布志《しぶし》湾岸や肝属《きもつき》川沿いの低地に横瀬古墳（一三四ｍ）、唐仁大塚《とうじんおおつか》古墳（一五四ｍ）という九州屈指の前方後円墳も出現する。こうした在地首長は、

九州最大の女狭穂塚（左）と男狭穂塚（右）。男狭穂塚は天照大神（あまてらすおおみかみ）の孫のニニギノミコトが、女狭穂塚には妻のコノハナサクヤヒメが葬られたとも伝えられる

中期に行われた首長の再編で政権下に組み込まれることとなった。

■埋葬施設の多様化

中期には割竹形石棺《わりたけがたせっかん》の系譜をひく刳抜式舟形石棺や箱形石棺が筑前・肥前・肥後などに分布し、豊後や筑後南部では家形石棺が盛行する。このほか政権中枢の古市・百舌鳥古墳群が形づくられるきっかけとなった津堂城山《つどうしろやま》古墳や大仙古墳（伝仁徳陵）前方部に採用され「大王の棺」と呼ばれる長持形《ながもちがた》石棺は、九州では肥前・谷口古墳と筑後・月岡《つきのおか》古墳にみられる。

中期初頭には筑前・鋤崎《すきざき》古墳や老司《ろうじ》古墳など玄界灘沿岸域で、源流を楽浪地域や漢江流域に辿ることができる初期横穴式石室がいち早く導入される。そして横穴式石室は北部九州や中部九州を中心に拡がり、墓室の平面が長方形で玄門立柱《りっちゅう》や梱石《しきみいし》によって玄室空間が仕切られる北部九州型石室、正方形で石障《せきしょう》を持ち天井が穹窿《きゅうりゅう》（ドーム）形になる肥後型石室のほか、両者の折衷形の筑肥型石室が成立した。横穴式石室の採用は、それまでの死者を封じ込める特定個人墓から、黄泉《よみ》の国という死後の世界観を伴う家族墓へと埋葬の形態や観念が変化する一大変革期であるとともに、様々な形態の埋葬施設が各地域で展開していく引き金になった。

老司古墳では最古期の横穴式石室である三号石室のほか、竪穴系横口式石室も併存する。横穴式石室は、薩摩半島基部の川内平野北部と大隅半島東岸の志布志湾北部を南限として九州のほぼ全域に波及し、竪穴系横口式石室は西日本各地に伝播した。その影響は家形石棺にも及び、中期中頃には短辺の一方に小

横穴式石室は玄界灘沿岸地域から拡がった。横田下古墳の横口部からは初期の構造がよくわかる

窓を設けた横口式家形石棺が有明海沿岸地域の有力首長墓で共有される。また、後期になると石棺の長辺の一方を開け放った石屋形が肥後地域で、被葬者を覆う棚状の板石が石室に組み込まれた石棚が筑前・筑後地域で、首長墓を中心に横穴式石室の装飾と結びつきながら展開する。定型化した横穴式石室は、中期末から後期初頭にかけ、肥後・伝佐山《でんざやま》古墳、塚坊主《つかぼうず》古墳を嚆矢として複室構造の横穴式石室に発達し、さらに終末期になると豊前地域、壱岐地域など一部地域で三室構造の石室も出現した。

横穴墓《よこあなぼ》は筑後・横隈鍋倉《よこぐまなべくら》遺跡や豊前・竹並《たけなみ》遺跡で中期前半の例があり、初期のものは横穴式石室に倣って、傾斜する墓道が墓室に接続する形態となる。横穴墓は横穴式石室とほぼ分布域を重ね、大隅・薩摩半島を除いて日向・蓮ヶ池《はすがいけ》横穴墓群がある宮崎平野南部にまで拡がった。また、筑前の遠賀川流域には石室墳を意識したものがあり、羨門《せんもん》が石積みで構築されることも多い。

地下式横穴墓は日向地域の一ツ瀬川以南から大隅地域の志布志湾岸沿いに、地下式板石積《いたいしづみ》石室は肥後地域の八代海沿岸から人吉盆地に分布し、日向内陸部のえびの盆地では両者が共存するというように、南九州においては特徴的な墓制が展開した。横穴墓や地下式横穴墓の一部には墳丘を持つだけでなく、前方後円墳の埋葬施設となる例（日向・蓮ヶ池一二号横穴墓、生目古墳群一八号地下式横穴墓）も少数ではあるが確認されている。また下北方五号地下式横穴墓（九号墳）や六野原《むつのばる》地下式横穴墓のように、日向地域においては甲冑や武器の副葬例も少なくない。えびの盆地に位置する島内《しまうち》地下式横穴墓では銀象嵌龍文大刀や複数の短甲が出土し、中期末から後期初頭の一三九号墓は盤龍鏡、銀装

右：谷筋の崖面に掘り込まれた石貫ナギノ横穴墓群。横穴墓は時に1000基を超える群をなす
左：永野別府原古墳群の地下式板石積石室。地下式横穴墓とともに九州南部に特有の墓制

円頭大刀、三百本を超える鉄鏃、甲冑一式など大型前方後円墳に匹敵する副葬品を持っていた。こうした品々は軍事的な功績の恩賞としてヤマト政権から直接または間接的に配布されたと考えられる。

このほか地理的に偏在するものとして積石塚《つみいしづか》群をあげることができる。筑前・相島《あいのしま》積石塚群や薩摩・指江《さすえ》古墳群など、ときに百基を超える規模で、朝鮮半島と対峙するかのように九州西海岸沿いに点在している。

■朝鮮半島の倭系古墳

百済の南に接した朝鮮半島南西部の栄山江《ヨンサンガン》流域と海南《ヘナム》半島周辺の全羅南道地域では、中期後半から後期前半にかけて、十四基の前方後円墳が確認されている。これらの古墳には北部九州型石室、肥後型石室、もしくはそれらの技法を導入した九州系の横穴式石室が採用され、その築造に中北部九州の首長と造墓集団が関わったことは疑いない。

全羅南道地域の倭系古墳のうち最大は海南・長鼓峰《チャンコボン》古墳で、七六mを測る。栄山江上流域の光州《クアンジュ》・月桂洞《ウォルゲドン》一号墳は九州系の横穴式石室を埋葬施設とする前方後円墳で、石見《いわみ》型木製品のほか円筒埴輪などの倭系遺物を伴う。一方で、在地系や百済系の円墳・方墳に九州系の石室を採り入れるものもみられる。栄山江中流域の羅州《ナジュ》・伏岩里《ポアンリ》三号墳は方墳で甕棺を持つ在地の古墳だが、石室には腰石と玄門立柱石があり、その北方の支流域に位置する前方後円墳、咸平《ハムピョン》・新《シン》徳《ドク》古墳とともに、福岡県・王塚古墳の石室との類似性が指摘される北部九州型の埋葬施設である。また、同じく栄山江の支流域にあたる全羅南道北端の長城《チャンソン》

玄界灘に浮かぶ相島の積石塚群。海岸礫（れき）を積み上げた250基以上もの墳墓が並ぶ

・鈴泉里古墳《ヨンチョンリ》（円墳）の石室は、平面形が正方形で壁を四方から持ち送ってドーム形に構築し、二枚袖玄門を設けた構造が肥後型石室に酷似する。こうした倭系古墳の分布と対峙するように、栄山江下流域の対岸（南側）には有力在地首長の墓域である羅州・潘南《パンナム》古墳群が展開している。

朝鮮半島南西部のほか、南東部の伽耶地域にも倭系古墳は点在する。洛東江《ナクトンガン》流域に営まれた慶尚南道の宜寧《ウィリョン》・雲谷里《ウンゴクリ》一号墳は横穴式石室を埋葬施設とする円墳で、筑後地域特有の胴張《どうばり》石室と肥後地域のコ字形屍床《ししょう》配置が融合した形となり、さらに有明海沿岸地域に多い突起石も備える。

栄山江流域に多く存在する前方後円墳や九州系石室の被葬者については、四七九年に百済の東城王《トンソンワン》の護衛のために半島に渡った筑紫国の兵士などが、南に接する在地勢力を牽制するため百済政権から派遣され、そこで葬られたとする倭系百済官僚説、半島に拠点を求めて移住した九州豪族移住説、百済に対抗するために倭の墓制を自発的に採用した在地首長説ほかいくつかの解釈がある。倭系古墳は、東城王と武寧王《ムリョンワン》による百済の南方掌握の時期や、晋・南朝と倭の中間に位置する竹幕洞《チュンマクドン》遺跡で倭系遺物を用いた国家的祭祀が活発化する時期と重なることから、築造の背景には百済の熊津《ウンジン》への遷都（四七五年）とさらなる高句麗の圧迫といった情勢下での勢力圏の拡大や高句麗への牽制という百済側の思惑があったと考えられる。ただ百済側の一方的な事情によるものではなく、九州の首長層がヤマト政権による対外政策の一翼を担いつつ、ある時は独自の施策として朝鮮半島情勢に自発的に関わるというように、政権や九州の首長側の戦略的意図が反映されているものとみられる。

栄山江の北側には前方後円墳や九州系石室が集中するが、南側の潘南古墳群ではそれと対峙するように在地勢力が伝統的な墓制を採用している。写真の徳山里古墳群は潘南古墳群の支群で、5世紀中頃から6世紀にかけてつくられた

■筑紫君磐井の乱と肥後勢力の台頭

後期になると全国的に古墳の規模が中期に比べて縮小化する傾向にある。その中で筑紫君磐井《つくしのきみいわい》を被葬者とする筑後・岩戸山《いわとやま》古墳は墳丘長一三五mと、この時期としては九州最大の規模を誇る。岩戸山古墳を擁する八女地域の勢力は中期前半に台頭し、継体天皇二十一（五二七）年に至って、伽耶救援のための新羅征討阻止をきっかけにした、いわゆる「磐井の乱」が勃発する。乱の理由は、ヤマト政権の度重なる朝鮮出兵で強いられる人的・物的負担に対する抵抗や、九州勢力による国家統一戦争、外交権掌握を巡る戦いなどの見解がある。

継体天皇をして社稷《しやしよく》存亡の危機といわしめた戦いで磐井が敗れたあと、子の葛子《くずこ》は糟屋屯倉《かすやのみやけ》を政権に献上し、一方の政権側は筑前地域の要衝に屯倉を設置するとともに、宣化元（五三六）年に大宰府の前身となる那津官家《なのつのみやけ》（福岡県・比恵《ひえ》遺跡に比定）を整備するなど、磐井の乱は内政統治と外交権掌握の二つの側面で中央集権化に向けて加速する大きな転機になった。乱後に磐井勢力圏を取り巻くように設置された八カ所の屯倉のうち、穂波屯倉や糟屋屯倉、あるいは那津官家の経営に関わった首長を葬った可能性が高い筑前・王塚《おうづか》古墳と鶴《つる》見塚《みづか》古墳、東光寺剣塚《とうこうじけんづか》古墳の石室に、肥後に特徴的な要素である石屋形が採り入れられていることは注目できよう。磐井の乱のあと、火君の奥津城《おくつき》とされる野津《のづ》古墳群の中ノ城古墳（一〇二m）や大野窟《おおのいわや》古墳（一二三m）のように一〇〇mを超す大型前方後円墳が相次いでつくられる。肥後的な要素の北部九州への流入は、肥後南部地域の首長が乱で政権寄りの立場をとったことによる功績か、あるいは中期以来の火君（肥君）とヤマト政権との関係性という背景のも

右：後期としては九州最大の岩戸山古墳の石製表飾（レプリカ）。石製表飾は中期から後期にかけて有明海を取り巻く有力首長墓に採用された／左：火君の奥津城・野津古墳群の中ノ城古墳

と、政権から重用され勢力が伸張したことを示唆しているようである。

こうしてヤマト政権の九州経営が強化されるが、一方で筑紫君の奥津城・八女丘陵では前代からの首長系譜が存続し、また、引き続き有力首長墳への石製表飾の樹立も行われている。ただし乱後になって九州屈指の墳丘・石室規模を誇る童男山《どうなんざん》古墳や弘化谷《こうかだに》古墳など、筑紫君首長系列の前方後円墳と並行する時期の大型円墳にやはり石屋形が採用されていることから、政権によって筑紫君の勢力圏への火君の関与が指示されたと捉えることもできるのかもしれない。

磐井の乱における筑紫君周辺勢力の去就については、的《いくは》氏は畿内的色彩の極めて濃い特徴を持つ筑後・月岡《つきのおか》古墳の出現が物語るように、台頭する八女勢力に対する政権の楔《くさび》であったと考えられる。また、有明首長連合の一員であった水沼君も磐井に同調しなかった可能性がある。そして中期段階の北部九州二大勢力の一方の胸形君《むなかたのきみ》も、天降《あまふり》天神社古墳以降も安定的に首長系譜が辿れる状況や、沖ノ島祭祀を奉る立場から、磐井勢力と対峙する構図であった。

装飾古墳

九州の古墳は、大局として中央主導の前方後円墳体制の影響を受けて変化する一方で、横穴式石室の導入に端を発して地域色に富んだ文化も華開いた。なかでも装飾古墳は九州の古墳文化を語る上で欠かせず、首長の動向や交流の痕跡を読みとることができる。中北部九州には国内の装飾古墳の約六割にあたる三五〇基ほどがあり、石棺系・石障系・石室系（彩色・敲打《こうだ》・線刻）、横穴系（彩色・線刻・浮彫《うきぼり》）のバリエーションがみられる。装飾古墳の系譜は、中期

石障系石室（肥後型石室）を代表する千金甲１号墳の靫（ゆぎ）と同心円文のレリーフ（レプリカ。熊本県立美術館蔵）

段階の石棺などにレリーフもしくは線刻された萌芽期の様式の祖型が大阪や福井など九州外に求められるが、伝播後には在地化し独自の変容を遂げていく。そして横穴式石室の導入は墓室を会葬者にみせる空間へと転換させ、こうした葬送観念の変化に連動して、後期になると石屋形や横穴式石室壁面への装飾など彩色系の装飾古墳が流行する。これらは、中北部九州の有力豪族と朝鮮半島との交流を通じて高句麗系統の装飾古墳の影響を受けつつも、出現期以降、中北部九州で展開した古墳装飾の脈絡のなかで理解することができる。ただし、わが国の装飾古墳の展開を俯瞰するならば、横穴式石室の導入による東アジアのグローバルスタンダードな墓制の一形態として位置づけることができる。大陸に源流が求められる古墳装飾には、後期前半の筑前・王塚古墳の北斗七星や南斗六星、そして後期後半の筑前・竹原古墳の怪獣、筑後・珍敷塚《めずらしづか》古墳に描かれた四神《しじん》、蟾蜍《ひきがえる》などの例がある。逆に中北部九州の影響を受けたと考えられる彩色古墳が、小伽耶の松鶴洞《ソクハクドン》古墳群中で確認されている。

石棺系は屋根石に浮彫された中期中頃の筑後・石人山《せきじんさん》古墳（横口式《よこぐちしき》家形石棺）を最古例に、肥後中部・鴨籠《かもご》古墳（舟形石棺）、そして次の段階には筑後・浦山古墳の石棺の内面への直弧文と円文の線刻に移っていく。石棺系装飾の出現と相前後する時期、肥後中部・大鼠蔵《おおそぞう》尾張宮《おわりのみや》古墳を嚆矢に千金甲《せごんこう》一号墳や井寺古墳など、肥後地域で石障《せきしょう》への幾何学文や武器、武具の線刻が盛行する。

後期に入ると、塚坊主《つかぼうず》古墳・チブサン古墳など肥後北部地域の石屋形内外面に連続三角文、菱形文、円文の幾何学文を彩色する例があらわれる。この影響を受けて筑後・日岡《ひのおか》古墳、筑後・肥後地域の要素が融合した筑前・王塚古墳で

右：石室一面を彩った装飾は精緻かつ絢爛。王塚古墳は国の特別史跡（レプリカ。王塚装飾古墳館蔵）
左：鍋田横穴墓群。肥後地域では横穴墓の外壁にレリーフを持つものが多くみられる

横穴式石室の壁面への彩色が成立し、筑前・筑後地域で定着する。ただ磐井の乱後にヤマト政権の拠点施設が置かれた福岡平野は装飾古墳の分布の空閑地となっていて、九州の特質である墓室を飾る葬送様式が受容されなかったようである。チブサン古墳や日岡古墳がつくられた後期前半には人物、馬、魚、舟といった具象文が加わるが、まだ彩色による幾何学文が主体である。そして後期も中頃を過ぎると筑前・五郎山《ごろうやま》古墳や筑後・珍敷塚古墳を代表例に次第に具象文が主題となっていく。こうしたストーリー性を持つ具象文は横穴墓や地下式横穴墓にもみられ、筑前・瀬戸横穴墓群一四号墓の奥壁に描かれた騎馬人物、舟、鳥、月の構図は珍敷塚古墳など石室墳の装飾と何ら変わりない。ところで、それまで装飾に使われていた赤い顔料以外の色が加わるのは鴨籠古墳の石棺（赤・青）や石障系石室の千金甲一号墳（赤・青・黄）で、そこには大陸からの外的影響が考えられる。以後は石屋形や横穴式石室壁面へも複数の色を駆使して描かれた。そして後期後半から終末期に至って敲打や線刻へと技法が移る。敲打技法を用いた古墳には筑前・山王山《さんのうざん》古墳や豊前・下吉田古墳群二号墳・四号墳が、線刻の代表例には豊前・穴ケ葉山《あながはやま》古墳や豊後・伊美鬼塚《いみおにづか》古墳、日向・蓮ケ池《はすがいけ》横穴五三号墓がある。

終末期の様相

中央において前方後円墳の築造が途絶え終末期に入ると、地方も大型円墳と大型方墳を頂点に、その対局にある小規模化した石室墳が一般化する。九州でも六世紀後半を最後に一斉に前方後円墳がつくられなくなり、その後、豊前・

西都原古墳群・鬼の窟古墳には周溝と周堤があり、大きな墓域を占有する

橘塚《たちばなづか》古墳、甲塚《かぶとづか》方墳（以上方墳）、綾塚《あやつか》古墳、筑前・宮地嶽古墳、筑後・楠《くす》名《みょう》古墳、壱岐島・笹塚古墳、兵瀬《ひょうぜ》古墳、鬼《おに》の窟《いわや》古墳、日向・鬼の窟古墳（以上円墳）など四〇m前後の規格を持った方墳・円墳がつくられる。このうち方墳は前方後円墳に代わって、蘇我氏が関わる陵墓や有力氏族といった最上位の階層の人々の墳形になり、九州では東海岸沿いの分布が際立っている。

埋葬施設は在来の横穴式石室が一般的である一方、豊後・古宮《ふるみや》古墳の九州唯一の横口式石槨のように畿内系の施設を採り入れるものや、筑前・宮地嶽古墳や手光波切不動古墳など、その影響を受けた横穴式石室もみられる。宮地嶽古墳は天武天皇の嬪《ひん》（側室）・尼子娘《あまこのいらつめ》の父・胸形君徳善を、古宮古墳は壬申《じんしん》の乱で功績のあった大分君《おおきだのきみ》恵尺《えさか》もしくは稚臣《わかみ》を被葬者にあてる説が有力で、いずれも中央との強い繋がりをもとに埋葬施設が選択されたと考えられる。畿内型の家形石棺を持つ豊前・綾塚古墳や、畿内系横穴式石室の日向・新田原《にゅうたばる》四四号墳は大型方墳の分布と同じく東海岸沿いに点在している。

九州西側の壱岐島では、島内最後の前方後円墳となる双六《そうろく》古墳の築造以降、後期後半から終末期にかけて兵瀬《ひょうぜ》古墳（五四m）など大型円墳が築かれる状況は九州本島の様相と軌を一にするが、短期間に複数の首長墓の系列が認められることや、三室構造の横穴式石室は地域的な特徴といえる。また、双六古墳や終末期の笹塚古墳からは金銅製馬具や朝鮮半島系土器など地域首長墓にしては類稀な豪華な副葬品が出土し、特に新羅系の遺物が目立つ。これらの品々には独自の交流・交易によって流入したものも含まれていると考えられるが、畿内地域から搬入されたと思われる土師器も出土している。いずれにせよ朝鮮半島

終末期の笹塚古墳。横穴式石室には単室（1室）、複室（2室）があるが、壱岐では複室がさらに発達した3室を持つ石室が密集する

と倭の中間地域に位置する壱岐島とその首長層は、磐井の乱の鎮圧に伴うヤマト政権の外交航路の掌握を契機に、対馬島と入れ替わるかのように対外交渉の窓口や兵站基地として取り込まれた状況が窺える。

律令国家への道

古墳時代は国家の形成と国際化に向けて大きく動いた時代であった。ヤマト政権は古墳時代の各期を通じて、情勢を睨みつつ地方の有力首長との強いパイプを築いた。その象徴的な記念物が前方後円墳である。九州の豪族との関係を保つことは辺境の地を統治するための布石であると同時に、大陸に通じる海路に精通し朝鮮半島の諸勢力と独自の繋がりを持った中北部九州の勢力を介して、対外交渉や先進的な文物の入手ルートを確保することにもなる。また地方との関係性の構築は朝鮮半島経営などの施策に直結する必須条件でもあった。一方、九州の在地首長にとってヤマト政権との繋がりは、独自の対外交渉や、統治領域の保持と勢力拡大にかかる後ろ盾ともなるという点で利を有していた。

ヤマト政権と地方首長の相互の思いが錯綜しながらも、磐井の乱を契機とした外交ルートの一元化と国造制の成立を経て、中央集権の律令制の時代へと着実に進んでいった。記念物として大型の古墳をつくる意義は中期を最盛期として以降は次第に薄れ、仏教が国策の柱となった時、前方後円墳の築造に象徴された古墳の時代は終わりを告げる。そして九州の地理的条件による対外的な役割と地政学的な緊張対応の窓口は律令制下の大宰府に引き継がれていく。

大宰府政庁跡の礎石。律令制度が整備されると「遠の朝廷」と呼ばれた大宰府が成立し、九州（西海道）の行政を総監する

福岡県

福津市・津屋崎古墳群

政権構造を紐解く鏡と
県内最大の円墳

一貴山銚子塚古墳・釜塚古墳

いきさんちょうしづかこふん・かまつかこふん／糸島市二丈田中・神在［マップ213頁D］

一貴山銚子塚古墳は、脊振山系から派生した独立丘陵上に立地している四世紀後半の前方後円墳。墳丘長は一〇三mである。墳形は柄鏡形《えかがみがた》で、前期古墳らしく後円部と前方部の比高差が著しい。後円部は隣接する民家のために掘られた通風溝によって中央部で分断されている。

埋葬施設は長さ三・四mの幅広の竪穴式石槨に箱形木棺を納めるもので、南側の道路沿いの説明板のあたりから後円部墳頂に登ると、石室に使われた割石が散乱している状況が観察できる。石室は、木棺の蓋板の上に板石を敷き並べて天井とする構造である。副葬品はもとの位置をとどめ、頭位に置かれた鍍金方格規矩鏡《ときんほうかくきくきょう》と内行花文鏡《ないこうかもんきょう》の二面の舶載鏡のほか、八面もの三角縁神獣鏡が被葬者の上半身を取り巻くように左右各四面ずつ整然と配置されていた。このほか素環頭《そかんとう》大刀《たち》、鉄剣、勾玉、管玉も出土した。

鍍金鏡は数少なく、類例に熊本県・才園《さいぞん》古墳出土の画文帯神獣鏡《がもんたいしんじゅうきょう》がある。また棺内に多量の水銀朱が充填されていたが、古墳時代において水銀朱は貴重であった。その産地としては徳島県・若杉山遺跡が知られ、山腹斜面から辰砂《しんしゃ》の原石や、それを磨り潰すための石臼と石杵《いしぎね》が多量に見つかっている。

一貴山銚子塚古墳の調査は、昭和二十五年から福岡県教育委員会と日本考古学協会の合同で行われた。その時調査に参加していた小林行雄は、後に調査された京都府・椿井《つばい》大塚山《おおつかやま》古墳の三十二面もの三角縁神獣鏡の中に一貴山銚子塚古墳の出土品と同笵《どうはん》の鏡が存在することを指摘した。こうした鏡を中

一貴山銚子塚古墳。前方部が狭く長い
柄鏡形の墳形は前期古墳の典型

釜塚古墳。左：県下最大の大型円墳。伊都国歴史博物館に石室のレプリカが展示されている／上：土橋の両側に復元された石見型木製品

央の首長が地域首長に配布した証《あかし》と考え、その背景に配布元の首長を頂点に据えた政治的関係を想定する同笵鏡論の確立に深く関わる古墳として学史上でも重要な古墳といえる。

　釜塚古墳は、宮地岳から北に延びる尾根に挟まれた標高五mほどの低地に立地している。古墳築造時には古加布里《かふり》湾が糸島半島基部に深く入り込んでいたため、古墳は長野川河口に接する湾の目の前に占地したことになる。現在はJR加布里駅横の市営神在《かみあり》団地に接した公園内の平地にある。墳径五六mを測る県下最大の円墳で、畑地として五段に造成されデコレーションケーキのようになっている。五世紀前半の築造で、墳丘斜面に葺石《ふきいし》が施され、古墳を取り巻く周濠の外側に周堤がまわっている。周濠の北側には土橋《どばし》がある。

　埋葬施設は北部九州型の初期横穴式石室で、袖石を介しハ字形に開く羨道《せんどう》は玄室床面よりも一段高い。羨道の前面には入口から斜めに降りる竪坑状の墓道が取り付く。玄室は長さ三・八mの羽子板形に近い長方形で、壁体は扁平な石を積み、奥壁に突起石がある。

　周濠から出土したクリ材製の石見《いわみ》型木製品は権威の象徴である儀仗《ぎじょう》をかたどったもので、類例は大和を中心に畿内周辺に限られる。奈良県・四条《しじょう》一号墳では二十七個体が出土し、墳丘上に埴輪のように樹立されていたとみられる。釜塚古墳のものは土橋の両側に立っていたようで、長さ二mを超え、最大の奈良県・市尾墓山《いちおはかやま》古墳出土品に迫る大型の部類に入るとともに、最古の例として貴重である。

弥生時代歴代王の末裔

三雲遺跡群・曽根遺跡群

みくもいせきぐん・そねいせきぐん／糸島市三雲・曽根［マップ213頁D］

　三雲遺跡群は瑞梅寺《ずいばいじ》川と川原川、曽根遺跡群は雷山《らいざん》川と瑞梅寺川に挟まれた扇状地と丘陵に立地する。両遺跡群には弥生時代の伊都国《いとこく》の歴代王墓（三《み》雲南小路《くもみなみしょうじ》遺跡墳丘墓・井原鑓溝《いわらやりみぞ》遺跡、平原《ひらばる》遺跡一号墳丘墓）がある。

　三雲地区の端山《はやま》古墳は四世紀前半頃の墳丘長七九mの前方後円墳で、盾形の周溝がまわる。前方部は削平されているが、墳丘の形は柄鏡形《えかがみがた》で、奈良県・桜井茶臼山《さくらいちゃうすやま》古墳の形状に近い。端山古墳に続く築山《つきやま》古墳は、四世紀後半頃の墳丘長六〇mの帆立貝形前方後円墳。三雲東公民館横にある。

上：左端の森が築山古墳。その右に端山古墳。写真右奥は雷山（らいざん）
下：群中最古の端山古墳。前方部は削平されている。左奥は高祖山（たかすやま）

　その後、五世紀になると瑞梅寺川西側の曽根丘陵に前方後円墳が相次いで築造される。狐塚《きつねづか》古墳は五世紀前半の径三三mの円墳。埋葬施設は初期横穴式石室で、仕切石によってコ字形に仕切られた長方形の玄室に、玄室床面に向かって傾斜する墓道が接続する。続く銭瓶塚《ぜにがめづか》古墳は五世紀中頃の墳丘長四九mの帆立貝形前方後円墳。盾形の周溝がある。円筒埴輪や岩偶《がんぐう》（結晶片岩製）が出土しているが、岩偶は古墳に伴うかどうか不確実である。その北側にあるワレ塚古墳は墳丘長四二mの五世紀後半の帆立貝形前方後円墳。墳丘テラスに朝顔形埴輪と円筒埴輪が並び、馬形埴輪も出土した。

　糸島地域では、糸島半島の東側の基部に入り込んだ古今津湾に面して御道《おどう》具山《ぐやま》古墳や泊大塚《とまりおおつか》古墳、西側の古加布《こかふ》里《り》湾際には一貴山銚子塚《いきさんちょうしづか》古墳など前期の有力古墳が築かれる。前期末から中期になると三雲遺跡群・曽根遺跡群では前方部の長さが規制を受けた帆立貝形前方後円墳も目立ち、規模も縮小している。こうした状況は胸形《むなかた》氏と筑紫《つくしの》君《きみ》という二大勢力の台頭と連動しているのかもしれない。

歴代の首長墓と
最古の横穴式石室

今宿古墳群《いまじゅくこふんぐん》

福岡市西区徳永・今宿青木・周船寺・今宿
【マップ213頁D】

　今宿古墳群は、高祖《たかす》山から北に向かって八つ手状に延びる丘陵部及び丘陵裾部の今宿平野縁辺に立地し、十一基の前方後円墳を含んでいる。東西三㎞、南北二㎞ほどの今宿平野は、西を高祖山塊が走り、東は叶岳《かのうだけ》から延びる長垂《ながたれ》山塊《さんかい》によって福岡平野と限られる。そして、かつて今宿平野北側の糸島半島基部には東から古今津《いまづ》湾が深く入り込んでいた。今宿古墳群では、山ノ鼻一号墳、若八幡宮《わかはちまんぐう》古墳、鋤崎《すきざき》古墳、丸隈《まるくま》山《やま》古墳、今宿大塚《いまじゅくおおつか》古墳の前方後円墳の首長系譜を追うことができる。

　山ノ鼻一号墳は丘陵先端部に立地する前方後円墳である。墳丘長五一ｍで、前方部は長く、やや幅広な形状となる。今宿古墳群の首長墓の中で最も古い四世紀前半頃の築造と考えられる。埋葬施設は盗掘に遭い残っていなかったものの、獣帯鏡と土師器片が出土した。山ノ鼻一号墳の西側には、狭長な前方部が撥形《ばちがた》に開く山ノ鼻二号墳があったが消滅している。

　若八幡宮古墳は、山の鼻一号墳が載る丘陵の基部に立地する四世紀後半の前方後円墳。墳丘長は四七ｍを測る。

　埋葬施設は主軸に直交する杉材製の二基の舟形木棺で、下部の第二埋葬施設の上に第一埋葬施設が重なる。築造にあたってまず後円部をカルデラ状に盛土し、木棺を据えた後に墳丘上位の盛土を行っていることが調査で確認されていて、二つの埋葬施設の設置と墳丘の構築は一連の過程であったようである。第一埋葬施設から銅製有孔円盤が、第二埋葬施設の棺内から三角縁神獣鏡、環頭大刀《かんとうたち》、鉄斧が、棺外から方《ほう》形板革綴短甲《けいいたかわとじたんこう》のほか三葉《さんよう》環頭大刀、鉄剣、鉄鏃《てつぞく》が出土している。

　若八幡宮古墳に続く鋤崎古墳は、平野東端部の丘陵先端に立地する四世紀末の前方後円墳。墳丘長は六二ｍを測り、前方部と後円部墳頂の円形段を繋ぐ斜道を備える。墳丘斜面に葺石《ふきいし》が施され、墳丘テラスと墳裾には円筒埴輪と朝顔形埴輪が並ぶ。埴輪は墳頂部を中心に出土し、家形埴輪がくびれ部と前方部端に、鰭付《ひれつき》楕円筒《だえんとう》埴輪や靫形《ゆきがた》埴輪がくびれ部に配置されていた。九州では出土例の少ない囲形《かこいがた》埴輪もみられる。墳丘上では乳ー小児用の三基の埴輪棺と小石棺が見つかっている。

　埋葬施設は前方部に向かって開口する北部九州型の初期横穴式石室で、長さ四ｍの長方形の石室の前面に短い羨《せん》道《どう》と、上から降りる構造の竪坑状の墓道が取り付く。横口部と石室床面とは四〇㎝の段差があり、閉塞《へいそく》は羨道に板石を立てて行う。福岡平野の福岡市・

老司《ろうじ》古墳（福岡少年院内）三号石室とともに最古の横穴式石室に位置づけられている。壁体は扁平な割石を持ち送りながら積み上げる。二度の追葬に対応するように、奥壁沿いの箱形石棺（一号棺）、全国的にも稀な右側壁沿いの箱形埴質棺《はにしつかん》（二号棺）、左側壁寄りの箱形木棺（三号棺）の三つの埋葬施設がコ字形に置かれる。鋤崎古墳のこのような屍床《ししょう》配置が肥後型石室のモデルになったとみられる。また、刀剣を置くための突起石が奥壁と両側壁にはめ込まれている。銅釧《どうくしろ》、竪櫛《たてぐし》、二百点以上の玉類、内行花文鏡《ないこうかもんきょう》、双頭龍文鏡、珠文鏡《しゅもんきょう》ほか六面の鏡、素環頭大刀《そかんとうたち》、鉄鉾《てつほこ》、蕨手刀子《わらびてとうす》、長方形板革綴短甲が出土している。

鋤崎古墳に続いて築造された丸隈山古墳は、平野の西を限る丘陵端部に立地する五世紀前半の前方後円墳。墳丘長八五ｍは今宿平野では最大規模を誇る。狭長な前方部は緩く開いている。墳丘斜面に葺石が施され、テラスには円筒埴輪と朝顔形埴輪を立て並べる。

鋤崎古墳の玄室。写真中央の陶製の棺（埴質棺）は稀少なもので、香川県・今岡古墳に類似する例がある。右側が横口部（レプリカ。福岡市博物館蔵）

上：前方部を向いて開く丸隈山古墳の初期横穴式石室は間近で観察することができる稀少なもの／下：丸隈山古墳石室と、中央に仕切石がある、２人を合葬するタイプの箱形石棺

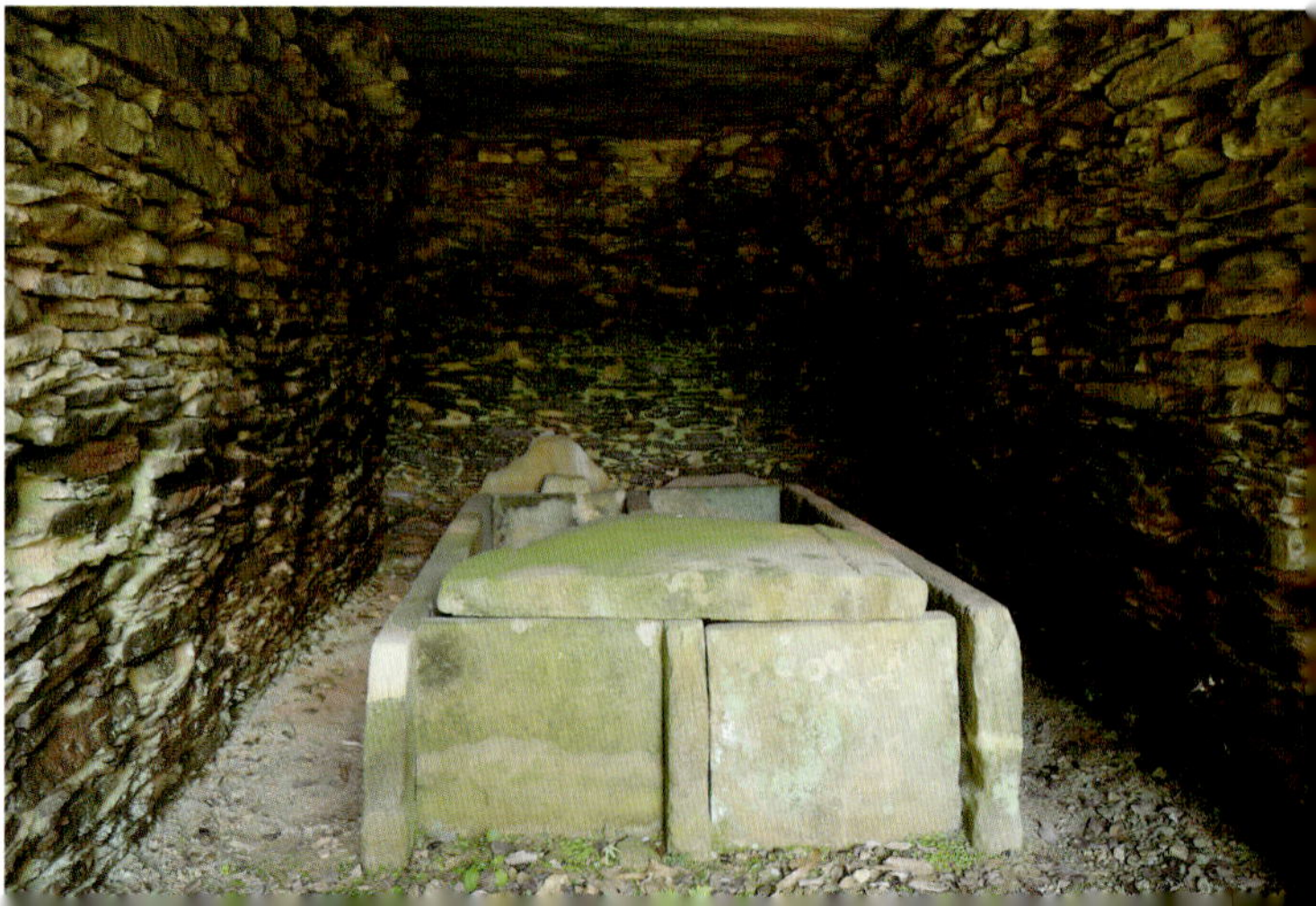

丸隈山古墳出土品。右：六獣鏡、左：二神二獣鏡、下：巴形銅器（妙正寺蔵）

埋葬施設は前方部に向かって開口する北部九州型の初期横穴式石室で、寛永六（一六二九）年に発掘を行った際に横口部が失われたが、初期の横穴式石室を観察できる貴重な例となっている。壁は扁平な割石積みで、長さ約四mの幅広な石室である。横口部に板石を立てて玄門とし、鋤崎古墳や後続する糸島市・釜塚古墳と同様の竪坑状墓道が接続していたとみられる。石室内には、類い稀な二棺一体型の連接式石棺と呼ばれる組合式箱形石棺がつくりつけられる。この石棺は長持形石棺《ながもちがたせっかん》を意識し、側石《がわいし》を外膨らみになるように加工している。石材は唐津産とみられる砂岩である。棺内から仿製《ぼうせい》二神二獣鏡、六獣鏡、巴形《ともえがた》銅器などが出土し、人骨から被葬者は熟年男性であったことがわかる。主な遺物は古墳の南側にある妙正寺が保管している。毎年夏には丸隈山古墳で神事が執り行われる。

今宿大塚古墳は、丘陵裾部の微高地に立地する六世紀前半の前方後円墳。国道二〇二号線沿いの住宅地の中に整備されている。墳丘長六四mで、前方部は開いている。盾形の周溝のまわりに二重の周堤を巡らせる。墳丘テラスと周堤の上に円筒埴輪を立て並べ、中には肥後南部地域に特徴的なものもある。また同地域に起源を持つ半裁竹管《はんさいちくかん》文《もん》を施した形象埴輪もみられる。

今宿古墳群の中には発掘調査によって内容が明らかになった古墳が比較的多く、小平野おける首長系譜を具体的に検討することができる。また、鋤崎古墳、丸隈山古墳など横穴式石室の導入期の様相や各地への波及過程を追究する上でも重要な古墳が含まれている。

盾形の二重周溝と周堤を伴う今宿大塚古墳

九州最古の前方後円墳と
那津官家に関わる被葬者

那珂八幡古墳・東光寺剣塚古墳

なかはちまんこふん・とうこうじけんづかこふん／福岡市博多区那珂・竹下 〔マップ213頁D〕

那珂八幡古墳の２号埋葬施設から出土した三角縁神獣鏡は、卑弥呼が魏から贈られた鏡とする説も根強い（福岡市埋蔵文化財センター蔵）

那珂八幡古墳と東光寺剣塚古墳は、福岡平野の中央部を貫流する那珂《なか》川と御笠《みかさ》川に挟まれた、標高一〇mに満たない低平な台地上に立地している。

那珂八幡古墳は那珂八幡宮境内にある墳丘長八六mの前方後円墳。後円部径と前方部長の比率が八対五になる北部九州の古期の古墳に多い形状である。また前方部の隅角《すみかど》で前方部に登るための、柱穴列を伴う通路も見つかっている。三世紀後半頃の築造と考えられる。後円部にある二つの埋葬施設のうち、

一号埋葬施設は中心部分が社殿の下にあたるため未調査で、長方形の墓坑の輪郭を確認するにとどめられた。二号埋葬施設は割竹形木棺《わりたけがたもっかん》で、被葬者の胸部左側に鏡面を表にした状態で三角縁神獣鏡が副葬されていた。この鏡は京都府・椿井大塚山《つばいおおつかやま》古墳出土鏡と同型で、ほかに勾玉、ガラス製小玉も出土している。

東光寺剣塚古墳は、那珂八幡古墳の北側のアサヒビール博多工場（二〇一八年末閉鎖予定）の敷地内に保存されている。墳丘長七五mの前方後円墳で、六世紀中頃に築造された。墳丘に沿って三重の周溝がまわり、後円部側の外周溝に接して方形の張出部がある。墳丘築造時のある段階に作業

那珂八幡古墳。１号埋葬施設は九州での古墳の受容を知る鍵を握る

が中断していることから寿陵《じゅりょう》であったと考えられる。

埋葬施設はくびれ部に向かって開口する複室横穴式石室で、玄室は長さ四・二mの羽子板形である。腰石は玄室高の二分の一ほどを占める。玄室奥壁際には阿蘇凝灰岩製の石屋形を置き、その天井石は上面が広い寄棟形《よせむねがた》となる。円筒埴輪や朝顔形埴輪が墳丘テラスに立てられたほか、人物埴輪、馬形埴輪も出土している。円筒・朝顔形埴輪には断続ナデと呼ばれる特殊な技法によるものもある。なお、東光寺剣塚古墳に接して剣塚北古墳（墳丘長三〇m以上の前方後円墳・五世紀末頃）があったが現存していない。

那珂八幡古墳は前期段階では県下屈指の有力首長墳で、九州でも最古級の古墳と考えられる。また、那珂八幡古墳と同じ系譜上の東光寺剣塚古墳の北側には大宰府の前身、筑紫大宰《ちくしのたいさい》に繋がっていく「那津官家《なのつのみやけ》」に比定される比《ひ》恵《え》遺跡がある。那津官家は磐井《いわい》の乱後の宣化元（五三六）年、ヤマト政権による北部九州統治と朝鮮半島政策の拠点として整備され、東光寺剣塚古墳の被葬者がその運営に携わっていた可能性は高い。糟屋屯倉《かすやのみやけ》と関係する粕屋町・鶴見塚《つるみづか》古墳や、穂波《ほなみ》屯倉の管理者とも考えられる桂川町・王塚古墳もまた肥後由来の石屋形を伴う点で共通する。

両古墳が位置する比恵《ひえ》・那珂遺跡群では、古墳時代前期には那珂八幡古墳の際を走る幅七mの直線道路が台地北端の運河まで敷設され、計画的な都市設計が存在した。

東光寺剣塚古墳。上：石室は工場北門で鍵を借りて見学することができる／下：肥後地域に分布が集中する石屋形は磐井の乱後に筑前・筑後の有力首長墓に導入される

福岡平野最大規模の巨石墳

今里不動古墳

いまさとふどうこふん／福岡市博多区金の隈 [マップ212頁D]

中央の森が今里不動古墳。奥は月隈丘陵

今里不動古墳は御笠《みかさ》川右岸、福岡平野の東を限る月隈《つきぐま》丘陵から派生する丘陵先端に立地している。径約二九・五mの大型円墳で、石室の形態などから六世紀末ー七世紀初頭頃の築造と考えられる。近傍には持田《もつた》ヶ《が》浦《うら》古墳群や堤《つつみ》ヶ《が》浦《うら》古墳群など二百基を超える群集墳が形成されている。

埋葬施設は複室横穴式石室。全長一一・二m、玄室長は四・二mで、ともに福岡平野最大規模を誇る。玄室は奥壁が二石、側壁は三石の花崗岩の巨石で構成され、天井石は一枚である。奥壁の鏡石《かがみいし》には後世に不動明王が彫り出され、信仰の対象となっている。羨道《せんどう》は縦長の石を並べる、終末期古墳によくみられる特徴的な手法を用いる。出土遺物は知られていないが、大正時代に近くの古墳から金銅製雲珠《うず》などが出土している。

福岡市内では、今里不動古墳と御笠川・那珂川を挟んで福岡平野の西側に対峙する寺塚穴観音古墳（径約二〇m）や、早良平野東端部の夫婦塚《めおとづか》二号墳（径約二五m）などが前後する時期の大型巨石墳として知られているが、今里不動古墳は墳丘・石室とも両古墳の規模を凌駕する。福岡市という都市部で石室内に立ち入ることができる稀少な古墳である。

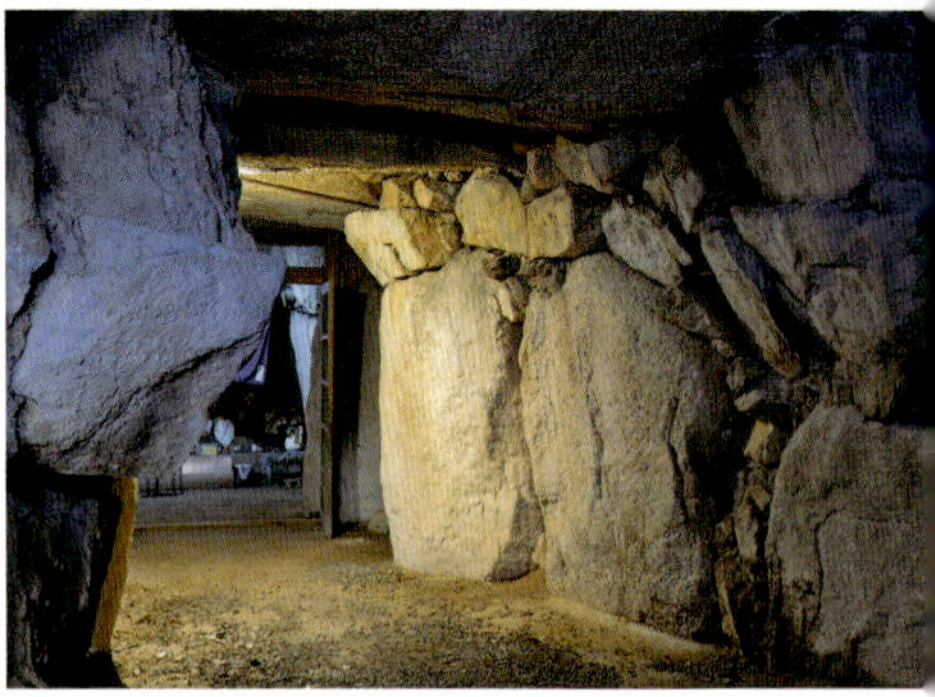

上：玄室と不動明王。巨石で構成される整美な石室／下：羨道から

大野城の築城に関わった集団の墓域か

善一田古墳群

ぜんいちだこふんぐん／大野城市乙金東 [マップ212頁D]

上：渡来系集団との繋がりが窺える古墳群。18号墳は最も高所に築かれている／右下：三累環頭大刀柄頭／左下：「奈」のヘラ書きがある須恵器が複数出土している（以上2点、大野城市蔵）

善一田古墳群は御笠《みかさ》川右岸の乙金山《おとがなやま》西麓に位置する。百基ほどの古墳群のうちの一群で、福岡平野の眺望に優れた丘陵斜面に立地している。六世紀後半−七世紀後半にかけての円墳約三十基と木棺墓、土坑墓群で構成される。

古墳群築造の契機となった盟主墳である一八号墳の規模は径二六×二二mで、埋葬施設は複室横穴式石室。鉄刀、鉄鏃《てつぞく》、胡簶《ころく》などの武器・武具、轡《くつわ》や鐙《あぶみ》などの馬具、管玉・ガラス玉のほか、鍛冶具の金鉗《かなはし》や新羅土器が出土した。鍛冶にかかる鉄滓《てつさい》は複数の古墳で副葬・供献され、この集団が鉄器生産に関わっていたことを窺わせる。さらに新羅土器は南側に展開する王城山《おうぎやま》古墳群など周辺域から多数出土していることから、背後に渡来系集団の存在が浮かび上がってくる。また一九号墳の裾につくられた七世紀前半の木棺墓に副葬されたヘラ書きの須恵器は国内でも最古級で、「奈」は福岡平野を示す「那」、あるいは人名などを刻んだ可能性が考えられている。二号墳から出土した象嵌大刀、二六号墳の三累環頭《さんるいかんとう》大《た》刀《ち》柄頭《つかがしら》など希少な遺物も多く、古墳群には一八号墳を筆頭に三ランクの階層があったとみられている。この古墳群の被葬者は南側の薬師の森遺跡に居住した可能性が高く、墓域と居住域の関係がわかる事例でもある。

善一田古墳群が造営された時期は南側に位置する日本最古の城・大野城が築造された時期（六六五年）とも重なる。そのためこの集団が大野城築城に関わった可能性は否定できないだろう。

金製の耳飾が出土した
整美な横穴式石室

日拝塚古墳

ひはいづかこふん
春日市下白水南 ［マップ213頁D］

日拝塚古墳は、那珂《なか》川右岸、春日《かすが》丘陵端部の段丘上に立地し、住宅地の日拝塚公園内にある。彼岸の時期には東方の大根地《おおねじ》山から昇る太陽を拝むことができ、これが古墳の名の由来となった。墳丘長四六mの六世紀前半から中頃の前方後円墳。周溝は盾形で、円丘と方丘が繋がる部分からも埋められた溝が見つかった。通常は古墳の輪郭に沿って溝を掘削するが、ここでは後円部沿いに円形の溝を完周させた後に前方部側の溝を継ぎ足す形になっていた。周溝には石室に通じる土橋《どばし》がある。

住宅地の中の公園で存在感を示す。石室に通じる土橋や周溝の位置がわかるように復元整備されている

　埋葬施設は主軸に直交する玄室長三・六mの整美な横穴式石室である。奥壁は玄室高の二分の一ほどの鏡石の上に七－八段の面が揃った直方体の花崗岩を積み上げ、側壁は羨道《せんどう》の高さに揃えた腰石が左右それぞれ二石据えられる。奥壁と側壁の隅角《すみかど》は明瞭で、玄門は突出せずに羨道の壁と面が揃う。長い羨道の中ほどに仕切石を置き、入口はハ字形に開いている。

　石室から金製垂飾付耳飾《たれかざりつきみみかざり》一対、銀製鈴玉、水晶製切子玉《きりこだま》、獣形鏡、単鳳《たんほう》環頭大刀柄頭《かんとうたちつかがしら》、鏡板付轡《かがみいたつきくつわ》、鉄製輪鐙《わあぶみ》、雲珠《うず》、青銅製馬鈴《ばれい》、装飾付須恵器などが出土した。昭和四年に盗掘に遭ったが、古墳を信仰していた地元住民の素早い対応で遺物が戻ることとなった。出土遺物の大半は東京国立博物館に収蔵され、金製耳飾など一部は奴国の丘《おか》歴史資料館に展示されている。

花崗岩を用いた整美な単室の横穴式石室。出土遺物も含めてこの時期の典型例

五つの埋葬施設を持つ古墳と女性が埋葬された未盗掘墳

光正寺古墳・七夕池古墳

こうしょうじこふん・たなばたいけこふん／糟屋郡宇美町光正寺・志免町田富 【マップ212頁D】

上：光正寺古墳は高台につくられた糟屋郡最大の前期前方後円墳／下：七夕池古墳の棺内に埋葬された女性が身につけていた装身具（右：臼玉、左上：勾玉、左下：琴柱形石製品）。琴柱形石製品は儀仗を模した髪飾りと考えられる（志免町教育委員会蔵）

光正寺古墳は、博多湾に注ぐ宇美《うみ》川右岸の丘陵頂部に立地し、住宅地の中に復元整備されている。墳丘長五三mの三世紀末頃の前方後円墳である。墳丘の二－三段目の斜面には葺石が施される。古墳下のガイダンス広場には五分の一の模型が展示されている。

この古墳で特徴的なことは、後円部に五つもの埋葬施設を持つ点にある。築造当初の第一埋葬施設は長さ六mの墓坑を持つ川原石に囲まれた大型の箱形石棺で、石材は能古島《のこのしま》の玄武岩や若杉山の滑石《かっせき》など複数カ所から運ばれた。そのほかの埋葬施設は箱形石棺、割竹《わりたけ》形木棺《がたもっかん》、土器棺、箱形石棺の順で、第一埋葬施設に接してつくられた。これらは墳丘主軸方向に並ぶが、最後につくられた第五主体部の箱形石棺は墳丘主軸に直交している。

光正寺古墳を『魏志倭人伝』に記された不弥国《ふみこく》の王墓にあてる説もある。

七夕池古墳は光正寺古墳の二〇〇mほど北東の、光正寺古墳を見下ろす丘陵上に立地する。径二九mの五世紀前半の円墳で、周溝がまわり、墳丘斜面に葺石《ふきいし》が施されている。

埋葬施設の石棺系竪穴式石室は、在地の箱形石棺に畿内系の竪穴式石槨の形態を採り入れたものである。長さは一・八mを測る。出土した人骨から被葬者が四十－五十代の女性とわかった。また未盗掘であったため、勾玉、管玉、ガラス小玉、臼玉《うすだま》、琴柱形《ことじがた》石製品など三千点を超す多量の装飾品や大刀、蕨手刀子《わらびてとうす》、竪櫛《たてぐし》、陶質土器のほか、木箱に納められた内行花文鏡《ないこうかもんきょう》、臼玉、算盤玉など多数の副葬品が残っていた。これらの遺物は志免町歴史資料室に展示されている。

絢爛豪華な半島系の金銅製馬具群

船原古墳

ふなばるこふん／古賀市谷山 ［マップ212頁D］

石室開口部に面した墳裾の土坑には豪華かつ多量の遺物が一括埋納されていた（右上のシート部分が後円部、テント部分がＬ字形の遺物埋納坑）

船原古墳は、糟屋平野奥部の段丘上に立地する墳丘長四二m以上、後円部径二八mの六世紀末の前方後円墳。

埋葬施設は巨石を用いた複室横穴式石室。玄室は長さ二・四mで、奥壁・側壁の腰石はいずれも一石からなる。

古墳の裾に沿って並ぶ三つの土坑から、金銅製馬具をはじめとする類をみない超一級の質量の遺物が出土した。特にL字形の遺物埋納坑（五・二一m×二・三m）には金銅装の鞍《くら》、多種の鏡板付轡《かがみいたつきくつわ》、鳳凰透彫杏葉《ほうおうすかしぼりぎょうよう》や玉虫装飾付杏葉《ぎょうよう》、金銅製歩揺付飾金具《ほようつきかざりかなぐ》、ガラス装飾付雲珠《うず》・辻金具、鉄製の馬冑《ばちゅう》、壺鐙《つぼあぶみ》、蛇行状《だこうじょう》鉄器などの馬具のほか、鉄鏃束《てつぞくたば》、竪矧板革綴冑《たてはぎいたかわとじかぶと》、挂甲《けいこう》、丁字形利器《ていじがたりき》などが一括埋納され、漆塗り飾弓《かざりゆみ》（銀製弭付《ゆはずつき》）、馬具を装着する繋《かい》（ベルト）など有機質遺物も多く見つかった。馬冑は他に和歌山県・大谷古墳と埼玉県・将軍山古墳で出土したのみで、韓国慶尚南道・玉田《オクチヨン》古墳群の出土例に近い。竪矧板革綴冑は群馬県・綿貫観音山《わたぬきかんのんやま》古墳など六例目、丁字形利器は静岡県・東平《ひがしだいら》一号墳ほか五例目である。また蛇行状鉄器は、九州では福津市・手光《てびか》古墳群南支群二号墳や宗像市・大井三倉《おおいみくら》遺跡五号墳の宗像・津屋崎地域からの出土例がある。いずれも全国的にも類例が限られ、また韓半島の王陵級の遺物も少なくない。他の土坑からは鉄鏃束、複数の鏡板付轡が出土し、後者は土壌分析の結果から馬を埋葬した可能性がある。

船原古墳からは胸形《むなかた》氏との繋がりを示す、沖ノ島祭祀に使われた穿孔がある須恵器も出土している。新羅ほか朝鮮半島系の馬具を中心とする遺物も多く、被葬者はヤマト政権下で軍事に関わる馬の飼育や半島への提供を掌る人物であったとも考えられる。

上：杏葉。玉虫装飾は法隆寺金堂の玉虫厨子など国内４例目／下：馬冑。面覆部の両側に半月形の頬当がつく（ともに古賀市教育委員会蔵）

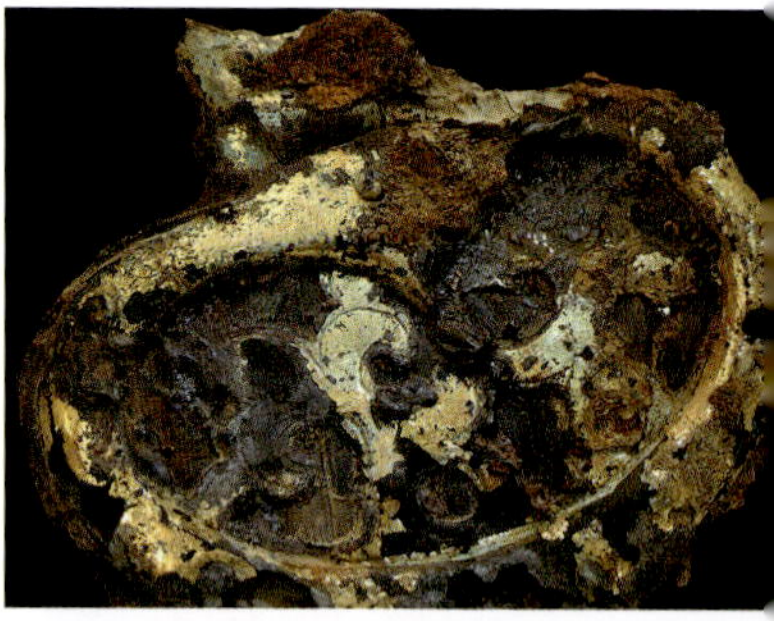

海岸礫を積み上げた海人の墓

相島積石塚群

あいのしまつみいしづかぐん／糟屋郡新宮町相島 [マップ213頁D]

上：群中唯一の前方後方墳・相島大塚。海を挟んで津屋崎古墳群を望むことができる／右下：玄界灘に浮かぶ相島

　相島は新宮海岸から北西七・五km沖の玄界灘に浮かぶ、周囲八kmほどの小さな離島である。

　相島積石塚群は、港の東側の尾根を越えた島の北東部海岸線に、五〇〇mにわたって築かれた二五四基からなる積石塚群。墓を造営した期間は四世紀中頃から六世紀代に及ぶ。現地は史跡公園として散策路が整備されている。

　墓域には五つのグループがあり、そのうち北東部が初期の墓域となる。墳墓と石室はすべて玄武岩の海岸礫《かいがんれき》でつくられ、墳丘を持つものと持たないものがある。群中最大の五世紀中頃の一二〇号墳（相島大塚・墳丘長二〇m）が前方後方墳で、その他は小さな円墳と方墳で構成される。また、埋葬施設は竪穴式石槨《せっかく》、箱形石棺、竪穴系横口式石室、横穴式石室など多種に及ぶ。一一〇号墳からは伽耶系の陶質土器が出土した。なお、相島の海岸礫は福津市の新原《しんばる》・奴山《ぬやま》古墳群にも供給されている。

　積石塚は西日本では海岸部や島嶼《とうしょ》部で多く確認されていて、相島積石塚群に匹敵する大規模かつ長期間にわたって営まれた例として香川県・石清尾山《いわせおやま》積石塚群（四－七世紀）がある。また近隣では山口県・見島《みしま》ジーコンボ古墳群（七－十世紀）があげられる。積石塚は渡来人が関わってつくられたとする指摘もあるが、相島積石塚群の被葬者像については志賀島《しかのしま》を拠点とする安曇《あずみ》族や胸形《むなかた》氏にあてる説もある。立地や規模、存続時期から考えると、朝鮮半島との軍事的な緊張の高まりへの対応や交易に直接的に関わった胸形君管下の集団の墓域とみられる。

世界遺産「神宿る島」を奉った
胸形氏一族歴代の墓域

津屋崎古墳群

つやざきこふんぐん／福津市勝浦・奴山・須多田・在自・宮司・手光［マップ212頁D］

津屋崎古墳群は、玄界灘を望む宗像丘陵西側と南側の尾根上から台地にかけて、南北八km、東西二kmの範囲に展開している。五世紀前半から七世紀中頃まで継続的に営まれた十五基の前方後円墳を含む県下屈指の古墳群。北側の勝浦から奴山《ぬやま》、生家《ゆくえ》・大石、須多田《すだた》、宮司《みやじ》の各地区へと、首長墓がおおむね南に向かって移っていく。このあたりは江戸時代に塩田がつくられるまでは南から内海が入り込む湾で、海に面した立地である。津屋崎古墳群は「海の正倉院《しょうそういん》」といわれる沖ノ島で執り行われた国家的祭祀に関わった胸形《むなかた》（胸肩）氏の奥津城《おくつき》で、その活動範囲を示すように高句麗から朝鮮半島西南部にかけての文物も多く流入している。

勝浦地区では、五世紀中頃の勝浦峯《かつうらみね》ノ畑《のはた》古墳が墳丘長九七mと、六世紀後半の在自剣塚《あらじつるぎづか》古墳に次ぎ宗像地域で二番目の規模を誇る。

埋葬施設は墳丘主軸に直交する長さ四・三mの羽子板形の横穴式石室である。奥壁と側壁後半には玄室高の三分の二を超える腰石を用いる。石室は、中軸線上に立つ二本の石柱の左右に置かれた仕切石で前後に三等分されている。石柱は珍しく、高句麗の影響下に取り入れられたとみられる。羨道《せんどう》は玄室の左側に偏って取り付き、片袖に近い。石室からは細線式獣帯鏡、画文帯《がもんたい》神獣鏡《しんじゅうきょう》、内行花文鏡《ないこうかもんきょう》など七面の鏡、四十振以上の大刀、木心鉄板張輪鐙《もくしんてっぱんばりわあぶみ》、龍文透入金銅製冠帽《りゅうもんすかしいりこんどうせいかんぼう》、銅釧《どうくしろ》、一万五千点以上のガラス玉などが出土した。

続く勝浦井ノ浦古墳は、勝浦峯ノ畑古墳の東側に位置する五世紀中頃の前方後円墳。墳丘長七〇mを測るが、墳丘はかなり削られている。埋葬施設は墳丘主軸に直交する竪穴系横口式石室が前方部で確認されている。石室は海

新原・奴山古墳群。右奥に浮かぶ大島（中津宮）・御嶽山（みたけさん）遺跡でも露天祭祀が行われた

岸礫を積み上げてつくられた無袖の狭長な形で、長さ四・二mを測る。金銅《こうどう》装挂甲《そうけいこう》、鉄地金銅張杏葉《てつじこんどうばりぎょうよう》、木心鉄板《もくしんてっぱん》張壺鐙《ばりつぼあぶみ》、三環鈴《さんかんれい》などが出土した。

新原《しんばる》・奴山古墳群は前方後円墳六基、円墳三十五基以上、方墳一基からなる。

展望台から新原・奴山古墳群を望む。尾根上に古墳が並ぶ

この古墳群は、宗像三女神を祀る宗像大社の沖津宮《おきつみや》（沖ノ島祭祀遺跡）、中《なか》津宮《つみや》（大島・御嶽山《みたけさん》祭祀遺跡）、辺津《へつ》宮《みや》（下高宮祭祀遺跡）とともに世界遺産「『神宿る島』宗像・沖ノ島と関連遺産群」の構成資産になっている。昭和学園前の古墳群展望所を基点に散策するとよい。この地区の前方後円墳の中で最も遡るのは五世紀前半ー中頃の奴山一号墳で、陶質土器や三角板革綴《さんかくいたかわとじ》短甲《たんこう》が出土した奴《ぬ》山正園《やましょうぞの》古墳（円墳・消滅）など、五世紀の早い段階から古墳がつくられはじめている。胸形君系譜上の盟主墳は一号墳・二四号墳と相前後する時期の二二号墳で、縫殿宮《ぬいどのぐう》が鎮座する。墳丘長八〇mに対し前方部が極端に短い帆立貝形前方後円墳である。その後、一二号墳、三〇号墳と、五〇m前後の前方後円墳が五世紀後半まで継続的につくられる。七号墳は五世紀前半の群中唯一の方墳で、入り海に面して占地する。その立地や、墳頂から鉄斧《てっぷ》や琥珀原石が出土していることから祭壇的な性格を持っていた可能性も考えられる。新原・奴山古墳群の出土品のうち、衝角付冑《しょうかくつきかぶと》、鋲留式短《びょうどめしきたん》甲《こう》などの武具・武器とともに奴山一号墳から出土した鏨《たがね》、鉄鉗《かなはし》、鉄槌《かなづち》は、鍛冶の存在を示すとともに、朝鮮半島から鍛冶技術を携えて渡来した工人の関与を窺わせる。

生家大塚古墳は、墳丘長七三mの五世紀後半の前方後円墳で、六世紀代の

墳丘長43mの12号墳は基壇を伴う

大石岡ノ谷一号墳（墳丘長五五ｍ）・同二号墳（四三ｍ）へと系譜が繋がる。

　須多田地区の天降《あまふり》天神社古墳は墳丘長八〇ｍの六世紀前半の前方後円墳。肥後南部地域に特徴的なＳ字状半裁竹《はんさいちく》管文《かんもん》のある形象埴輪が出土している。そしてミソ塚古墳（六七ｍ）、下の口古墳（八三ｍ）と続いた後に、墳丘長一〇二ｍを誇る在自剣塚古墳が六世紀後半につくられ、津屋崎古墳群で最後の前方後円墳となる。須多田地区には二タ塚《にたづか》古墳という大型円墳も存在する。

　六世紀代には、津屋崎古墳群の北端部の丘陵上に宗像地域唯一の装飾古墳・桜京《さくらきょう》古墳がつくられる。桜京古墳は墳丘長四一ｍの前方後円墳で、複室横穴式石室の玄室に石棚との折衷系ともいえる石屋形を置き、奥壁と袖石には赤・黄・緑で連続三角文が描かれる。

　津屋崎古墳群の南端では、終末期になると畿内の横口式石槨《よこぐちしきせっかく》の影響を受けた埋葬施設が採用された。一つは円墳と考えられる七世紀初頭の手光波切不動《てびかなみきりふどう》古墳で石室内に入ることができる。玄室・羨道とも天井まで達する巨石からなり、玄室後半の両側壁を内側に寄せて石槨のような空間をつくりだしている。そして空間の前面を、肥後地域特有のＵ字形に刳《く》り込んだ仕切石で区切る。石室からは沖ノ島祭祀遺跡にみられる円形の透かし孔がある特殊な器台も出土し、胸形君と沖ノ島祭祀を直接的に結びつける資料となる。

　宮地嶽古墳は宮地嶽神社奥の宮三番社・不動神社の御神体で、参拝所から石室を拝むことができる。現状で径三四ｍの七世紀前半の円墳。埋葬施設の横穴式石室は長さ二二ｍと、奈良県・見瀬丸山《みせまるやま》古墳に次ぐ国内二番目の長さを誇る。石室は手光波切不動古墳に似るが、玄室両側壁に仏像を納める龕《がん》のような掘りくぼめた空間があり、また奥部は石槨状に内側に寄せた側壁に対応して天井石も一段低くなっている。

手光波切不動古墳。畿内の横口式石槨の影響を受けた石室

手光波切不動古墳と同様に床石がある。金銅装頭椎大刀《こんどうそうかぶつちのたち》、金銅製鞍金具、金《こん》銅装龍文透彫狭帯式冠《どうそうりゅうもんすかしぼりきょうたいしきかん》、忍冬文透《にんどうもんすかし》鏡板付轡《かがみいたつきくつわ》、銅鋺《どうわん》、板ガラスなどの出土品は国宝に指定されている。この古墳の被葬者は天武天皇の嬪《ひん》（側室）尼《あま》子娘《このいらつめ》の父・胸形君徳善《むなかたのきみとくぜん》に比定されている。なお、谷を挟んで宮地嶽古墳の東側には宮司《みやじ》井手《いで》ノ上《のかみ》古墳がある。この古墳は五世紀前半の径二六ｍの円墳で、竪穴式石槨、箱形石棺、石蓋土坑《いしぶたどこう》墓《ぼ》の三つの埋葬施設から、金銅製鈴、

三角板革綴短甲《さんかくいたかわとじたんこう》、陶質土器など豊富な副葬品が出土している。

津屋崎古墳群とその周辺では、勝浦峯ノ畑古墳の石柱を持つ石室や百済系の金銅製冠帽、手光波切不動古墳の慶尚北道・雁鴨池《アナプチ》に類例がある輪鐙《わあぶみ》、新羅土器のほか、宗像市・沖ノ島一六・二一号岩上祭祀跡、福津市・福間《ふくま》割《わり》畑《ばたけ》古墳、宮司井手ノ上古墳から鉄鋌《てってい》（鉄素材の原産地は慶尚南道）、同手光古墳群南支群二号墳の蛇行状《だこうじょう》鉄器など大陸系の遺物が多く出土している。またこの地域では、すでに五世紀前半に鍛冶具とその技術が渡来人によってもたらされた。このような遺物は首長墳だけでなく、宗像市・朝町山ノ口五号墳の鉄鉗・鉄槌、牟田尻桜京《むたじりさくらきょう》古墳群の戟《げき》、牟田尻中浦古墳群の飾履《しょくり》など小型円墳にも副葬されている。

ところで、内陸の釣川《つりかわ》上中流域には、宗像地域最古の三世紀後半まで遡る小規模な前方後円墳・徳重本村《とくしげほんむら》二号墳（埋葬施設は石蓋土坑墓・消滅）がある。そして二基の割竹形木棺《わりたけがたもっかん》と大和・吉備地方に顕著な円筒棺を持つ四世紀中頃の田久瓜ヶ坂《たくうりがさか》古墳、長さ五ｍを超す割竹形木棺を粘土で被覆した四世紀後半の東郷高塚古墳と、前期古墳の系譜を追うことができる。こうした内陸の首長墓が五世紀に入って海岸部の津屋崎古墳群へと移動した可能性は高いが、四世紀にはじまる沖ノ島祭祀（四世紀後半－五世紀中頃・岩上祭祀→五世紀後半－七世紀・岩陰祭祀→七世紀後半－八世紀前半・半岩陰半露天祭祀→八世紀－九世紀・露天祭祀）へのこれら内陸の勢力の関わりも含め課題も多い。

胸形氏一族が津屋崎地域で勢力を保ち得た背景には、辺津宮、中津宮、沖津宮で航海安全の国家的祭祀を司るとともに、航海術を駆使して対外交渉にも関わりつつ半島や政権と密接な関係を築いたということがあった。

津屋崎古墳群の出土品は福津市複合文化センターの歴史資料館に展示されている。

上：宮地嶽古墳石室。昭和９年の採土工事の時に出土した金銅製壺鐙や板ガラスなどの豪華な品々は国宝に指定されている／下：雁鴨池出土品に類似する手光波切不動古墳出土の輪鐙（福津市教育委員会蔵）

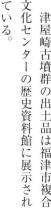

怪獣を描いた超一級の装飾

竹原古墳

たけはらこふん／宮若市竹原 【マップ212頁D】

竹原古墳は、遠賀《おんが》川の支流・犬鳴《いぬなき》川と山口川に挟まれた若宮盆地に迫り出す丘陵先端部に立地している。六世紀後半の径一八mほどの円墳で、写実的な彩色壁画が特徴的な国内屈指の装飾古墳。諏訪神社境内にあり、神社下の社会福祉施設で受付をすれば石室内を見学できる。ガラス越しではあるが、これほど美術的価値の高い装飾古墳が常時公開されていること自体が稀なため是非とも足を運びたい。

埋葬施設は玄室長二・七mの複室横穴式石室。奥壁には玄室高の二分の一ほどを占める腰石の上に遺骸を覆うための石棚《いしだな》を架け渡している。装飾は奥壁鏡石の一辺一mほどの範囲に黒と赤で描かれている。構図の中央には髪を美豆良《みずら》に結って烏帽子状の帽を被り沓《くつ》を履いた人物が馬をひいている。その上に怪獣、下に舟と波状文、左右に大きな翳《さしば》を配置する。体部が棘《とげ》で覆われ手足に鉤爪《かぎづめ》を持った怪獣は、天空を舞うようで躍動感に溢れている。『漢書礼楽志』にみえる龍を介して駿馬を産ませる伝説をあらわしたとする解釈もあるが、舟や空馬《からうま》が死者の魂を運ぶという観念を表現したものだろう。龍の特徴を備えた怪獣は馬がベースになっていることから、その知識のみで描かれたとされる。装飾は前室奥壁にもみられ、右側の朱雀《すざく》と左側の玄武《げんぶ》という四神の配置から玄室奥壁の怪獣を青《せい》龍《りゅう》とみなすことができ、北魏や高句麗の影響を受けたことがわかる。方位を司る四神《しじん》のうち朱雀や白虎《びゃっこ》は奈良県・新沢千塚《にいざわせんづか》一二六号墳の漆器に描かれた五世紀後半に遡る図柄が存在する。

石室からは鏡板付轡《かがみいたつきくつわ》、銀製鈴玉、純金細金《さいきん》などが出土している。

この地を欽明朝に百済で活躍した筑《つく》紫鞍橋君《しくらじのきみ》の本貫地に比定する説もある。

上：令和２年に再整備された保存施設と竹原古墳の墳丘／下：黄泉の世界への旅立ちを描いた玄室奥壁の壁画

荘厳な装飾で彩られた
黄泉の国

王塚古墳

おうづかこふん
嘉穂郡桂川町寿命 【マップ212頁D】

王塚古墳と穂波川。中央の王塚装飾古墳館は前方後円墳の形をしている

王塚古墳は、遠賀《おんが》川支流の穂波《ほなみ》川右岸台地上に立地する、六世紀中頃の前方後円墳。墳丘長八六mで、葺石《ふきいし》が施され、盾形の周溝がまわる。昭和九年の鉱害復旧にかかる土取りの際に開口し、昭和二十七年に装飾古墳としては国の特別史跡第一号に指定された。古墳に隣接して、実物大の石室レプリカほか九州の装飾古墳の石室模型が並ぶ王塚装飾古墳館がある。

埋葬施設はくびれ部に向かって開口する長さ四・三mの横穴式石室で、奥壁沿いには石屋形を置き、その上部に石棚を架け渡している。石屋形には石枕を彫り込んだ二体分の屍床《ししょう》を据え、石屋形前面の左右には灯明台を置く。玄門の上には肥後や筑後に数例知られる窓状の楣《まぐさ》石《いし》がある。また、玄室が板石、羨道《せんどう》部が塊石《かいせき》積みにより二重に閉塞する特徴を持ち、玄室前面の空間（羨道部）には複室石室の前室にあたる部屋としての役割があったことを窺わせる。

石室の壁面に彩色した古い段階の装飾は幾何学文と具象文の組み合わせで、玄室のほぼ全面と玄門袖石にみられる。装飾の豪華さは群を抜いていて、また文様も規則的かつ精緻である。顔料も装飾古墳で確認されている六色の黒・黄・緑・赤・白・青（灰）がすべて使われている。装飾は、玄室腰石に連続三角文、玄室の石屋形より上部と天井には高句麗の壁画古墳にみられる北斗七星などの星宿を表現したと思われる珠文《しゅもん》を散りばめている。左側壁腰石は上下三段に並ぶ盾、右側壁と前壁腰石に上下二段の靫《ゆぎ》、前壁には大刀が描かれる。右側壁には南斗六星とされる珠文もみえる。また、玄門袖石には騎馬人物を含む五頭の馬（黒馬三、赤馬二）が内向きに大きく描かれ、そのまわりに蕨手文《わらびてもん》と双脚輪状文《そうきゃくりんじょうもん》を配置する（二八頁参照）。石屋形の内外面も

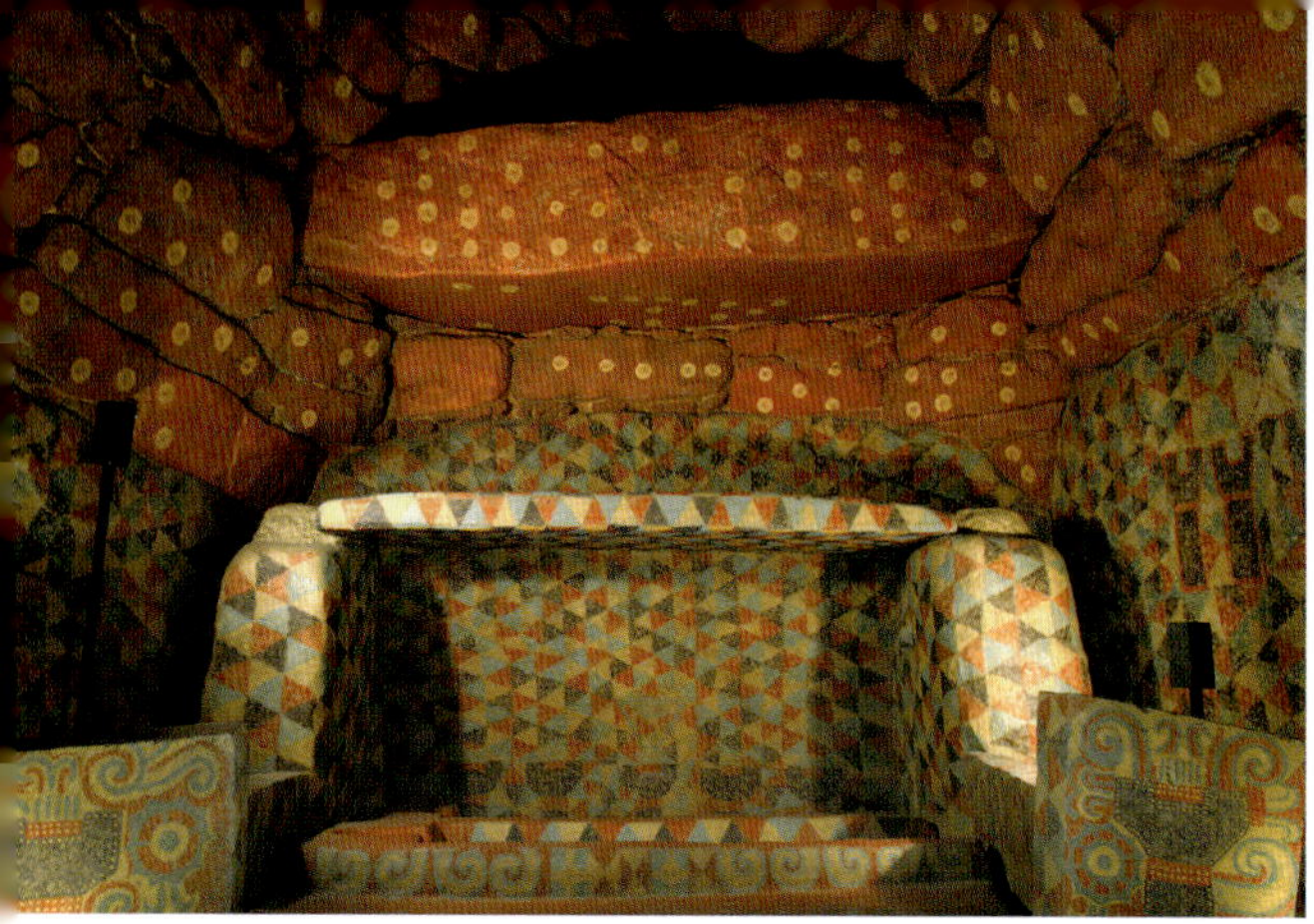

玄室の石屋形と石棚。石屋形の前面には左右２つの灯明台が立つ（レプリカ。王塚装飾古墳館蔵）

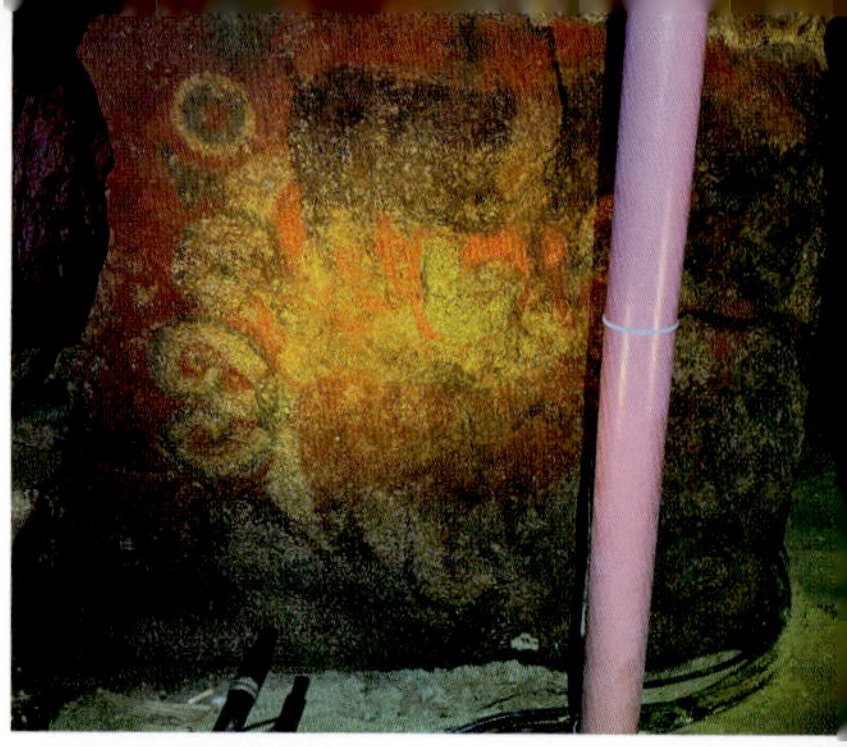

上：左玄門の装飾。黒と赤の三頭の馬と騎乗する人物、まわりには同心円文と蕨手文などが描かれる
下：玄室からみた玄門と楣石

石室腰石と同じく連続三角文で埋め、奥壁下半に五つの靫、棺床前面に渦《うず》状《じょうもん》文が並ぶ。石屋形前面の左右に立つ灯明石にもそれぞれ靫、双脚輪状文、渦状文を配置する。

石室からは、変形神獣鏡、挂甲小札《けいこうこざね》、鉄鉾《てつほこ》、銀鈴《ぎんれい》、金銅張鏡板付轡《こんどうばりかがみいたつきくつわ》、鉄製輪鐙《わあぶみ》、雲珠《うず》、剣菱形杏葉《けんびしがたぎようよう》、埋木製切子玉《うもれぎせいきりこだま》などが出土した。特に馬具は豪華かつ精緻なものである。遺物は重要文化財に指定されている。

王塚古墳の石室は、石屋形、二重閉塞、窓状施設、連続三角文など随所に肥後北部地域の影響をみてとれるが、同時に、石室全面に彩色壁画を描くこと、モチーフの蕨手文、そして石棚などの要素は、それらを最初に採り入れたうきは市・日岡《ひのおか》古墳と共通し、筑後地域との関係性も見逃すことはできない。いずれにせよ肥後の石屋形と筑後の石棚の両方を併せ持つ唯一の例であることに象徴されるように、王塚古墳の石室の築造には複数地域の集団が関わったことが想定できる。その被葬者は、ヤマト政権が磐井の乱の直後の五三五（安閑二）年に設置した穂波屯倉《ほなみのみやけ》の経営に関わった人物であろうか。

穂波川に沿った丘陵上には、四世紀初頭前後の大型前方後円墳・金比羅山古墳（墳丘長八一ｍ）や、六世紀後半の天神山古墳（墳丘長六八ｍ）などの首長墳がある。また穂波川を下ると、熊本県・江田船山《えたふなやま》古墳と同型の画文帯《がもんたい》神獣鏡《しんじゅうきょう》のほか、盤龍鏡などが出土した五世紀後半の大型前方後円墳・山の神古墳（八〇ｍ・消滅）が存在する。

威信財・三種の腕飾が揃って出土

沖出古墳

おきでこふん／嘉麻市漆生［マップ212頁D］

沖出古墳は、遠賀《おんが》川上流域の嘉麻《かま》川に向かって延びる丘陵端部に立地する四世紀後半の前方後円墳。墳丘長六八m。古墳公園として墳丘上の埴輪や斜面に施された葺石《ふきいし》が復元整備され、ガラス越しに石室を見学できる。

埋葬施設は主軸に直交する竪穴式石槨で、割竹形《わりたけがた》に近い舟形石棺を納める。石棺は佐賀県松浦産の砂岩製で、唐津市・谷口古墳や糸島市・長須隈《ちょうすくま》古墳に石棺を供給した集団の関与が考えられる。棺内から大刀や鉄剣が出土したが、中でも北陸産緑色凝灰岩製の鍬形石《くわがたいし》・車輪石《しゃりんせき》・石釧《いしくしろ》の腕輪形石製品のセットは、九州では他に宗像市の「海の正倉院」沖ノ島祭祀遺跡で知られるだけである。また、家形埴輪に直弧文《ちょっこもん》が、壺形埴輪に舟が線刻されたものも出土している。これらの遺物や石棺の破片は碓井《うすい》郷土館で展示されている。

沖出古墳では、畿内前期古墳を象徴する石製品が出土したことに加えて竪穴式石槨内に割竹形に類する石棺を採用することから、ヤマト政権との強い関係が窺える。沖出古墳がある筑豊地域では、三角縁神獣鏡が出土した、先行する忠隈《ただくま》古墳（円墳）が竪穴式石槨と割竹形木棺を埋葬施設としている。

上：整備された沖出古墳。墳丘上には葺石や埴輪のレプリカも復元されている
中：竪穴式石槨とレプリカの舟形石棺はガラス越しにみることができる
下：屋外ガイダンス施設や散策路を備えた公園になっている

横穴式石室を志向した横穴墓群

城山横穴群

じょうやまよこあなぐん

田川郡福智町金田［マップ212頁D］

城山横穴墓群は遠賀《おんが》川支流の中元寺《ちゅうがんじ》川右岸、南北に長い独立丘陵に立地する横穴墓群。六世紀前半から七世紀前半にわたって営まれ、横穴式石室を埋葬施設とする古墳一基と二二二基の横穴墓が確認されている。うち丘陵頂部に並ぶ十二基は墳丘を持つ横穴墓で、周辺からは円筒埴輪も見つかっている。

Y七三号墓には熟年女性、老年男性、若年（性別不明）一体の三体分の人骨が遺存していた。また墳丘祭祀に用いた須恵器杯に供えられたハマグリが残っていたことから、海に面した地域との交流を物語る。遠賀川流域の横穴墓の羨門《せんもん》部には、横穴式石室を志向した石組構造が多く存在する。城山遺跡の羨門部分にも同様の構造がみられ、羨道両側に石積みを行って楣石《まぐさいし》をかけ渡すもの、もう一つは岩盤を掘削して地山面に直接楣石を載せるものである。閉塞は板石によるものと、塊石を積み上げるものの二種がある。こうした特徴は、墳丘を持つ横穴墓の存在と併せて、同時期に併存する横穴式石室との関係性を探る鍵となるだろう。

遠賀川流域は県内屈指の横穴墓の密集地帯で、鞍手《くらて》町・古月《ふるつき》横穴墓群（国史跡）や直方《のおがた》市・水町横穴墓群（県史跡）、中間《なかま》市・瀬戸横穴一四号墓（消滅）ほか、彩色系や線刻系の装飾を持つ事例もいくつかある。

上：土の質感を再現するため、土と再生繊維を混ぜて吹き付けたジオファイバー工法という手法を用いて整備された。丘陵の上には墳丘を持つ横穴墓が並ぶが、私有地のため立入禁止／下：遠賀川流域に特徴的な入口に石積みを持つ横穴墓が復元され、墓室内もガラス窓越しに観察できる

遠賀川中流域右岸の直方市・水町横穴墓群。なかには線刻を持つ個体もある

県下屈指の大型前方後円墳と
大陸色豊かな副葬品

御所山古墳・番塚古墳

ごしょやまこふん・ばんづかこふん／京都郡苅田町与原・尾倉［マップ214頁E］

御所山古墳は石塚山古墳の南側に位置する五世紀後半の前方後円墳で、白《しら》庭《にわ》神社境内地にある。当時の豊前海の海岸線沿いに立地している。墳丘長一一九mと県内屈指の規模を誇る古墳で、造出《つくりだし》、盾形周溝、周堤、葺石《ふきいし》がある。前方部に向けて開口する横穴式石室は埋め戻されている。長方形の四周に石障《せきしょう》を巡らせる、豊前地域で唯一の筑肥型石室で、奥壁に平行して二つの屍床《ししょう》を配置する。

番塚古墳は、墳丘長五〇mの五世紀末から六世紀前半の前方後円墳。御所山古墳の北側の丘陵上に立地する。

埋葬施設は墳丘主軸に直交する長さ三・七mの羽子板形の横穴式石室で、石室の側壁には玄室高の二分の一ほどの腰石が使われている。石室の主軸に平行して据えられた二基の組合式木棺からは神人歌舞画像鏡《しんじんかぶがぞうきょう》、玉類、大刀（魚文と同心円文の銀象嵌）、挂甲《けいこう》、胡《こ》籙《ろく》、鏡板付轡《かがみいたつきくつわ》、杏葉《ぎょうよう》、木芯鉄板張輪《もくしんてついたばりわ》鐙《あぶみ》、百済に特有の鳥足文《ちょうそくもん》という文様が器面に残る土器などが出土した。木棺に鋲《びょう》留《ど》めされた蟾蜍形飾金具《せんじょがたかざりかなぐ》は非常に珍しい遺物で、蟾蜍（ヒキガエル）は熊本県和水《なごみ》町・江田船山古墳出土の金銅冠装飾金具にも表現されている

御所山古墳、番塚古墳と湾を挟んで南に位置する行橋《ゆくはし》市・稲童《いなどう》古墳群では、立飾《たちかざり》付きの眉庇付冑《まびさしつきかぶと》など武具一式が出土した二一号墳のほか、武具を持つ五世紀代の中小古墳が点在している。

上：御所山古墳。今でも周濠に水をたたえている
下：番塚古墳。（上から）住宅地の中にある保護施設。格子扉越しに石室を観察することができる／石室からは大陸色豊かな副葬品が出土した／木棺に取り付けられた蟾蜍形飾金具は稀少なもの（九州大学蔵）

九州最古の
畿内型前方後円墳

石塚山古墳

いしづかやまこふん

京都郡苅田町富久町 [マップ214頁E]

石塚山古墳は苅田町役場の南側、標高一〇m前後の微高地先端部に立地する。古墳築造時は豊前海の海岸線が古墳の近くまで迫り、海に面して占地していた。筑紫野市・原口古墳、大分県・赤塚古墳とともに、四世紀前半の初期前方後円墳として知られ、突出した規模の石塚山古墳は、前方後円墳、竪穴式石槨、三角縁神獣鏡の要素を備えた九州最古の定型化した畿内型の古墳といえる。墳丘長一二〇mで前方部が狭長な形状で、前方部と後円部を繋ぐ斜道がある。墳丘斜面には葺石《ふきいし》が残る。

埋葬施設は二つあり埋め戻されているが、第一埋葬施設の位置が後円部に表示されている。長さ七mの長大な竪《たて》穴式石槨《あなしきせっかく》で盗掘による損壊が著しい。第一埋葬施設と並んで竪穴式石槨と考えられる第二埋葬施設がある。

第一埋葬施設から素環頭鉄刀《そかんとうてっとう》、鉄鏃《てつぞく》、銅鏃、革綴冑《かわとじかぶと》小札《こざね》が出土し、中でも十数面出土したと伝わる鏡のうち現存する七面の三角縁神獣鏡は特筆できる。同型鏡が出土した古墳に京都府・椿井《つばい》大塚山《おおつかやま》古墳、筑紫野市・原口古墳、大分県・赤塚古墳など十数カ所があり、鏡の分有関係を知る上で重要である。また後漢代の細線式獣帯鏡片のほか、墳丘から飯蛸壺《いいだこつぼ》も出土した。出土品の多くは重要文化財に指定されている。

京都《みやこ》平野には石塚山古墳をはじめとして、御所山《ごしょやま》古墳、八雷《はちらい》古墳、庄屋塚古墳、橘塚《たちばなづか》古墳、綾塚《あやつか》古墳と、終末期に至るまで有力な首長墳が継続して築かれ、瀬戸内海を通じて畿内との強い繋がりを持った地域といえよう。

竪穴式石槨から、他の古墳との同型鏡を含む10面以上の三角縁神獣鏡が出土した

九州最大の方墳

甲塚方墳《かぶとづかほうふん》

京都郡みやこ町国作【マップ214頁E】

甲塚方墳は、京都《みやこ》平野の西を限る山塊から派生する丘陵上に立地している。長さ三七ｍ、幅四七ｍを測る横長の六世紀後半の方墳で、墳丘や石室の整備が行われている。墳丘は三段築造で、墳丘斜面に葺《ふき》石《いし》と、テラスに敷石を施す。各段の裾部には石列が並ぶ。周溝と周堤まで含めると、幅が七四ｍにも及ぶ。

墳丘のまわりは周溝と周堤で囲われている

埋葬施設は真南に開口する玄室長四・四ｍの複室横穴式石室。玄室高は四・六ｍと高く、その三分の一を超える巨大な腰石の上に四－五段の石積みを行う。前室はやや横長の長方形である。なお、羨道《せんどう》の一部は修復されている。

墳丘、周堤を含めた規模は方墳としては九州最大で、同じ方墳の橘塚古墳の存在ともあわせて、この地域へ中央豪族・蘇我氏の影響が及んでいたことも想定される。

甲塚方墳と県道を挟んだ北側の八景《はっけい》山《ざん》古墳群は十数基からなる六世紀後半－七世紀初頭頃の古墳群で、そのうちのいくつかは石室内に入ることができる。また甲塚方墳の南側には、彦徳《けんどく》甲塚《かぶとづか》古墳という二重の周溝を巡らせる六世紀後半の大型円墳のほか、石室がむき出しになった後期古墳もある。

石室の広さは橘塚古墳・綾塚古墳をも凌ぐ

九州最大級の巨石古墳

橘塚古墳・綾塚古墳

たちばなづかこふん・あやつかこふん／京都郡みやこ町勝山黒田 【マップ214頁E】

橘塚古墳の石室の高さは3.8m。とてつもない巨石が使われていることがわかる

　橘塚古墳と綾塚古墳は、京都《みやこ》平野の北を限る山塊から延びる台地上と丘陵裾部に立地している。

　橘塚古墳は、黒田小学校敷地内にある。長さ三七m、幅三九mの六世紀末の大型の方墳。四方に周溝がまわる。埋葬施設は玄室長四mの複室横穴式石室で、側壁は三・八mの玄室高の二分の一以上を占める巨大な腰石の上に二段に石を積む。前室は縦長で、羨道《せんどう》部を含めた石室全長は一六mあまりと長い。出土品には須恵器がある。

　綾塚古墳は黒田神社正面の旧道沿いにある径四〇mの大型円墳。背面の丘陵を切断するように周溝がまわる。

　埋葬施設は複室横穴式石室で、女帝神社の扁額が掛かる鳥居に向かって口を開けている。玄室は一辺三・五mの正方形である。側壁は玄室高の三分の二以上を占める腰石の上に一石だけが積まれており、玄室の形が正方形となることと併せて橘塚古墳よりも新しい要素といえる。奥壁に沿って畿内型の刳抜式《くりぬきしき》家形石棺が据えられている。石棺の棺蓋は棟の幅が狭く、長辺に各二つと短辺に各一つの方形縄掛突起《なわかけとっき》を持つ。また羨道部を含めた石室全長は奈良県・石舞台古墳と並ぶ一九mを測り、県内では、全国二位の福津市・宮地嶽古墳に次ぐ長大なものである。

　蘇我氏系の墳形といわれる方墳を採用した橘塚古墳や畿内型家形石棺を持つ綾塚古墳の存在は、京都地域へのヤマト政権の強い関与を示している。この地域にある終末期の行橋市・大将《たいしょう》陣《じん》古墳からは、長さ五四・五㎝もある国内最大級の飾履《しょくり》も出土している。

綾塚古墳。上：古墳は女帝神社の御神体／下：畿内型家形石棺の蓋は細川忠興の家臣が小倉に運ぶために割った後に据え直されている

整然と並ぶ横穴墓群。いずれも飾縁を持つ。
お盆の時期にはライトアップされる（右下）

丘陵崖面に列をなす横穴墓群

百留横穴墓群

ひゃくどみおうけつぼぐん／築上郡上毛町百留［マップ214頁F］

百留横穴墓群は福岡県と大分県を分かつ山国《やまくに》川の下流域左岸段丘上の舌状丘陵の崖面に沿って築造され、四十九基が確認されている。六世紀後半から七世紀前半に営まれた。山国川の対岸にも上《うえ》ノ原《はる》横穴墓群や城《しろ》の百穴《ひゃっけつ》横穴墓群、岩井崎《いわいさき》横穴墓群など同規模かそれ以上の横穴墓群が点在するが、右岸では横穴式石室墳が少ないのに対し、左岸には横穴墓と横穴式石室墳が混在する傾向がある。

墓室はいずれも単室構造。玄門には方形と円形がみられ、その形状に合わせた飾縁《かざりぶち》がつく。なかには飾縁上部を庇《ひさし》状に削り残したものも存在する。また一三号墓の玄門の墓室側の彫り込みのように後世に改変された個体がある。墓室の規模が大きな一号墓などいくつかの横穴墓には、墓室から前庭部に通じる排水溝が掘られ、一号墓では飾縁左側に赤で同心円文が描かれている。早くから開口していたため遺物は少ないが、群中からは須恵器、装身具の玉類のほか人骨などが出土している。

京築《けいちく》地域で彩色系の装飾を持つものには、横穴式石室に同心円文や×形を描く京都《みやこ》平野のみやこ町・呰見大塚《あざみおおつか》古墳がある。このほか山国川対岸の城山《しろやま》横穴墓群中の三角文の彩色や、国東《くにさき》半島基部の駅館《やっかん》川流域に位置する四日市《よっかいち》横穴墓群などにも同心円文の彩色を施すものがみられる。周防《すおう》灘沿岸にはこうした装飾横穴が点的に分布する。なお、山国川対岸の上ノ原横穴墓群の調査では多くの人骨が見つかり、DNAなどの分析結果から親族関係が復元され、基本的に父系の血縁者が埋葬されていたことが明らかになった。

木の葉の線刻がある
装飾古墳

穴ヶ葉山古墳群

あながはやまこふんぐん／築上郡上毛町下唐原 ［マップ214頁F］

穴ヶ葉山古墳群は、福岡県と大分県の境をなす山国川下流域の丘陵斜面に立地している。

穴ヶ葉山一号墳は周辺に点在する群集墳の中で盟主的な位置を占める。六世紀末の径二三mの大型円墳で、丘陵斜面を切断した馬蹄形の周溝を持つ。

埋葬施設は単室横穴式石室である。玄室は長さ三・四mで、各壁は一枚の巨石で構成されている。玄室から羨道《せんどう》部にかけて素掘りの排水溝が延びる。

石室には線刻による装飾がみられる。羨道部左側壁中央の石材には右上方に樹木と鳥、木葉文、その上に縦長の連続三角文を描き、右側に大型の木葉文を配置している。木葉文の下部には葉と重ねて虫を描いている。その奥側の石材と羨道右側壁中央の石材にも同様の大型の木葉文がある。また、羨道入口の天井石には魚の線刻がある。

穴ヶ葉山一号墳からは山陰系の須恵器脚付子持壺《きゃくつきこもちつぼ》が複数出土し、また、類似の線刻を持つ古墳が山陰地方に多いことから、彼の地との交流が行われていたと考えられる。

三号墳は径二〇mの複室横穴式石室で、この玄室の右側壁にも大型の木葉文が描かれている。

豊前海に面した豊前南部から豊後北部地域にかけては、豊前市・黒部六号墳（舟）、上毛《こうげ》町・山田一号墳（木葉文ほか）、大分県国東《くにさき》市・伊美鬼塚《いみおにづか》古墳（木葉文・舟・鳥）など終末期の線刻画を持つ古墳が分布している。

右：公園として整備された穴ヶ葉山古墳群。写真は１号墳／左：山陰地方に特徴的な脚付子持壺（上毛町教育委員会蔵）

羨道左側壁の線刻。左側に樹木・木葉文・鳥、右側に大型の木葉文とその下に虫が描かれている

九州随一の初期前方後円墳群
原口古墳

はらぐちこふん／筑紫野市武蔵［マップ216頁H］

上右：原口古墳出土の三角縁神獣鏡（綾部哲具氏蔵、筑紫野市歴史博物館寄託）／上左：右手前の森が原口古墳。左奥の天拝山から派生する独立丘陵上にある／下右：住宅地の中に保存されている津古１号墳／下左：津古生掛古墳出土の鶏形二重口縁壺（小郡市教育委員会蔵）

　原口古墳は、福岡平野の最奥部、筑《つく》紫《し》平野に通じる二日市狭隘帯《きょうあいたい》に接した丘陵部に立地している。四世紀前半の初期前方後円墳。墳丘長八一mで、短い前方部は低く撥形《ばちがた》に開き、纒向型《まきむくがた》である可能性が高い。墳丘斜面に葺《ふき》石《いし》が施される。県道沿いの雑木林の中にあり、前方部は大きく改変されている。

　埋葬施設は昭和七年の開墾による後円部墳頂の発掘調査時の状況からみると粘土槨《ねんどかく》であった可能性が高い。

　出土遺物には三角縁神獣鏡三面、管玉、ガラス小玉、大刀、鉄斧がある。三面の三角縁神獣鏡は、それぞれ久留米市・高良《こうら》大社所蔵品（祇園山古墳から出土した可能性あり）、奈良県・桜《さくら》井茶臼山《いちゃうすやま》古墳と苅田《かんだ》町・石塚山古墳、大分県・赤塚古墳と京都府・椿井大塚《つばいおおつか》山《やま》古墳などと同型とされる。

　原口古墳から南東方向に二日市狭隘帯を抜けて筑紫平野に通じる三国《みくに》丘陵には、初期の前方後円墳がいくつもつくられている。津古《つこ》一号墳（墳丘長三五m）は前方部が後円部よりも著しく低く撥形に開き、形状から纒向型である可能性が高い。箱形木棺を埋葬施設とし、方格規矩鳥文鏡《ほうかくきくちょうもんきょう》や鶏形二重口縁壺が出土した津古生掛《つこしょうがけ》古墳（三三m・消滅）も纒向型前方後円墳で、津古二号墳（三二m・消滅）、二重口縁壺を墳丘に巡らせた三国《みくに》の鼻《はな》一号墳（六六m・消滅）と首長系譜が繋がる。こうした様相から、この一帯が初期ヤマト政権にとって早期に抑えるべき要衝と位置づけられていたことがわかる。

類をみない多様な装飾

五郎山古墳

ごろうやまこふん

筑紫野市原田 [マップ216頁H]

住宅地に囲まれた丘陵の頂部にある古墳は公園として整備されている

五郎山古墳は、脊振《せふり》山系から東に派生する山丘の頂部に立地している。径三二mの六世紀後半の円墳のまわりには周溝があり、石室開口方向は土橋《どばし》となっている。古墳の西側の五郎山古墳館には原寸大の石室レプリカが展示され、薄暗い石室の中にカンテラを持ち込んで内部や装飾の観察ができるよう趣向を凝らしている。

埋葬施設は玄室長四・五mの複室横穴式石室で、奥壁に玄室高の三分の一ほどの鏡石、側壁にはやや低い腰石を用い、塊石《かいせき》を持ち送りながら積み上げる。

この古墳を特徴づける装飾は、玄室鏡石とその上の塊石、両側壁の腰石、玄門などに赤・黒・緑で描かれる。奥壁鏡石には中央に鳥、同心円文、靫《ゆぎ》、舟が大きく描かれ、左側に家、跪《ひざまず》いて祈る女性、盾を持つ騎馬人物、馬が、右側に大きな靫が二つと、弓、鞆《とも》、冠をかぶり右手を挙げた人物、その上部の石には同心円文、矢を射る騎馬人物と旗、犬、二人の人物が描かれている。また側壁の腰石には、中央に屋形がある舟が計三隻描かれ、左側壁の舟の上には星と思われる珠文《しゅもん》が散りばめられる。跪く女性は袖の長い特徴的な服装から渡来人とみられ、騎馬図の尾部で反り上がる蛇行状《だこうじょう》鉄器の文様の存在と併せて、高句麗壁画の影響を受けた図柄とする見方もある。

五郎山古墳に描かれた装飾は、死者の旅立ちや儀礼などの精神世界、戦いのための武具・武器、狩猟などのまとまりがあり、生前から死後にいたる各場面かもしれない。被葬者の一代記をあらわしたとみられる装飾には、福島県・清戸迫《きよとさく》横穴七六号墓がある。

隣接する古墳館の原寸大レプリカ。カンテラを持って暗い石室内部に入ることができる（筑紫野市歴史博物館蔵）

焼ノ峠古墳

九州最大の前方後方墳

やきのとうげこふん

朝倉郡筑前町四三嶋 [マップ216頁H]

宝満川左岸、両筑平野北端部を望む高所に立地している。写真奥は三郡山地

焼ノ峠古墳は、筑紫《つくし》平野北部の花立《はなたて》山と呼ばれる独立丘陵から北に突き出した尾根の先端部に立地している。前期古墳らしく眺望に優れた場所に占地し、平野からでも一目で存在が確認できる。墳丘長四〇mの三世紀末の前方後方墳である。九州では前方後方墳が二十例ほど知られているが、その中でも焼ノ峠古墳は長崎県対馬市・出居塚《でいづか》古墳（鶴の山古墳）とともに最大規模を誇る。狭長な前方部は撥形《ばちがた》に開き、前端部寄りに長方形の造出《つくりだし》がある。また前方部側には周溝がまわる。

埋葬施設は墓坑の輪郭のみ確認された。周溝内から、二重口縁壺、手捏《てづくね》土器とともに炭化材が出土しており、何らかの祭祀を行ったとみられる。

焼ノ峠古墳がつくられた丘陵から派生した尾根の先端部には松尾古墳群（消滅）が位置する。このうち、一号墳（方墳・粘土槨《ねんどかく》）と二号墳（円墳・二基の箱式石棺）の周溝内の埋葬施設（一号墳・石蓋土坑墓《いしぶたどこうぼ》、土坑墓、二号墳・木棺墓）は、それぞれ殉葬墓《じゅんそうぼ》と報告されている。『魏志倭人伝』には卑弥呼の墓に奴卑《ぬひ》百人余りを殉葬し、また大化の薄葬令にも人馬の殉死を禁じた記述があるが、古墳時代の殉葬の例はいまだ明らかではない。

尾根の先端部に築かれた九州最大の前方後方墳

稀少な盾持武人埴輪と柵形埴輪

仙道古墳《せんどうこふん》

朝倉郡筑前町久光 [マップ216頁H]

史跡公園として整備され、各種の埴輪も復元配置されている

仙道古墳は両筑平野の北端部、朝倉山塊から派生する丘陵裾部に立地する径三三mの六世紀後半の大型円墳。二重の周溝と葺石《ふきいし》を伴う二段築造の古墳で、段築部と墳丘裾部に円筒埴輪と朝顔形埴輪を巡らせる。

埋葬施設は複室横穴式石室で、石室の大半は失われていたが、整備された公園内の四阿《あずまや》には原寸大の石室の復元模型が展示されている。玄室の全面に赤と緑で彩色された同心円文、円文、連続三角文が不規則に描かれる。墳丘や周溝から馬形埴輪のほか柵形《さくがた》埴輪などが、石室の開口部付近からは盾持《たてもち》武人埴輪が出土した。このうち柵形埴輪は葬送に関わる家形埴輪などの周囲をセットで囲うような事例が多い。九州では宮崎県・百足塚《むかでづか》古墳で出土している程度で、全国的にみても三十例ほどと稀少なものである。また石室内からは銅釧《どうくしろ》や管玉、棗玉《なつめだま》などの装身具が出土している。

筑後川中流域左岸は朝田・若宮古墳群や田主丸《たぬしまる》古墳群ほか石室内に彩色を施す装飾古墳の国内屈指の密集地帯だが、右岸側にも当古墳や朝倉市・湯《ゆ》の隈《くま》古墳など同心円文を主体的に描く事例があり、左岸側の影響が及んでいたことが知れる。

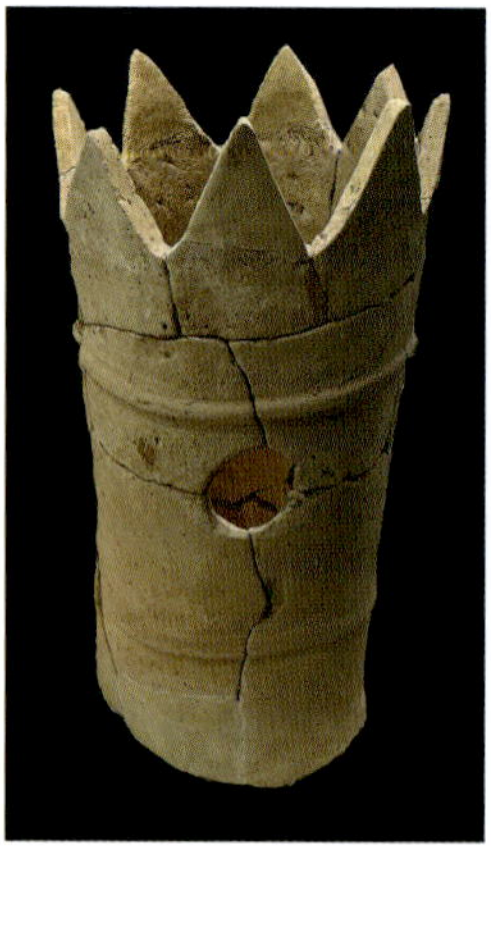

上：史跡公園内に展示された石室の復元模型／左：類例が少ない柵形埴輪（筑前町教育委員会蔵）

軍事的氏族・的氏の奥津城か

若宮古墳群・朝田古墳群

わかみやこふんぐん・あさだこふんぐん

うきは市吉井町若宮ほか・浮羽町朝田 [マップ216頁H]

若宮古墳群は、筑後川中流域、耳納《みのう》山地裾部から筑後川に向かう緩やかな傾斜地際の沖積地に、前方部を西に向けて並ぶ三基の前方後円墳からなる。

月岡古墳《つきのおか》は五世紀中頃の前方後円墳。若宮八幡神社の裏手にひっそりと佇んでいる。墳丘長八〇mで墳丘斜面に葺《ふき》石《いし》が施される。盾形の三重周濠が巡っていたが今は池として名残をとどめる。

埋葬施設は竪穴式石槨《たてあなしきせっかく》に納められた長持形石棺《ながもちがたせっかん》で、棺蓋の各辺に二個ずつの棒状縄掛突《なわかけとっ》起《き》を持つ。長持形石棺は畿内の大王級の古墳に採用される棺で、九州では他に佐賀県・谷口古墳の二例が知られるだけである。竪穴式石槨とこのタイプの長持形石棺、そして金銅《こんどう》装眉庇付冑《そうまびさしつきかぶと》の組み合わせは大阪府・大《だい》仙《せん》古墳（伝仁徳陵）の前方部の埋葬施設の例と共通する。現在、長持形石棺は後円部に建つ月読《つきよみ》宮社殿に納められている。出土品にはほかに三角縁二神二獣鏡、金銅装の頸甲《あかべよろい》・脛当《すねあて》、三角板《さんかくいた》革綴短甲《かわとじたんこう》、三角板 鋲留《びょうどめ》短甲、胡籙金《ころくかな》具《ぐ》、木心鉄板張輪鐙《もくしんてつばんばりわあぶみ》などがある。

塚堂《つかんどう》古墳は墳丘長九一mの五世紀後半の前方後円墳。墳丘斜面に葺石が施され、盾形の二重周溝を巡らせる。後円部は昭和二十八年の筑後川の氾濫による堤防工事の時に大きく土取りされ損なわれているが、くびれ部に向けて開口する横穴式石室から珠文鏡《しゅもんきょう》、火熨《ひの》斗《し》、龍文透彫杏葉《りゅうもんすかしぼりぎょうよう》などが出土した。

右：月読宮の鳥居をくぐって階段を上った所が月岡古墳の後円部。その奥に行くと前方部の形が観察できる／中：月読宮社殿内には文化2（1805）年に発掘された月岡古墳の長持形石棺が安置されている／左：月岡古墳から出土した金銅装眉庇付冑には蛇や魚の繊細な文様がある（うきは市教育委員会蔵）

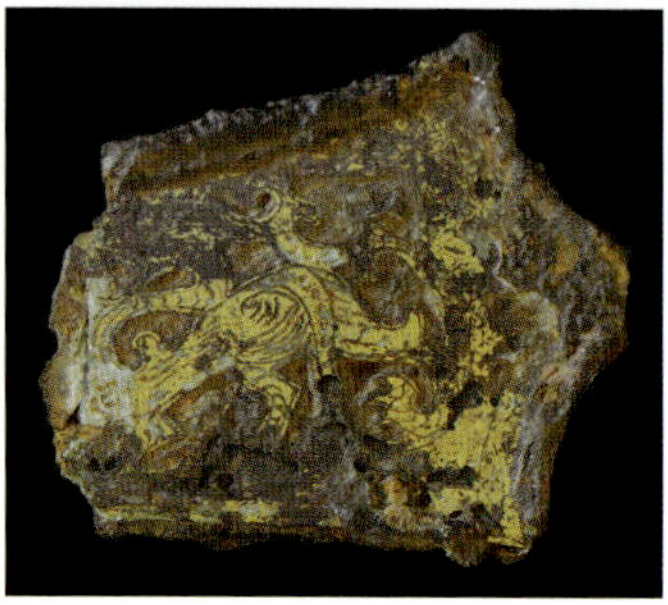

上：塚堂古墳の後円部（写真上）は大きく削られている。前方部の周溝は国道201号線の下にまで広がる／下：塚堂古墳出土の龍文透彫杏葉（うきは市教育委員会蔵）

前方部の埋葬施設は前端部に向けて開口する横穴式石室で、後円部の石室よりもひと回り小さく、扁平な割石を積み上げてつくられている。石室に残っていた壮年男性の人骨は副葬品を置くための石床がある方に頭部を向け、右手に南海産ゴホウラ貝製の貝輪を装着していた。未盗掘の石室からは大刀、横矧板《よこはぎいた》革綴短甲、三角板鋲留短甲、横矧板鋲留短甲、挂甲《けいこう》、頸甲、肩甲《かたよろい》、衝角付冑《しょうかくつきかぶと》、鏡板付轡《かがみいたつきくつわ》など多くの副葬品が発見され、墳丘から盾持人《たてもちびと》埴輪も出土している。重要文化財に指定されている月岡古墳の豪華な遺物とともに吉井歴史民俗資料館に展示されているので、ぜひとも足を運んでもらいたい。

日岡《ひのおか》古墳は、月岡古墳の東側に位置する墳丘長七四mの六世紀前半の前方後円墳。墳丘斜面に葺石が施され、墳丘に沿って周溝がまわる。

埋葬施設はくびれ部に向かって開口する整美な三味線形の胴張《どうばり》横穴式石室で、長さ三・九mの玄室奥壁に鏡石を据え、側壁は扁平な割石を積む。鏡石の上に肥後地域の石屋形の影響下で創出された石棚《いしだな》を架け渡すが、石棚より上の石積みは後世に復元されたものである。玄門の袖に立柱石《りっちゅうせき》を用いず、塊《かい》石《せき》を四－五段積んでいる。

装飾は肥後中北部地域の影響を受け、石室全面に描かれている。奥壁一面に配置された六つの大型同心円文や、側壁、石棚下面、前面の連続三角文など幾何学文が主体で、蕨手文《わらびてもん》・盾・靫《ゆき》・舟・馬・魚のモチーフも描かれる。石室の壁面に彩色したものとしては最も古く、同心円文を主題とする様式は筑後川上中流域にまで拡がった。

朝田古墳群は、若宮古墳群の東側、耳納山地から筑後川に向かう扇状地に立地し、三基の前方後円墳と三基の円

日岡古墳は最古の石室彩色系の装飾古墳。同心円文は筑後川上中流域の特徴的な文様となった

楠名古墳の石室。玄室（写真奥）は石槨状で狭く、前室が玄室よりも大きくなる特異な構造

墳からなる。

このうち最も時期が遡るのは狭長な前方部を持つ法正寺《ほうしょうじ》古墳である。墳丘規模も一〇二mと大型で、浮羽地域の首長の性格を窺い知る鍵を握るものの未調査のため詳細はわからない。

重定《しげさだ》古墳は墳丘長七〇mほどの六世紀後半の前方後円墳。埋葬施設は複室横穴式石室で、石室全長一八mはみやこ町・綾塚古墳に次ぐ県内屈指の規模である。玄室は長さ三・六mで、側壁の腰石には玄室高の二分の一を超える高さの巨大な一枚石を用いる。奥壁際の石棚は両側壁に架かっている。装飾は玄室から羨道にかけて赤と緑の顔料で描かれ、玄室奥壁に大形の三段の靫が、玄室側壁に二段の靫の上に同心円文が整然と並んでいる。

重定古墳の南に位置する塚花塚《つかはなづか》古墳は径三〇mほどの円墳。胴張複室横穴式石室の玄室奥壁には五つの大きな同心円文が配置され日岡古墳の画題を踏襲するが、筑後川中流域の装飾古墳を特徴づける蕨手文もまた主題になっている。石室から銀象嵌亀甲繋文円頭《ぎんぞうがんきっこうつなぎもんえんとう》大刀柄頭《たちつかがしら》が出土している。

朝田古墳群で最も時期が下る楠名《くすみょう》古墳も塚花塚古墳と同じ大型の円墳で、前方後円墳の築造が途絶えた後の六世紀末頃につくられた。

埋葬施設は、長大な羨道を備えて巨石を用いた複室横穴式石室で、羨道の中ほどの仕切石には肥後地域の石障《せきしょう》に特徴的なU字形の刳《く》り込みがある。前室は幅四・九mの横長で通廊の左に一体、右に二体分の屍床《ししょう》を設ける。一方の玄室は石槨のような小さな空間となる。前室が玄室よりも大きくなる構造は筑前町・砥《と》上観音塚《かみかんのんづか》古墳に例がある。

若宮古墳群と朝田古墳群は、朝鮮半島外交で活躍した葛城《かつらぎ》氏系の氏族・的《いくは》氏の奥津城《おくつき》と考えられ、「的」の姓は、高麗が献じた鉄の盾的《たてまと》を射抜いたことから賜ったという説話が残る。二つの古墳群は交互に首長を輩出した一連の墓域とみられる。月岡古墳がつくられた五世紀中頃は在地勢力の筑紫君《つくしのきみ》が台頭する石人山古墳の時期と重なり、続く塚堂古墳以降の古墳群の立地や埋葬施設・出土品をみると、これらの古墳の被葬者はヤマト政権の命により地方豪族を抑える楔《くさび》の役割を担った武官的な性格が浮かんでくる。

日岡古墳と重定古墳の間には広域首長墓としての前方後円墳の空白期があり、そこは田主丸大塚《たぬしまるおおつか》古墳が埋めるのかもしれない。

鳥・舟・月……
古代の死生観

屋形古墳群

やかたこふんぐん

うきは市吉井町富永 ［マップ216頁H］

屋形古墳群は、耳納《みのう》山麓の扇状地に並ぶ珍敷塚《めずらしづか》古墳、原《はる》古墳、鳥船塚《とりふねづか》古墳、古畑《ふるはた》古墳の円墳群から構成される。

珍敷塚古墳は墳丘が失われているが、六世紀後半の横穴式石室の奥壁と右側壁が、耳納山地沿いに走る県道に面した覆屋の中に保存されている。

石室は長さ四mで側壁に四石の腰石を据え、平面形は胴張《どうば》り気味の長方形となる。装飾は赤と緑の二色に加え、キャンバスとなる花崗岩の地色を塗り残して描かれる。構図は、下部に列点文を配した帯状のラインを描き、中央に三つの靫《ゆぎ》と大形の蕨手文《わらびてもん》、左上に太陽をあらわした同心円文と、その下に舳先にとまった鳥と櫂《かい》で舟を漕ぐ人物、舟が向かう右側には盾を持つ人物、月とみられる円文の下に月の象徴であるヒキガエルが二匹と鳥が配置される。舟、太陽、月の組み合わせは中間市・瀬戸横穴一四号墓（消滅）にもみられる。四世紀初頭頃の奈良県・東殿塚《ひがしとのづか》古墳の鰭付《ひれつき》円筒埴輪にも船の舳先にとまった鳥が線刻で表現される。また太陽と鳥、月とヒキガエルの組み合わせは、すでに前二世紀の湖南省・馬王堆漢墓《まおうたいかんぼ》の棺を覆う帛画《はくが》にも描かれている。

原古墳は胴張横穴式石室で、奥壁の中央に舟、靫、人物が描かれる。

鳥船塚古墳は、石室中ほどが最大幅となる胴張横穴式石室で、長い羨道《せんどう》が取り付いていたが、現在は奥壁が残るだけである。装飾の主題は舳先にとまった鳥、そして舟上で櫂を漕ぐ人物で、上部に同心円文を配置する。珍敷塚古墳の構図に酷似する。

古畑古墳は胴張複室横穴式石室で、奥壁に不規則な配置の四つの大型同心円文と円文、三角文、人物を描く。

同じ円文を主体とする古畑古墳の文様構成は日岡《ひのおか》古墳の系譜上にあるが、それ以外の一群は幾何学文から具象文へという漸移的な変化のみでは説明できない隔たりがある。そこには、たとえば宮若市・竹原古墳のように大陸の直接的な影響による新たな葬送観念を導入した背景が考えられる。

上：近年、ガイダンス施設や覆屋が整備された原古墳／下：黄泉国に旅立つ死生観をあらわした珍敷塚古墳の装飾

両筑平野の盟主墳と装飾古墳群

田主丸古墳群・下馬場古墳

たぬしまるこふんぐん・しもばばこふん

久留米市田主丸町石垣・田主丸町益生田・田主丸町地徳・草野町吉木 [マップ216頁H]

上：田主丸大塚古墳の前方部周溝から後円部を望む。アーチ状の施設内には墳丘積土の剥ぎ取り展示がなされている／下：下馬場古墳の同心円文と三角文の彩色

田主丸古墳群は耳納《みのう》山麓の扇状台地一帯に展開する田主丸大塚古墳、寺徳《じとく》古墳、中原狐塚《なかばるきつねづか》古墳、西館《にしのたて》古墳の四基からなる古墳群。いずれも六世紀後半代に築造されている。

田主丸大塚古墳は墳丘長一〇三mの県下屈指の大型前方後円墳で、墳丘からは両筑平野が一望できる。後円部の葺石《ふきいし》は石垣状に積み上げる特徴を持つ。埋葬施設は未調査だが、くびれ部に向かって開口することが確認されていて、開口方向側の後円部に長さ一二・三m×最大幅一一・五mの造出《つくりだし》を伴う。

寺徳古墳は径一八mの円墳で葺石がある。埋葬施設は複室横穴式石室。石室の全面を赤と緑の同心円文と三角文で飾る。

中原狐塚古墳は直径一九mの円墳。埋葬施設は複室横穴式石室。玄室と前室に赤、青、緑の三色を用いた同心円文を主体に連続三角文や、玄門には人物像もみられる。三累環頭《さんるいかんとう》大刀《たち》柄頭《つかがしら》が出土。

西館古墳は径一〇mほどの円墳で、葺石がある。埋葬施設は複室横穴式石室で、玄室に赤と緑で同心円文と連続三角文の幾何学文、舟や器物を持った巫女《みこ》のような人物が描かれている。

田主丸古墳群の西側の草野地区一帯にも下馬場古墳、前畑《まえはた》古墳、薬師下北古墳、薬師下南古墳などの装飾古墳が点在する。下馬場古墳は径三〇mほどの円墳。埋葬施設は複室横穴式石室。玄室と前室に同心円文や連続三角文が赤・青で描かれ、赤は濃淡二種類が使い分けられる。埴輪も出土している。

耳納山麓一帯には、同心円文を主体とし、連続三角文を伴う日岡《ひのおか》古墳の流れを汲んだ彩色系装飾古墳が顕著に展開し、それらは盟主的な古墳以外の階層にも取り入れられている。

県内唯一の肥後型石室

日輪寺古墳

にちりんじこふん

久留米市京町［マップ216頁H］

日輪寺古墳の遠景。石室覆屋の鍵は寺務所で貸してくれる

日輪寺古墳は、筑後川下流域左岸の低い台地上に立地している。墳丘長五〇mほどの五世紀末ー六世紀初頭の前方後円墳で、前方部の一部はかろうじて確認できるほどに後世の削平を受けている。

埋葬施設は長さ二mの正方形に近いやや縦長の肥後型石室で、口字形に石障《せきしょう》を配置している。現在みられる石室の壁は大部分が復元されたもので、本来は強く持ち送りながら石材を積み、天井部がドーム状になっていたと考えられる。石障には線刻があり、奥壁際の石障には三つの同心円文と、直弧文《ちょっこもん》が退化した鍵手文《かぎのてもん》が交互に配置されている。また、右側の石障には刀剣を架けるための突起石がはめ込まれている。なお、本堂横の石室天井石とみられる大石には「×」などの線刻がある。

石室から出土した副葬品には四獣鏡、玉類、銅環《どうかん》、大刀、鉄鏃《てつぞく》などがある。

肥後型石室は県内では日輪寺古墳の例が唯一で、北部九州型石室との折衷形の筑肥型石室の例に久留米市・藤山《ふじやま》甲塚《かぶとづか》古墳がある。墳丘長七〇mの帆立貝形前方後円墳。羨道《せんどう》が石室の左側に偏って取り付く特殊なタイプである。石材の一部に天草産砂岩を用いる。

上：壁に沿って石障が口字形に置かれている（奥壁側から撮影）。ほとんどの石積みは復元／下：石障には同心円文と鍵手文を交互に刻む。方形の出っ張りは突起石

水濠と周堤に囲まれた大型墳

御塚古墳・権現塚古墳

おんつかこふん・ごんげんづかこふん／久留米市大善寺［マップ216頁H］

水濠が巡る御塚古墳（左）と権現塚古墳（右）に葬られた人物は水沼君と考えられている。左側の直線は西鉄天神大牟田線

御塚古墳は、筑後川下流域、広川右岸の有明海に面した独立低台地に立地する。五世紀後半の帆立貝形前方後円墳。墳丘長七八ｍの墳丘のまわりには三重の周濠が巡る。前方部は西鉄天神大牟田線によって切断されている。石人の出土が記録されている（『筑後将士軍談』）。

権現塚古墳は、御塚古墳の北に隣接する六世紀前半の円墳。墳径五一ｍは九州屈指の規模である。外堤の径は一五〇ｍにも及び、二重の水濠と周堤が残っている。発掘調査によって内側の周堤上に円筒埴輪列がまわっていたことがわかっている。また人物埴輪のほか新羅系印花紋土器《いんかもんどき》も出土していて、被葬者の交流範囲を窺い知る手がかりとなる。

二つの古墳に近接して銚子塚《ちょうしづか》という大型前方後円墳をはじめとする多数の古墳がかつて存在し、朝鮮半島に通じる有明海の要衝を抑えた水沼君《みぬまのきみ》が一大墓域を形成していた。雄略十（四六六）年、遣使が呉（南朝の宋）から持ち帰った鵞《が》（ガチョウ）が水間（水沼）君の犬に噛まれて死んだため養鳥人《とりかい》を献上し、天皇から許されたという『日本書紀』の記述から、有明海が政権と大陸を結ぶ海路として機能していたことと、政権下での水沼君の立ち位置が窺われる。広川を遡ると在地豪族筑紫《つくしの》君《きみ》が勢力を張った八女丘陵に通じる。

上：権現塚古墳の周堤と周濠。右側が墳丘
下：権現塚古墳出土の埴輪をかたどったベンチ

筑紫君系譜の装飾古墳

浦山古墳

うらやまこふん

久留米市上津町　［マップ216頁H］

右奥のこんもりした森が浦山古墳

浦山古墳は耳納《みのう》山地西端部の丘陵頂部に立地している。古墳は久留米成田山の慈母観音像を左手にみて正面の本堂の右手側にある。墳丘長約六〇ｍの五世紀後半の前方後円墳で、前方部は短い。

埋葬施設は墳丘の上方にある狭長な初期横穴式石室で、前方部よりややくびれ部寄りに開口している。石室内には横口式家形石棺を据える。石棺には屋根部に四つの環状縄掛突起《なわかけとっき》をつくり出し、かつては横口部を閂《かんぬき》で固定したはめ込み式の板石で閉塞《へいそく》されていた。

棺身の内面には線刻による装飾がある。内面を三段に区切り、二重円文帯の上下に直弧《ちょっこ》文《もん》を並べる。その文様構成は広川町・石人山《せきじんさん》古墳の石棺の棺蓋にみられる装飾の系譜を引き継いでいる。

八女丘陵の筑紫君《つくしのきみ》系譜は、五世紀中頃の石人山古墳と六世紀前半の岩戸山《いわとやま》古墳との間に空白期があり、その間を埋めるものが久留米地域の浦山古墳とみられる。浦山古墳の一㎞ほど北東には、先行する墳丘長一一五ｍの石櫃山《いしびつやま》古墳がある（消滅）。この古墳も有明海沿岸地域の有力首長に象徴的な横口式家形石棺を直葬《じきそう》するが、装飾はない。石棺の屋根石は、軒先に各三個の環状縄掛突起、短辺側に各二個の棒状縄掛突起を持つ。筑紫君系譜の浦山古墳が八女丘陵地帯を離れて筑紫平野の要衝を抑えるように占地する状況から、先行する石櫃山古墳をつくった在地勢力を筑紫君が取り込んだ可能性があり、また、浮羽《うきは》地域で月岡《つきのおか》古墳・塚堂《つかんどう》古墳を築いた勢力の動向と連動しているようで興味深い。

浦山古墳と県道を挟んだ南側の浦山公園内には、久留米市内の古墳を紹介した施設・浦山公園古墳館と浦山古墳群が整備されている。

上：横穴式石室内の横口式家形石棺／下：石棺内部の二重円文と直弧文の線刻

筑紫君磐井一族の奥津城

八女古墳群

やめこふんぐん

八女市吉田・山内、八女郡広川町一条、筑後市一条

[マップ216頁H]

八女古墳群は、有明海に注ぐ筑後川下流で合流する広川と、同じく有明海に流れ込む矢部川に挟まれた八女丘陵上の東西一〇kmの範囲に展開している。岩戸山古墳をはじめとする十二基の前方後円墳を含む大小複数の首長系譜からなる筑紫君《つくしのきみ》の奥津城《おくつき》である。この古墳群には、丘陵西端部の石人山《せきじんさん》古墳から東端部の童男山《どうなんざん》古墳までを結んだ八女古墳群自然遊歩道が整備されている。

石人山古墳はこの地域最古の首長墓で、丘陵の西端部に位置する。墳丘長一一〇mの五世紀前半の前方後円墳で、狭長な前方部はわずかに開いている。

埋葬施設は前方部に向かって開口する長さ三・九mの狭長な初期横穴式石室で、扁平な割石を積む。石室の開口部側には肥後型石室に特徴的な阿蘇凝灰岩製の石障《せきしょう》状の前壁を取り入れている。その中央部はU字形に刳《く》り込まれる。石室の中には阿蘇凝灰岩製の長さ二・八mの横口式家形石棺が納められる。石棺の棺蓋は寄棟《よせむね》の屋根形で、短辺側の各一カ所に棒状縄掛突起《なわかけとっき》を持ち、蓋の全面に二重円文と直弧文《ちょっこもん》のレリーフが整然と配置される。石人山古墳の石棺は装飾を施した例としては九州最古で、同様に棺蓋に装飾を持つものには熊本県宇城《うき》市・鴨籠《かもご》古墳の舟形石棺がある。円文と直弧文の組み合わせは久留米市・浦山古墳のように石棺内部の線刻へと受け継がれる。

石人山古墳の墳丘くびれ部には、重要文化財の指定を受けた阿蘇凝灰岩製の武装石人が石室を守るように前方部を向いて立っている。また、高床の大型家形埴輪や初期須恵器も出土している。

八女丘陵中央部に位置する岩《いわ》戸《と》山《やま》古

石人山古墳。右：石室を守るように前方部に向かってくびれ部に立つ武装石人／左：有明海沿岸の有力首長たちが採用した横口式家形石棺

右：岩戸山古墳。古墳の周囲に各60の石人・石盾が交互に並んでいたという。左上が別区／左：伝岩戸山古墳出土の武装石人（正福寺蔵）

墳は、磐井の乱を主導した筑紫君磐井《つくしのきみいわい》の墳墓に比定される。新羅と通じていた磐井は継体二十一（五二七）年、ヤマト政権が新羅に侵攻された伽耶に向けて派兵した際、近江毛野《おうみけぬ》の進軍を筑紫で阻止し、翌年、物部麁鹿火《もののべのあらかい》によって乱は鎮圧された。被葬者を磐井と決定づけた森貞次郎は、『筑後国風土記』逸文に載る規模、別区、石製《せきせい》表《ひょう》飾《しょく》の存在を比定の根拠とした。

岩戸山古墳は六世紀代の古墳としては九州最大規模を誇る。墳丘長一三五m、後円部径八八m、前方部幅九二mで前方部が開く墳形で、継体陵とされる大阪府・今城塚《いましろづか》古墳と相似の関係にあるという。葺石が施され、盾形の周濠と周堤を含めた全長は一七六mにも及ぶ。後円部の北東側には別区と呼ばれる方形の造出《つくりだし》があり、『筑後国風土記』逸文に記された盗人の裁判の場面が石製表飾で再現されている。大正十三（一九二四）年、大神宮を建立するために南側くびれ部の土取りが行われたが、電気探査の結果では埋葬施設は破壊されずに残っているとみられている。土取りや昭和三十八年の調査で墳丘テラスに並ぶ円筒埴輪の内側に石製表飾が立ち並んでいる状況が確認され、「石人石盾各六十枚」の記載とも合致する。これらの製品の供給には火君《ひのきみ》（肥君）が掌握する工人集団の動員があった。武人・馬・力士・靫《ゆぎ》・三輪玉《みわだま》付大刀《つきたち》勾金《まがりかね》などの石製表飾のうち、儀仗《ぎじょう》を模した石見型《いわみがた》石製表飾は別区に面した後円部のテラスから出土した。このほか国内唯一の馬甲着装馬形埴輪も出土し、磐井軍の武装の様相の一端がわかる。なお、この古墳は磐井の生前につくられた寿陵《じゅりょう》とされる（『筑後国風土記』逸文）。

右：鶴見山古墳出土の武装石人／左：立山山８号墳出土の金製垂飾付耳飾（いずれも八女市教育委員会蔵）

　岩戸山古墳は被葬者が明らかな数少ない古墳で、六世紀のヤマト政権と地方首長の関係性や九州の古墳文化の地域色の観点から、さらには編年の基準となる点など極めて重要な位置を占める。古墳の北側に建つ岩戸山歴史文化交流館では八女古墳群の出土品を展示している。

　乗場《のりば》古墳は国道三号線を挟んで岩戸山古墳の東側に位置する。墳丘長七〇mの六世紀後半の前方後円墳である。

　埋葬施設は墳丘主軸に直交する玄室長三・三mの複室横穴式石室。肥後地域の影響を受けた前後二枚の立柱石《りっちゅうせき》からなる二枚袖の玄門と、羨門《せんもん》の上部の窓状施設が特徴である。石室の保存施設があるが内部に入ることはできない。玄室、前室、玄門には連続三角文、菱形文、同心円文を主体とする幾何学文が描かれ、奥壁の中央に靫《ゆぎ》などの具象文もみえる。単鳳環頭大刀《たんほうかんとうたち》、忍冬文《にんどうもん》透鏡板付轡《すかしかがみいたつきくつわ》、鉄地金銅張鞍金具《てつじこんどうばりくらかなぐ》、冠《かん》帽《ぼう》を被る人物埴輪などが出土している。

　鶴見山古墳は墳丘長八八mの六世紀中頃の前方後円墳。前方部が剣菱形《けんびしがた》になる特異な形で、先行する善蔵塚《ぜんぞうづか》古墳（九四m）もその可能性があるという。これら二つの古墳は岩戸山古墳と乗場古墳に併行する時期にあたるため、被葬者はそれぞれを補佐する立場であったとの見方がある。鶴見山古墳の埋葬施設はくびれ部に向かって開口する横

岩戸山古墳の東に隣接する乗場古墳は筑紫君葛子の墓の有力な候補

穴式石室である。玄室以外は未調査だが、複室構造と考えられる。長さ三・六mの玄室は羽子板形に近く、三つの屍床《ししょう》（左側壁際一、奥壁際二）がある。左側壁の腰石に刻まれた直線は屍床を設置する時の目安など玄室空間の分割区画とも考えられる。

鶴見山古墳の前方部周濠からは衝角《しょうかく》付冑《つきかぶと》と横矧板短甲《よこはぎいたたんこう》を表現した阿蘇凝灰岩製の丸彫りの武装石人が出土した。これは岩戸山古墳で多用された九州の在地有力豪族の象徴ともいえる石製表飾の樹立が乱後も続いている証《あかし》で、筑紫君に対しヤマト政権が旧来の風習と統治権を認めたことを示す。鶴見山古墳からは円筒埴輪、半裁竹管文《はんさいちくかんもん》のある形象埴輪が出土している。

ところで、岩戸山古墳以降、八女丘陵上では筑紫君系譜の古墳に併行して中型前方後円墳や大型円墳が複数つくられている。丘陵東端部に位置する六世紀中頃の童男山《どうなんざん》古墳（童男山一号墳）は径四八mの九州屈指の大型円墳である。埋葬施設は複室横穴式石室で、玄室奥壁に沿って刳抜式《くりぬきしき》の棺床《かんしょう》を納めた巨大な石屋形があり、玄室の左右にも屍床《ししょう》を設えたコ字形配置となる。玄室長四・三mで、側壁の腰石に高さ二mを超える巨石を用いた、九州を代表する巨石墳といえる。前後二枚の袖石を立てた二枚袖玄門上部の窓状施設は、石屋形とともに肥後北部地域の勢力との関わりを窺わせる。

八女古墳群中では石屋形を持つ例がもう一つある。石人山古墳の東に占地する弘化谷《こうかだに》古墳は径三九mの六世紀中頃の大型円墳で、胴張横穴式石室（石室前面の構造は不明）の奥壁際に置かれた石屋形に、靫、同心円文、連続三角文、類例の少ない双脚輪状文《そうきゃくりんじょうもん》を描いている。八女丘陵において肥後地域の要素の石屋形を採用した二例はいずれも円墳である。

八女地域の彩色による装飾古墳は乗

童男山古墳。上：前後二枚袖の玄門と玄門の上の窓状施設は肥後地域の影響／下：巨石を用いた玄室と石屋形

上：弘化谷古墳は石人山古墳の東側にある大型円墳。石屋形内に装飾があり、年に１度程度公開される／右：弘化谷古墳の彩色系装飾がある石屋形。磐井の乱後に肥後の影響で導入された

場古墳、弘化谷古墳、丸山塚古墳の三例がある。このうち乗場古墳の装飾は、奥壁に同心円文と靫を中心として上下に連続三角文を配置し、前室の側壁にも横長の石材に同心円文が並ぶなど、筑後川中流域の文様構成の流れを汲んでいる。また、丸山塚古墳では同心円文が確認されてはいないが、やはり筑後川中流域の影響を示す蕨手文《わらびてもん》がある。一方、時期的に遡る弘化谷古墳の場合、石室をドーム状に仕上げる技法、石屋形の存在と石屋形への彩色、連続三角文の中に小さな円文（珠文《しゅもん》）を交える点など肥後北部地域の手法に通じる。

　八女丘陵では、五世紀前半に石人山古墳が出現した後、七世紀初頭頃の各室一石の巨石からなる三室横穴式石室を埋葬施設とする岩戸山四号墳（下茶《しものちゃ》屋《や》古墳）まで有力首長墓が築造されている。その中で石人山古墳と岩戸山古墳との間には筑紫君系譜の空白期がある。八女地域北側の久留米地域に目を向けると、石人山古墳の流れを汲んだ横口式家形石棺を埋葬施設とする五世紀後半の浦山古墳が存在し、この古墳が八女丘陵の首長系譜の空白期を埋める可能性は高い。

　八女勢力は五世紀段階の石人山古墳の時期には有明海を取り巻く首長を束ねる連合の盟主的立場であった。また磐井の乱の時点でも、六世紀代としては九州最大規模を誇る岩戸山古墳を擁し、膨大な数の石製表飾の存在からも肥後の工人を動員するだけの求心力を保っていたことが窺える。他方、乱後にも筑紫君の系譜は存続するが、石屋形や彩色装飾、二枚袖玄門など肥後地域に特徴的な要素が筑紫君本貫地に流入するようになる。これはヤマト政権による磐井の乱の鎮圧をきっかけとした八女勢力内部の組織再編に連動する変化で、乱で磐井に加担しなかった肥後勢力の去就といった動向が示唆されているのかもしれない。

県内最古級の武装石人

石神山古墳

せきじんざんこふん

みやま市高田町上楠田［マップ216頁H］

石神山古墳は障子《しょうじ》ヶ岳《がだけ》から西に派生する丘陵端部に立地している。墳丘長五九ｍの五世紀中頃の前方後円墳。

埋葬施設は阿蘇凝灰岩製の舟形石棺三基で原位置から動かされているが、もともと大形棺と中形棺は墳丘の主軸に平行し、小形棺は直交して配置されていた。大形棺は蓋・身の短辺に各二つ、寄棟《よせむね》の屋根形の蓋の長辺に各一つの棒状縄掛突起《なわかけとっき》を持ち、棺身には二体分の石枕《いしまくら》がつくりつけられる。中形棺・小形棺の身と蓋の短辺側にもそれぞれ棒状縄掛突起がある。中形棺から剣と遊環付銅釧《ゆうかんつきどうくしろ》、小形棺からは人骨と刀子《とうす》が出土している。

上：石神山古墳の後円部。墳頂には石製表飾が祀られた祠がある／下：後円部に３基の舟形石棺が埋置されていた

　後円部墳頂の祠の中に収められた重要文化財の武装石人は八女市・石人山《せきじんさん》古墳のものとともに筑後地域では最も古く、大形棺の上に南面して（前方部とは反対方向）立っていたらしい。像高一ｍほどの丸彫《まるぼり》で衝角付《しょうかくつき》冑《かぶと》をかぶっているが、頭部は参拝者が御利益を祈願して叩いていたことから原形をとどめていない。体部の状態は良く、三角板《さんかくいた》鋲留短甲《びょうどめたんこう》と七段の草摺《くさずり》を装着している。

武装石人は短甲と草摺を装着している

　石神山古墳の五㎞西の有明海に突き出た丘陵上の黒崎公園内には黒崎観世《くろさきかんぜ》音塚《おんづか》古墳がある。墳丘長九七ｍの四世紀末頃の大型前方後円墳である。有明海沿岸地域では最大級の規模を誇る。埋葬施設は残っていないが、割石と粘土の存在から木棺を据えた竪穴式石槨《たてあなしきせっかく》であったと思われる。墳丘からは壺形埴輪や円筒埴輪が出土している。

際立つ赤彩の文様

萩ノ尾古墳

はぎのおこふん

大牟田市東萩尾町 ［マップ218頁K］

萩ノ尾古墳は福岡県の南端部、東から迫り出す丘陵頂部に立地している。径一九mほどの六世紀後半の円墳。有明工業高等専門学校に向かう坂の登り口を少し過ぎた所に古墳へ向かう階段がある。石室の見学には鍵が必要なため、近くの店で借りることになる。

埋葬施設は玄室長三mの複室横穴式石室である。玄室奥壁には、玄室高の二分の一ほどの高さの鏡石の上に石棚《いしだな》を架け渡し、その上に横長の石材を三段に積んでいる。玄門は前後二枚の袖石を立て、また玄門と前門の一角を切り込んで楣石《まぐさいし》を架け渡す。

装飾は奥壁のみにあり、赤一色で描かれている。キャンバスとなる石材が黒っぽい阿蘇凝灰岩であることから赤色が際立っている。構図は、奥壁の中央部から左下にかけて塗りつぶし円文、同心円文、盾を上下二段に配置している。盾には長方形と圭頭形《けいとうがた》の二種類がある。そして右上には大小各二艘の舟と二つの円文を描く。

装飾文様は、同心円文の多用など筑後川中流域の影響があるようにも思えるが、肥後北部地域との共通点が多い。萩ノ尾古墳の石棚が筑前や筑後地域から直接的に導入されたものではなく、石屋形の部材を省略した形態とみられること、玄門・羨門《せんもん》に肥後地域で多用される楣石があることなどの石室構造面から、肥後北部地域の文化圏に含まれる古墳といえるだろう。

上：古墳へは右側の階段を登る／中：昭和50年に建てられた覆屋。見学する時には鍵が必要／下：奥壁の装飾。地色が黒っぽいため赤が際立ってみえる

佐賀県

佐賀市・久保泉丸山遺跡

唐津湾に注ぐ松浦川の河口を見下ろす丘陵上の好所に立地する

県内最古の大型前方後円墳

久里双水古墳

くりそうずいこふん／唐津市双水【マップ211頁C】

久里双水古墳は、唐津《からつ》平野の最奥部、松浦川右岸に向かって延びる丘陵先端部に立地する。現在は古墳公園として整備されている。墳丘長九〇ｍの三世紀末から四世紀初頭頃の前方後円墳で、前期古墳らしく墳頂部からの眺望に優れている。墳形は柄鏡形《えかがみがた》に近く、くびれ部は不明瞭である。

埋葬施設は墳丘主軸に直交する長さ二・七ｍの竪穴式石槨《たてあなしきせっかく》で、駐車場近くの覆屋に復元されている。壁体は扁平な割石をほぼ垂直に積み、三枚の天井石を架け渡した後に全面を粘土で被覆する。棺は舟形木棺で、頭部付近から平縁盤龍鏡《ひらぶちばんりゅうきょう》が鏡背を上にして出土した。墳丘からは底部穿孔《せんこう》の二重口縁壺のほか東四国や東海系の壺が出土している。

久里双水古墳の南側の丘陵上に立地する双水柴山古墳群のうち、二号墳は三世紀末頃に遡る地域最古級の前方後円墳である（消滅）。墳丘長三五ｍで短い前方部が撥形《ばちがた》に開く纒向型《まきむくがた》の墳形となる。埋葬施設は割竹形木棺《わりたけがたもっかん》。出土品は刀子《とうす》と土師器で、唐津市内の遺跡から出土した遺物を集めた古代の森会館に展示されている。

上：駐車場の近くに復元石室の覆屋がある。右奥は整備された久里双水古墳／下：復元された竪穴式石槨

肥後の特徴を取り込んだ横穴式石室

樋の口古墳

ひのくちこふん／唐津市鏡【マップ211頁C】

樋の口古墳は唐津《からつ》平野中央にそびえる鏡山西麓の段丘端部に立地している。径三〇mほどの五世紀後半の円墳。

埋葬施設は筑肥型横穴式石室で、扁平な割石を四方から持ち送りながら積み上げる。玄室は長さ二・五mのやや縦長の長方形で、天井は低い。四方の壁に沿って口字形に配置された石障《せきしょう》内の空間は、石室主軸に直交する仕切石で前後に二分されている。仕切石の上端部前面には縁状の段がある。羨道《せんどう》と玄室床面に段差はみられず、内側に突出する袖石を立てた玄門部で閉塞《へいそく》が行われる。鏡二面、大刀、鉄剣、家形埴輪が出土している。

樋の口古墳のほか筑肥型石室例に、玄室が正方形で穹窿《きゅうりゅう》形の天井になる佐賀市・五本黒木丸山古墳がある。また、県下で石障を持つ事例としては、佐賀平野の小城市・小城円山《おぎまるやま》古墳があげられる。小城円山古墳は径四六mの大型円墳。長さ三・五mの羽子板形の石室の四方に石障を配置し、奥壁に平行する二枚の仕切石によって前後三つの屍床《ししょう》をつくりだす。仕切石には肥後地域に特有のU字形の浅い刳《く》り込みを施している。横口部と玄室床面には段差があり、初期の筑肥型石室に位置づけられる。眉庇付冑《まびさしつきかぶと》、三角板鋲留衝《さんかくいたびょうどめしょう》角付冑《かくつきかぶと》、横矧板鋲留短甲《よこはぎいたびょうどめたんこう》、蕨手刀子《わらびてとうす》などが出土した。

上：古墳の開口部／中：肥後型石室らしく四方の壁から持ち送られたドーム形の天井部／下：玄室と石障。手前は仕切石

島田塚古墳。奥に唐津湾がみえる

金銅製冠と百済製の銅碗

島田塚古墳

しまだづかこふん／唐津市鏡

［マップ211頁C］

島田塚古墳は唐津《からつ》平野中央にそびえる鏡山北西麓の砂丘上に立地している。墳丘長三五mの小型の前方後円墳で六世紀前半に築造された。

埋葬施設は墳丘主軸に直交する長さ四mの横穴式石室である。腰石は玄室高の四分の一に満たない不揃いな形状で、上部ほど小さな自然石を使って四方から持ち送りながら高く積んでいる。石室に接続する長い羨道《せんどう》の中ほどには仕切石を置く。なお、玄室奥壁に沿って身の長辺に三つの短い縄掛突起《なわかけとっき》を持つ舟形石棺があるが、石室の築造時期とは整合しない。

出土品は、方格規矩鏡《ほうかくきくきょう》、六獣鏡、勾玉、水晶製切子玉、金銅製広帯式冠《こうたいしきかん》、心葉形垂飾品《しんようけいたれかざりひん》、ガラス小玉付垂飾、銅釧《どうくしろ》、金銅製三輪玉《みわだま》、眉庇付冑《まびさしつきかぶと》、銅鋺《どうわん》など、墳丘規模に比べると豪華な品々である。銅鋺は半球形で三本の稜線が巡り、直立する小さな高台が付く。この銅鋺の類例として熊本県宇城《うき》市・国越《くにごし》古墳の出土品があげられる。また、韓国忠清南道・武寧《ムリヨン》王陵《ワンヌン》（五二三年没）にも似た特徴を持つものがみられ、独自の交流によって百済から舶載された品と考えられる。

右：玄室奥壁。舟形石棺と古墳の築造時期は整合しない／左：玄室から玄門・羨道をみる

玄界灘沿岸の初期横穴式石室

横田下古墳

よこたしもこふん

唐津市浜玉町横田下 ［マップ211頁C］

横田下古墳は、唐津《からつ》平野中央の鏡山東麓の丘陵端部に立地し、唐津湾方面の眺望に優れている。径二〇mほどの五世紀初頭前後の円墳とされるが、墳形や規模が定かではない。

埋葬施設は長さ四mの長方形の北部九州型初期横穴式石室で、壁体は扁平な割石を持ち送って構築されている。隅角《すみかど》には力石《ちからいし》を配している。石室の奥壁際に側石《がわいし》を共有する組合式石棺を据え（一号石棺・二号石棺）、それらと直交する左側壁にも棺を配置する（三号石棺）。蓋石がある一号石棺には成人男性が、二号石棺・三号石棺にはそれぞれ二体と四体が埋葬されていた。幅四〇cm、高さ八五cmの狭小な横口部は割石を積んで合掌形に仕上げ、板石で閉塞《へいそく》する。この横口部は石室の中軸より右に偏って接続し、石室床面とは七〇cmほどの段差がある。石室の構造、石棺を用いること、屍床《ししょう》配置がL字形になることなど、福岡県福岡市・鋤崎《すきざき》古墳の流れを汲んでいる。

副葬品は獣帯鏡、方格規矩鏡《ほうかくきくきょう》、大刀、鉄鏃《てつぞく》、短甲、勾玉のほか、二号石棺から筒形銅器が出土している。筒形銅器は九州では福岡県朝倉市・立野《たての》遺跡一〇号方形周溝墓の事例がある。これらの遺物は浜玉市民センターの歴史資料室で展示されている。

（上から）古墳は狭い山道の際にある。石室は向かって左側にあり、開口部からは羨道の石積みのみ観察できる／玄室とL字形の屍床／玄室からみた横口部。合掌形に仕上げられている／類例の少ない筒形銅器と、方格規矩鏡、獣帯鏡（唐津市教育委員会蔵）

横穴式石室を模倣した石室

谷口古墳《たにぐちこふん》

唐津市浜玉町谷口［マップ211頁C］

前方部からみた後円部と東石室の保存施設

谷口古墳は、唐津《からつ》平野の東を限る城山西麓の独立丘陵端部、玉島川の河口近くに立地している。四世紀後半の前方後円墳。墳丘長は七七mを超える。

埋葬施設は、前方部に向かって開口する二基の竪穴系横口式石室のほか、前方部では三十代後半の男性を埋葬した舟形石棺が見つかっている。墳丘中軸線上の東石室は長さ二・九mの幅が狭い長方形で、扁平な割石を積んで構築する。側壁は一定の高さまでは垂直に積むが、その上は強く持ち送っているため横断面が合掌形となる。天井石を持たない構造も竪穴式石槨《たてあなしきせっかく》の構築技法そのものである。石室の前壁（前方部側）には、石室床面から七五㎝ほどの高さに横口部を設けている。横口部は割石を平積みして閉塞《へいそく》する。石室中央に据えられた長持形石棺《ながもちがたせっかん》は畿内の大王級の古墳に多くみられる棺で、九州では他に福岡県うきは市・月岡《つきのおか》古墳の

上：東石室の長持形石棺と奥壁。石室は崩壊を防ぐために支保工で支えられている／左：玄室内からみた東石室の横口部。写真左側の側壁と下の前壁には赤色顔料が塗られている

例しか知られていない。蓋、両側石、底石の各小口側に棒状縄掛突起《なわかけとっき》をつくり出し、底板には屍床《しじょう》と枕が刳《く》り込まれる。棺は長さ二mで脚位がわずかに狭く、高さも頭位側が高くなる。

　西石室は長さ三・二mで、前壁幅が狭い羽子板形となる。横口部に接続する前庭部は東石室と違って左側壁が鍵形に折れて広がる。西石室は東石室よりも新しく、また石棺のつくり自体も東石棺に劣る。現在、西石室は埋め戻され、古墳に向かう途中の覆屋に石棺のレプリカが展示してある。

古墳の下に展示されている西石室の長持形石棺レプリカ

　東石室の石棺内から三角縁神獣鏡二面、位至三公鏡《いしさんこうきょう》一面、変形四獣鏡二面、石釧《いしくしろ》十一個、真珠小玉ほか多数の玉類と、棺外から鉄剣、大刀、鉄鏃《てつぞく》、鉄斧《てつぷ》が、西石棺内では三角縁神獣鏡二面、大刀と棺外から鉄剣、鉄斧、鉄鏃が出土した。東石棺出土の三角縁神獣鏡のうちの一面は、谷口古墳にほど近い福岡県糸島市・一貴山銚子塚《いきさんちょうしづか》古墳と同型とされる。これらの遺物のレプリカは浜玉町歴史資料室で展示されている。また、いずれの石棺内からも多量の水銀朱が出土している。
　谷口古墳の竪穴系横口式石室は、福岡県福岡市・老司《ろうじ》古墳や鋤崎《すきざき》古墳に先行して横口部を採り入れた最初の石室であるが、石棺を設置したあとに壁を積み上げるなど石室の構築法が竪穴式石槨と変わらないことや、追葬を意図していないことから、朝鮮半島の影響を受けて「横穴式」という形態のみを採り入れた石室といえる。

東石室の石棺内から出土した石釧（腕輪形石製品）のレプリカ（佐賀県立博物館蔵）

首長系譜上の装飾古墳

柚比古墳群

ゆびこふんぐん

鳥栖市永吉町・田代本町・神辺町［マップ216頁H］

柚比古墳群は、脊振《せふり》山地東端の九千部《くせんぶ》山から東に派生する低丘陵上に点々と築かれている。前方後方墳一基、前方後円墳三基、円墳一基からなる。

赤坂古墳は、墳丘長二四mの三世紀末—四世紀前半の前方後方墳。後方部は短く低い。墳丘に沿って周溝がまわるが、前方部前端部は掘り残しの土橋《どばし》となっている。埋葬施設は粘土槨《ねんどかく》であった可能性が考えられる。

剣塚《つるぎづか》古墳は、赤坂古墳の西側に位置する墳丘長八三mの六世紀前半の前方後円墳。前方部が大きく開く墳形で、盾形の周溝がまわる。かつては横穴式石室が開口していたらしい。挂甲《けいこう》、朝顔形埴輪、盾形埴輪が出土した。

庚申堂塚《こうしんどうづか》古墳は、柚比古墳群の西端部に位置する墳丘長六〇mの六世紀前半から中頃にかけてつくられた前方後円墳である。後円部に立つと、福岡県行橋《ゆくはし》市・八雷《はちらい》古墳のように前方部が大きく開く墳形がよくわかる。

埋葬施設は墳丘主軸に直交する長さ四mの片袖の単室横穴式石室である。壁体は腰石の上に割石を四方の壁から強く持ち送りながら積んでいる。壁面には全面にわたって赤色顔料が塗られる。玄室床面は梱石《しきみいし》や閉塞石《へいそくいし》の状況からみて羨道《せんどう》よりも一段低いようである。閉塞は玄門部分で板石によって行われ、短い羨道が右に偏って取り付いていて片袖に近い。鉄鏃《てつぞく》、挂甲、鉄地金銅張《てつじこんどうばり》胡籙金具《ころくかなぐ》、鉇《やりがんな》、鉄地金銅張鞍金具、須恵器、円筒埴輪が出土している。

岡寺古墳は墳丘長六五mの六世紀中頃の前方後円墳で、前方部が大きく開く。墳丘は著しく損なわれ、埋葬施設は石室と伝えられるものの詳細はわからない。周溝からは多種多様な埴輪が出土し、円筒埴輪、人物埴輪（巫女《みこ》・

上：赤坂古墳は前期の前方後方墳
下：剣塚古墳は前方部が大きく開く

武人・男子）十体ほど、動物埴輪（馬・鶏・水鳥）、盾形埴輪などが北側くびれ部付近に集中する。このうち円筒埴輪には断続ナデを行うものや、肥後南部地域に特徴的な技法を持つものが含まれ、また、武人の鎧や巫女の襷《たすき》、馬の鐙《あぶみ》にも肥後南部地域に起源を持つ半裁竹管文《はんさいちくかんもん》がみられる。

田代太田古墳は、庚申堂塚古墳の東側に位置する六世紀後半の円墳。径四二mを測り、県下では上峰《かみみね》町・古稲荷《こいなり》塚《づか》古墳（消滅。米多国造《めたのこくぞう》の奥津城《おくつき》とされる目達原《めたばる》古墳群の一つ）とともに武《たけ》雄《お》市・玉島古墳、小城市・小城円山《おぎまるやま》古墳に次ぐ規模である。

埋葬施設は例の少ない三室横穴式石室で、玄室の長さは三mである。腰石は玄室高の三分の一を占め、上部ほど小ぶりの石を用いて四方から持ち送りながら高く積み上げる。玄室には奥壁に平行して二つと、左右側壁際に各一つの計四つの屍床《ししょう》があり、玄室と同じ幅の中室にも左右の壁際に屍床を備える。前室は、壁体に用いた石材の形状や積み方が玄室・中室と異なること、両側壁がハ字形に開くことから築造当初のものでない可能性が高い。閉塞は前室前面で塊石で行われている。

玄室奥壁と中室側壁には装飾がみられ、玄室の鏡石には連続三角文を背景に、騎馬人物のほか、両手を広げた人物や挙手人物、舟、渦状文、同心円文、双脚輪状文《そうきゃくりんじょうもん》、盾、大刀などが赤・緑・黒で描かれている。管玉、円筒埴輪片などが出土している。

柚比古墳群は、天井の形状が穹窿《きゅうりゅう》形になる石室構造や装飾図文の構成などから、『日本書紀』にみえる筑紫《つくし》火《ひの》君《きみ》の墓域に充てられるのかもしれない。

上：田代太田古墳は装飾を持つ県下有数の大型円墳
下：奥壁の装飾復元図（現地説明板より）

（上から）伊勢塚古墳の石室は墳丘の主軸に直交する。前方部（右側の森）は県道で分断されている／伊勢塚古墳の石室。長大な羨道には巨大な花崗岩が用いられている／高柳大塚古墳は前方部が短い。石室はくびれ部に向かって開口する／高柳大塚古墳の玄室は県内最大の広さ

県内最大の巨石墳

伊勢塚古墳・高柳大塚古墳

いせづかこふん・たかやなぎおおつかこふん／神埼市神埼町志波屋・三養基郡みやき町原古賀 ［マップ217頁H］

伊勢塚古墳と高柳大塚古墳は、佐賀平野の東部、脊振《せふり》山麓から南に延びる丘陵上及び丘陵裾部に立地している。

伊勢塚古墳は墳丘長七八mの六世紀後半の大型前方後円墳。墳丘には葺石《ふきいし》が施され、円筒埴輪を伴う。埋葬施設は主軸に直交する横穴式石室で、石室全長は一七mほどと県下随一の規模を誇る。玄室は長さ三・八m。奥壁・側壁とも一枚石の腰石は玄室高の二分の一ほどを占め、その上に四段の石材を持ち送りながら積む。玄室には長大な羨道《せんどう》が接続し、羨道側壁の腰石も長さ四m近くに及ぶ巨石を使っている。また、玄室奥壁には円文の装飾がある。

伊勢塚古墳より時期が下る六世紀末から七世紀初頭の巨石墳として、伊勢塚古墳東側の三根《みね》地域に高柳大塚古墳がある。墳丘長三〇mの小型の前方後円墳で、前方部は短い。墳裾に列石を巡らせ、墳丘に沿った前方後円形の周溝がまわる。埋葬施設は各壁一枚の巨石で構成された複室横穴式石室である。玄室は長さ三・七mの方形で、床面積は伊勢塚古墳を凌ぎ県下では最大を誇る。床面には敷石がある。

古相の横穴式石室と多様な出土品

関行丸古墳

せきぎょうまるこふん

佐賀市久保泉町川久保 ［マップ217頁H］

関行丸古墳は竹林が目印。左が後円部。

関行丸古墳は、脊振《せふり》山麓から南に向かって緩やかに傾斜する台地上に立地している。久保泉丸山遺跡の東側、県道五一号線沿いにある。墳丘長五五mの五世紀末―六世紀初頭の前方後円墳。前方部は開いている。

関行丸古墳の後円部墳頂

埋葬施設はくびれ部に向かって開口する北部九州型の横穴式石室で、ハ字形に開く羨道《せんどう》が接続するが、現在は埋め戻されている。玄室は奥壁側が広い羽子板形で、各壁は玄室高の三分の一ほどの高さの腰石を用いている。玄室には三つの屍床《ししょう》（奥壁と側壁に沿ってL字形に二床、奥壁の屍床に平行して一床）がある。第一屍床の老年―熟年男性をはじめとして四人が埋葬されていた。奥壁腰石の上には刀剣を架けるための突起石がはめ込まれている。閉《へい》塞《そく》は羨門部で板石により行われる。

右からゴホウラ製貝釧、三環鈴、歩揺・魚形付金銅製装飾具（佐賀県立博物館蔵）

関行丸古墳は未盗掘であったため、方格規矩鏡《ほうかくきくきょう》や珠文鏡《しゅもんきょう》など四面の仿製《ぼうせい》鏡《きょう》、金銅製狭帯式冠《きょうたいしきかん》、長さ一五cmほどの円筒を半裁した形の歩揺《ほよう》・魚形付金銅製装飾具一対、三環鈴《さんかんれい》、ゴホウラ製貝釧《かいくしろ》、鉄鏃《てつぞく》など豊富な副葬品が残されていた。

まるごと移築された古墳群

久保泉丸山遺跡

くぼいずみまるやまいせき／佐賀市金立町金立［マップ217頁H］

地形ごと移築復元された久保泉丸山遺跡。左下の集石は支石墓

久保泉丸山遺跡は脊振《せふり》山麓から南に延びる丘陵上に立地している。五世紀初頭から六世紀代にかけて造営された、径一四mの三号墳を最大とする小円墳群である。長崎自動車道建設の際に調査が及んだ十二基の古墳のうち八基を地形ごと移築復元し、古墳公園として整備している。古墳群は佐賀平野や有明海への眺望に優れている。

埋葬施設は、竪穴式石槨《たてあなしきせっかく》、竪穴系横口式石室、舟形石棺、横穴式石室のバリエーションがみられる。

三号墳は舟形石棺の直葬《じきそう》で三体分の人骨が残っていた。人骨の分析結果から、兄弟、もしくは兄弟と兄の子という被葬者の血縁関係が想定されている。三号墳の舟形石棺はこの地域で産出しない阿蘇凝灰岩製で、同様の石材でつくられた製品は佐賀市・西原《にしばる》古墳、西隈《にしくま》古墳の横口式家形石棺や、熊本山古墳の舟形石棺（長さ四m。短辺に環状突起を持つ。古墳は消滅）など近隣の有力首長墳にも使用されており、筑後南部か肥後地域から搬入したものとみられる。

久保泉丸山遺跡では古墳が狭い範囲に近接して整然と配置されているため、それぞれの古墳に至る墓道の道筋を想定することができ、また古墳群の形成過程を知る上でも良好な資料となる。

上：３号墳の舟形石棺／下：熊本山古墳の舟形石棺（２点とも佐賀県立博物館蔵）

有明海首長連合の西限

西隈古墳

にしくまこふん

佐賀市金立町金立【マップ217頁H】

西隈古墳は脊振《せふり》山麓から南に延びる台地上に立地している。墳径約三〇ｍの五世紀末から六世紀初頭の円墳で、墳丘上に円筒埴輪列がまわる。

正面の森の向こう側に石室が口を開けている

埋葬施設は塊石《かいせき》を積んだ長さ三・三ｍの狭長な横穴式石室で、横口式家形石棺を納め、板石を立てた袖を挟んで短い羨道《せんどう》が接続する。石室の天井石には赤色顔料が塗られている。石棺の棺蓋の四カ所に環状突起を持つ点など福岡県久留米市・浦山古墳に似ているが、西隈古墳は蓋の形状が蒲鉾形となる。また、浦山古墳の棺の内面には直弧文《ちょっこもん》・円文の線刻があるのに対し、西隈古墳では棺蓋と横口部の外面に円文・連続三角文が刻まれている。石室は通常は柵越しにみることになるが、照明も設置されているため観察はしやすい。

西隈古墳の二㎞ほど東に位置する前方後円墳・西原《にしばる》古墳（著しく損壊）の埋葬施設も横口式家形石棺を伴う横穴式石室である。棺蓋には環状の縄掛突起《なわかけとっき》があり、側縁部に円文・三角文が線刻されている。西原古墳からは阿蘇凝灰岩製の石見型《いわみがた》石製表飾《せきせいひょうしょく》も出土していて、また横口式家形石棺を埋葬施設にすることから、両者を象徴とする有明海東岸地域に拠点を置く有力首長連合の一員が被葬者であったと想像できる。

上：西隈古墳の石棺横口部の円文と三角文の線刻／下：西隈古墳の玄室と横口式家形石棺／左：西原古墳の石見型石製品（佐賀市教育委員会蔵）

上：柄鏡形の墳形は前期古墳の典型。盾形周溝も残る／中：船塚古墳は県下最大の前方後円墳。盾形の周溝が巡る／下：船塚古墳は背振山地から有明海に向け緩やかに傾斜する台地上につくられている

県内最大の前方後円墳

銚子塚古墳・船塚古墳

ちょうしづかこふん・ふなづかこふん／佐賀市金立町金立・大和町久留間 [マップ217頁H]

銚子塚古墳と船塚古墳は嘉瀬《かせ》川を挟んで東西に位置する大型の前方後円墳で、ともに脊振《せふり》山麓から南に延びる台地上に立地している。

銚子塚古墳は四世紀後半の前方後円墳。墳形は典型的な柄鏡形《えかがみがた》で、後円部に比べ前方部が著しく低い。墳丘長九六mは肥前地域では船塚古墳に次ぐ規模である。周溝は盾形で、前方部側は谷を取り込んでいる。埋葬施設はわかっていない。墳丘上から底部に穿孔《せんこう》のある二重口縁壺が複数出土していることから、壺形土器が墳丘テラスに立ち並んでいたと考えられる。

船塚古墳は墳丘長一一四mの五世紀前半の前方後円墳。前方部は後円部径とほぼ等しく、緩く開く墳形となる。墳丘斜面には葺石《ふきいし》が施される。佐賀県下最大の規模を誇る墳丘には樹木が生えていないため、形と大きさが実感できる。墳丘をまわる周濠は盾形である。周囲には径一〇mほどの十一基の円墳が陪塚《ばいちょう》のように点在したといい、そのうちの七基が残っている。

埋葬施設は明治期に盗掘を受けているため不明だが、長持形石棺《ながもちがたせっかん》と竪穴式石槨《たてあなしきせっかく》であったと伝えられる。後円部墳頂から家形埴輪や硬玉製勾玉が出土した。

県内最大の円墳と豊富な馬具類

玉島古墳・潮見古墳

たましまこふん・しおみこふん／武雄市橘町大日・橘町潮見
［マップ215頁G］

玉島古墳は、武雄《たけお》盆地の西端部から東に突き出す低丘陵端部に立地する。径四八mの五世紀後半の円墳。円墳としては県下最大規模を誇る。

上：玉島古墳は県下最大の円墳／左：主体部の竪穴系横口式石室（手前の立石が玄門の袖石）

埋葬施設は墳丘上方に設けられた羽子板形の竪穴系横口式石室。玄室は長さ三・三mで、奥壁に平行して仕切りがある。壁体は低い腰石の上に割石を積んでいる。横口部は板石を立てて玄門とし、玄室に向かって傾斜する短い羨道《せんどう》が接続する。変形文鏡、管玉、ガラス玉、鉄刀、鉄鉾《てつほこ》、鉄鏃《てつぞく》、短甲のほか、円筒埴輪が出土した。

玉島古墳の北東一kmの潮見神社から登った山腹には潮見古墳が位置する。潮見古墳は径二五mの六世紀中頃の円墳。

埋葬施設は横穴式石室で、長さ三・四mの長方形の玄室は、腰石が玄室高の二分の一ほどを占め、上部の壁は小さな石材を四方から持ち送りながら積んでいる。奥壁沿いには板石で区切られた屍床があり、その四隅には短い石柱を立て棺台とする。長い羨道の中ほどには仕切石を置く。石室は崩壊する危険があるため支保工《しほこう》によって支えられている。

石室からは狭帯式《きょうたいしき》金銅製冠帽《かんぼう》、素文《そもん》鏡《きょう》、鉄地金銅張雲珠《てつじこんどうばりうず》、鈴杏葉《すずぎょうよう》、馬鐸《ばたく》、鏡板付轡《かがみいたつきくつわ》、挂甲小札《けいこうこざね》、須恵器など豊富な副葬品が出土している。

上：潮見古墳の石室は羨道の入口からしか見学できない／下：潮見古墳出土の馬具類（右から馬鐸、鈴杏葉、ｆ字形鏡板付轡。武雄市教育委員会蔵、九州国立博物館寄託）

長崎県

壱岐市・双六古墳

鯨を描いた古墳

長戸鬼塚古墳《ながとおにづかこふん》

諫早市小長井町小川原浦〔マップ215頁G〕

古墳は有明海に突き出た岬上にある

長戸鬼塚古墳は、有明海に向かって南に突き出す岬の先端部に立地している。海面とは約一〇mの比高差がある。径一七mほどの六世紀末の円墳。墳丘には海岸礫《かいがんれき》を用いた葺石《ふきいし》が施される。

埋葬施設は複室横穴式石室である。玄室は長さ四・六mと長大で、玄室、前室、羨道《せんどう》の幅は等しい。玄室右側壁の腰石と前室左側壁の腰石に線刻があり、前室の腰石には一面に舟と鯨が線描されている。鯨は細身で尾部がT字形となる特徴からナガスクジラ系と思われる。打ち込んだ銛《もり》を表現したものだろうか、頭部と尾部に多くの細い線が突き刺さるように刻まれている。

同じような線刻画の類例として壱岐市・鬼屋窪《おにやくぼ》古墳があり、クジラと思われる生き物と舟が表現されている。壱岐市・原ノ辻《はるのつじ》遺跡からは弥生時代中期後半の捕鯨線刻土器が出土しているが、西北部九州では、すでに縄文時代早期には大型の漁労具が存在することから、捕鯨など大型海洋生物の捕獲が行われていたのだろう。

上：玄室は長さに対し幅が狭い／下：前室左側壁の鯨の線刻。左上が頭部、右下が尾。無数の直線は銛とみられる。

県内最古の前方後円墳

守山大塚古墳

もりやまおおつかこふん／雲仙市吾妻町本村名［マップ215頁G］

古墳は普賢岳から緩やかに傾斜する扇状地にある。奥は諫早湾

守山大塚古墳は、島原半島の北西部、雲仙《うんぜん》普賢岳《ふげんだけ》の扇状地に立地する。墳丘長七〇ｍ以上の四世紀前半の県下最古の前方後円墳である。前方部は後円部に比べて低平で短く撥形《ばちがた》に開いている。墳丘全体が墓地になっているが葺石《ふきいし》が残る。また周溝からは円形浮文を持つ畿内系の二重口縁壺などが出土している。第一回吉川英治文学賞を受賞した『まぼろしの邪馬台国』の著者・宮崎康平が卑弥呼の墓に比定した古墳としても知られる。

守山大塚古墳のすぐ南側には現存径二五ｍほどの円山《まるやま》古墳が存在する。

長崎県では壱岐に古墳が集中し、本土の前方後円墳は東彼杵《ひがしそのぎ》町・ひさご塚古墳（五九ｍ）、平戸市・岳崎古墳（五六ｍ）ほか十基にも満たない。そのような中、守山大塚古墳は重要な海上交通路である有明海に面した立地から、初期ヤマト政権の影響がいち早く及んだことを示す古墳といえる。

前方部が短く開く古期の形状。左の円山古墳は大型円墳

大村湾岸の有力首長墳

ひさご塚古墳

ひさごづかこふん

東彼杵郡東彼杵町彼杵宿郷 ［マップ215頁G］

大村湾に面した礫丘に立地する

ひさご塚古墳は、彼杵川左岸の大村湾に面した砂礫丘《されききゅう》の上に立地している。道の駅・彼杵《そのぎ》の荘《しょう》に隣接する東彼杵町歴史公園内にあり、墳丘と二号石室が復元されている。五世紀前半の墳丘長五九mの前方後円墳である。墳丘の裾には礫を並べているが、葺石《ふきいし》は施されていない。

埋葬施設は後円部に二つあり、いずれも墳丘の主軸と斜交している。一号石室は板石を立て並べ敷石を持つものであるが大半が損壊していた。二号石室は各壁一枚からなる石棺系の石室で、片側に横口を設ける。

一号石室から勾玉、ガラス玉、鉄鏃《てつぞく》、鉄斧《てつぷ》、二号石室から獣形鏡、鉄剣が出土している。これらの出土品は歴史公園に併設された東彼杵町歴史民俗資料館で展示されている。

長崎県の本土では、雲仙《うんぜん》市・守山大《もりやまおお》塚《つか》古墳のように有明海に面した場所で前期の前方後円墳がいち早くつくられるが、前方後円墳は全体で十基にも満たない。そうした中、大村湾に面したひさご塚古墳は守山大塚古墳に次ぐ規模で、大村湾岸地域首長の動向を知る上で欠かせない資料となる。

上：２号石室は石棺系の横穴式石室
右：墳丘は復元整備されている

双六古墳《そうろくこふん》

県内最大の前方後円墳と大陸色豊かな豪華副葬品

壱岐市勝本町立石東触　[マップ211頁B]

左側の後円部は前方部との比高差が著しい

双六古墳は、壱岐島中央部の丘陵から派生する標高一〇〇mを超す尾根の先端頂部に築かれている。島を囲む海が見渡せる、眺望に優れた場所に立地する。六世紀後半の墳丘長九一mの県下最大規模の前方後円墳である。

埋葬施設は墳丘主軸に直交する複室横穴式石室。玄室は長さ三・八m、前室は長さ五・九m、幅二mと他地域では例のないほど細長い形状で、左右各二個の巨石で構成される。玄門部、前室、羨道《せんどう》の天井石は面が揃い、双六古墳より後出する壱岐の首長墓もこれらの特徴を引き継ぐ。前室右側壁には舟の線刻がある。

上：北斉の二彩陶器（左上）と新羅土器
下：金銅製の磯金具（右）と飾金具（左）
（いずれも壱岐市立一支国博物館蔵）

双六古墳の西側には、前方後円墳としては壱岐最古の対馬塚《つしまづか》古墳（墳丘長六三m、六世紀中頃から後半）が築造される。磐井の乱以降、壱岐島はヤマト政権の外交航路の経由地や兵站基地としての役割を担う。

玄室は巨大な石材を積み上げて構築されている

石室からは北斉《ほくせい》の二彩《にさい》陶器、新羅土器、陶質土器、金銅製単鳳環頭《こんどうせいたんほうかんとう》大刀《たち》柄《つか》頭《がしら》、銀象嵌鉄製矩形十四窓透鍔《ぎんぞうがんてつせいくけいじゅうよんそうすかしつば》、金銅製矩形八窓透鍔、金銅製鞍金具や杏葉《ぎょうよう》、金銅製パルメット文飾金具などの馬具類、鋏《はさみ》・鎌、銀製空玉《うつろだま》、奈良県・藤ノ木古墳にしか類例のない半球形ガラス製蜻蛉玉《とんぼだま》など多種多様かつ大陸色豊かな副葬品が出土し、畿内系の土師器も含まれている。これらの副葬品は重要文化財に指定されている。

刳抜式家形石棺と
三室構造の横穴式石室

掛木古墳《かけぎきこふん》

壱岐市勝本町布気触［マップ211頁B］

玄室の奥壁に沿って刳抜式家形石棺が安置されている

掛木古墳は壱岐島北西部の丘陵上に立地し、壱岐風土記の丘の前の駐車場の一角にある。径三五mほどの六世紀末の大型円墳で、南側の丘陵に位置する笹塚古墳に続いて築造された。

埋葬施設は三室横穴式石室である。こうした構造の横穴式石室は九州本土で数例あるが、壱岐には四基が集中している。玄室は長さ三mの方形に近い長方形で、羨道《せんどう》の高さと合わせた腰石は玄室高の三分の二ほどを占め、その上に一石を積む。前室・中室とも各一石の巨石で構成され、天井部は玄門部の天井石と面が揃う。玄室奥壁際に刳抜式《くりぬきしき》家形石棺を据えている。石棺は壱岐産の凝灰岩製である。出土品には獣帯鏡、轡《くつわ》、木棺の存在を示す鉄釘、追葬に伴う七世紀中頃の土師器などがある。

掛木古墳はほぼ同時期の鬼《おに》の窟《いわや》古墳とともに壱岐最後の首長墓として位置づけられ、それぞれ先行する笹塚古墳・兵瀬《ひょうぜ》古墳に対応する二つの首長系列が併存していたと考えられる。

掛木古墳から南に下ると四基の小型前方後円墳を含む百合畑《ゆりはた》古墳群があり、六基の古墳が整備されている。

古墳は整備され、風土記の丘が隣接する

稀少な金銅製馬具類

笹塚古墳

ささづかこふん

壱岐市勝本町百合畑触 ［マップ211頁B］

右上から時計回りに、心葉形杏葉、辻金具、亀形飾金具、雲珠。いずれも金銅製の豪華な品々。中でも亀形飾金具は他に例がない（壱岐市立一支国博物館蔵）

笹塚古墳は壱岐島中央部やや北寄りの丘陵先端部に立地している。径七〇m、高さ二―三mほどの基壇上に径四〇mの大型円墳が載る形状である。六世紀末に築造され、七世紀後半頃まで追葬が行われた。

埋葬施設は三室横穴式石室である。玄室は長さ三・六mの長方形で、奥壁・側壁とも玄室高の三分の二ほどを占める腰石の上に二段の石積みを行う。奥壁と右側壁に沿って玄武岩製の箱形石棺をL字形に据えている。中室は長さ四・八m、前室は長さ四mと玄室長よりも長く、側壁は各一石の巨石からなる。それぞれの天井部は壱岐地域の他の首長墓の石室構造と同じく、玄門部の天井石と面が揃う。閉塞《へいそく》は中室が板石で、羨道《せんどう》部が塊石《かいせき》で行われている。また、出土品の中に鉄釘も含まれることから木棺が納められていたと考えられる。

畿内系土師器や新羅土器のほか、鉄《てつ》鏃《ぞく》、鉄刀、刀子《とうす》、鉇《やりがんな》、国内唯一の金銅製亀形飾金具や、忍冬文透鏡板付《にんどうもんすかしかがみいたつき》轡《くつわ》・雲珠《うず》・辻金具をはじめとする金銅製・鉄製馬具のセット、金銅製蛇尾《だび》金具、銅匙《どうさじ》、銀製空玉《うつろだま》など豪華で意匠に凝った副葬品が出土した。これらの副葬品は一括して重要文化財に指定されている。

上：三室構造の横穴式石室は九州本土では数例しか確認されていないが、壱岐には狭い範囲に4基が集中する／下：玄室と箱形石棺。豊富な副葬品が出土した

県内最大の円墳

兵瀬古墳

ひょうぜこふん

壱岐市芦辺町国分本村触【マップ211頁B】

兵瀬古墳は壱岐島中央部やや北寄りの丘陵裾部に立地している。六世紀末から七世紀初頭に築造された円墳で、径五四mは県下最大となる。周囲に小円墳が点在し、浅い谷を挟んだ南側には兵瀬古墳に続く鬼《おに》の窟《いわや》古墳が位置する。墳丘の後背には周溝がまわる。

埋葬施設は三室横穴式石室である。玄室は長さ二・九mの正方形に近い縦長長方形で、奥壁・側壁は玄室高の二分の一を占める巨石の上に二段の石積みを行って天井に至る。奥壁に沿って玄武岩製の箱形石棺を据える。中室・前室とも縦長で、それぞれ側壁は各一枚の巨石からなり、各室の天井部と玄門部の天井石とは面が揃う。羨道《せんどう》部は腰石の上に四段を積む。前室の右側壁には三角帆を掲げる舟と、その傍らに小舟の線刻画がある。帆舟の舳先からは紐らしき一条の長い線が伸び、線の先は円文と繋がっている。漁の様子を表現したものだろうか。

舟の線刻は兵瀬古墳の北に位置する百田頭《ひゃくたがしら》五号墳や釜蓋《かまぶた》五号墳にもみられ、前者の帆舟は兵瀬古墳の線刻壁画に酷似する。ただ、帆舟は古墳時代には存在しなかったとする見解がある。

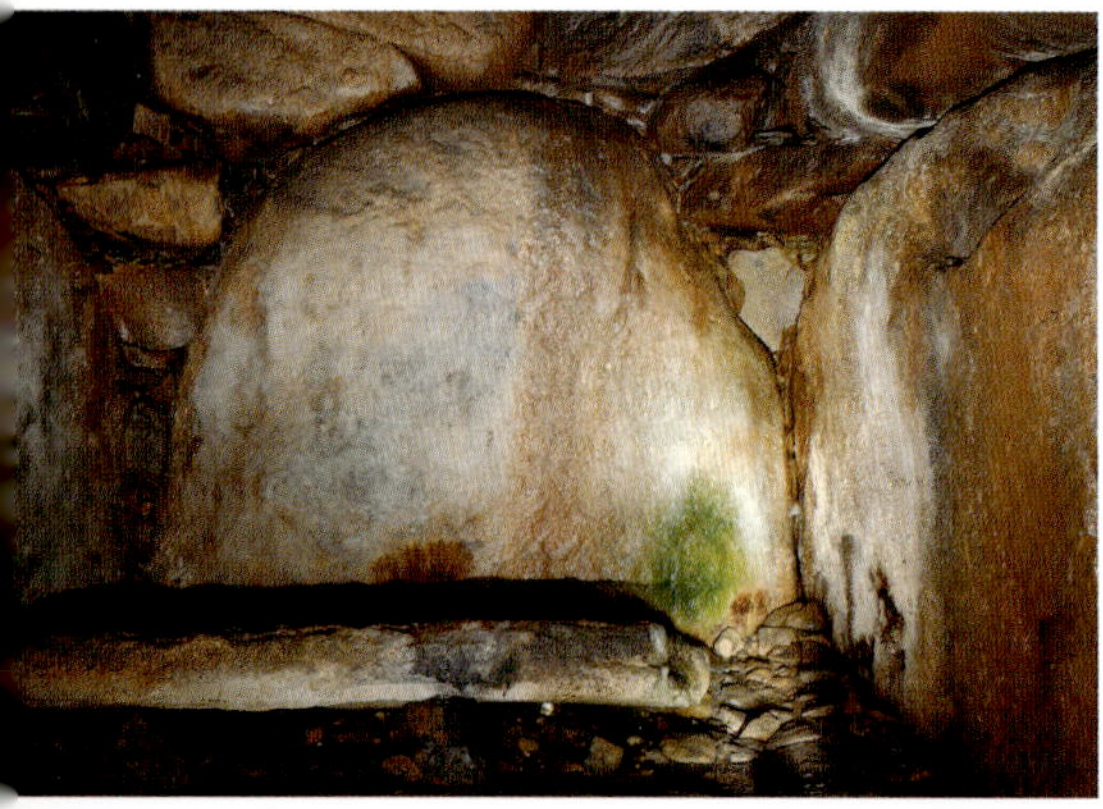

上：玄室。倒れた板石は箱形石棺の部材
下：玄室から開口部をみる。玄門の天井石と中室・前室の天井部は面が揃っている

前室右側壁の帆舟の線刻

県内最長の横穴式石室

鬼の窟古墳《おにのいわやこふん》

壱岐市芦辺町国分本村触 [マップ211頁B]

鬼の窟古墳は壱岐島中央部やや北寄りの丘陵上に立地している。六世紀末の径四五mの大型円墳である。

埋葬施設は三室横穴式石室で、長さ三mの玄室はほぼ正方形で、わずかに横長となる。奥壁・側壁は玄室高の四分の三を占める巨石の上に一石を積んで天井に至る。玄室は時期が下ると縦長長方形から正方形化する傾向にあり、鬼の窟古墳では掛木《かけぎ》古墳と同じく正方形に近い形になっている。前室・中室とも側壁は一石の巨石からなり、各室の天井部と玄門部の天井石とは面が揃う。それぞれの門の部分で板石により閉塞《へいそく》される。石室の全長は一六mあまりと非常に長く県下最長を誇る。玄室に残る板石の位置から、箱形石棺が奥壁に沿って据えられていたとみられる。金銅製鍔金具《こんどうせいつばかなぐ》や鈴が出土したと伝わるほか、土師器、須恵器、新羅土器などの遺物が知られている。

北側の谷を挟んで位置する兵瀬《ひょうぜ》古墳に続いて築造されたと考えられる。

県道174号線沿い。駐車場が整備されている

上：三室構造の横穴式石室の前室には閉塞石が残る。石室は県下最長／下：中室と玄室。手前には閉塞石が倒れている

矢立山古墳群1号墳の全景

朝鮮半島との交渉に関与した首長と
九州最大の前方後方墳

矢立山古墳群・出居塚古墳

やたてやまこふんぐん・でいづかこふん／対馬市厳原町下原・同美津島町鶏知 ［マップ211頁A］

矢立山古墳は、対馬・下島の南西部、対馬西水道にほど近い佐須《さす》川右岸の丘陵頂部に立地している。県道四四号線沿いにある説明板の所から丘陵急斜面を登った場所に古墳群が整備されている。七世紀中頃から後半にかけて築造された三基の積石塚《つみいしづか》からなる。

一号墳は七世紀中頃の三段築成ピラミッド型の方墳。墳丘規模は矢立山古墳群の中で最も大きく、幅一二m、長さ一一mを測る。墳丘は土と石を混じえて築成し、レンガ状の直方体の石材で外表の化粧を行っている。埋葬施設は長さ二・九mの無袖の横穴式石室で、頁岩質《けつがんしつ》の直方体の割石を縦方向の目地が通るように積む。羨道《せんどう》の側壁は玄室と一連の工程でつくられ、割石を平積

1号墳の墳丘はピラミッドのように3段に築成されている

みして閉塞《へいそく》し玄室と羨道を分ける。鞘《さや》尻《じり》金具のほか鐶座《かんざ》金具や鉄釘が出土し、木棺が据えられていたとみられる。

二号墳も一号墳と同様の三段築成の方墳で、七世紀後半代につくられた。墳丘規模は九m×十一mで、土と石によって墳丘を築成している。埋葬施設は九州では他に例をみないT字型横穴式石室である。玄室は幅三・八m、奥行一mを測り、その中央部分に長さ二・六m以上の羨道部が繋がる。壁体は直方体の割石を四段から五段積んでいる。出土品に大刀、鉄鏃《てつぞく》、銅鋺がある。ほぼ同じ時期のT字型横穴式石室として奈良県・忍坂《おっさか》九号墳と石川県・須曽《すそ》蝦夷穴《えぞあな》古墳東石室をあげることができる。いずれも朝鮮半島に祖型を求めることができるだろう。

三号墳は二号墳と同時期の七m×四mの長方形墳。墳丘は石を積んで築かれている。埋葬施設は長さ二・五mの横穴式石室で、石室主軸に平行する木棺の存在が想定されている。袖部には左右に板石を立て、閉塞も一枚の板石によって袖部で行われる。

二・三号墳とも七世紀後半に築造されたが、これは百済の滅亡により朝鮮半島情勢が緊迫化した時期と重なる。木棺を用いる点や出土遺物、そして朝鮮半島と対峙する矢立山古墳群の占地を考慮すると、朝鮮半島への中継点の役割を担うことで中央政権と密接な関係を有した被葬者像を想定することができる。

矢立山古墳群２号墳のＴ字型横穴式石室。右下が開口部

出居塚古墳（鶴の山古墳）は、対馬・下島北東部の鶏知《けち》湾の最奥部に接した丘陵上に立地している。四世紀後半の墳丘長四〇mの前方後方墳で、福岡県・焼《やき》ノ峠《とうげ》古墳とともに九州最大規模を誇る。墳形は前方部が低く狭長な形状である。埋葬施設は箱形石棺で、鉄剣、大刀、銅鏃が出土している。対馬最古の古墳で、積石塚といった特徴、伝統的な箱形石棺を採用することなど、ヤマト政権と在地首長の関係を知る上で興味深い内容を秘めている。

出居塚古墳の東側の、鶏知湾北側の丘陵状には根曽《ねそ》古墳群が位置している。五世紀から六世紀の三基の前方後円墳と二基の円墳からなる。一号墳と四号墳は積石塚で、埋葬施設は一号墳と二号墳が箱形石棺、三号墳が横穴式石室を採用している。

阿蘇市・中通古墳群

熊本県

幾何学文が描かれた
初期の複室横穴式石室

大坊古墳

だいぼうこふん／玉名市玉名 ［マップ218頁K］

大坊古墳は、菊池川下流域、玉名平野北端部の舌状丘陵端部に立地している。墳丘長四二mの六世紀前半の前方後円墳。大坊公民館に面した細い道を東に進み、大坊天満宮の横から坂道を登ると石室保存施設への階段がみえる。

埋葬施設は主軸に直交する複室横穴式石室で、複室構造のうちでも古い段階の石室である。長さ三mの隅角《すみかど》が丸い方形の玄室の壁は扁平な割石を積み上げている。奥壁沿いに阿蘇凝灰岩製の石屋形を据え、天井石は平石、床面には板石を敷いて棺床とする。また右側壁沿いにも屍床《ししょう》を置き、L字形の配置となる。前室は羨道《せんどう》から発達した名残か、側壁がハ字形に開く。閉塞《へいそく》は二枚袖の玄門・羨門で板石によって行う。

上：肥後北部地域に多くみられる二枚袖の玄門／下：石屋形奥壁の連続三角文と円文

装飾は石屋形の奥壁、側壁内面、袖石と玄門閉塞石に幾何学文が描かれている。石屋形奥壁は上下五段に区切られ、赤、青、塗り残しの地色により連続三角文を並べる。二・四段目には三角文の中に塗り残しの円文を不規則に配置している。石室形態、石屋形、装飾手法とも、大坊古墳と同じ丘陵の並びにある馬出《うまで》古墳に酷似する。金製垂《たれ》飾付耳飾《かざりつきみみかざり》、大刀、鉄剣、鉄斧《てつぷ》、三葉文杏葉《ぎょうよう》、鞍金具、真珠玉、埋木製《うもれぎせい》小《こ》玉《だま》などが出土している。

菊池川を三㎞ほど下った低丘陵上に位置する五世紀後半頃の伝左山《でんざやま》古墳は、玄門部と羨道部に独立する立柱石《りっちゅうせき》を立て、その間に前室のような空間をつくり出した、単室から複室への過渡的な構造となる。また、玄室の壁に沿って石障《せきしょう》がある。石室から垂飾付耳飾、眉《ま》庇付冑《びさしつきかぶと》、頸甲《あかべよろい》、横《よこ》矧板鋲留短甲《はぎいたびょうどめたんこう》などが出土した。

国道二〇八号線を挟んで伝左山古墳の南側の稲荷神社境内には墳丘長一一〇mほどの前方後円墳・稲荷山古墳（五世紀後半）がある。

伝左山古墳の石室は埋め戻されている

赤で塗りつぶされた円文と石屋形

永安寺東古墳・永安寺西古墳

えいあんじひがしこふん・えいあんじにしこふん／玉名市玉名 [マップ218頁K]

上：永安寺東古墳（右）と永安寺西古墳（左奥）／下右：永安寺東古墳の玄門と前室側壁の装飾／下左：永安寺東古墳の石屋形と玄門

永安寺東古墳・永安寺西古墳は、菊池川下流域、玉名平野北端の丘陵斜面に三〇mほどの距離をおいて並ぶ。いずれも六世紀後半の円墳。東側に馬出《うまで》古墳、西側には大坊《だいぼう》古墳が位置する。

永安寺東古墳は径一三mほどの円墳。埋葬施設は長さ二・六mの方形の複室横穴式石室である。前室の手前側は損壊し残っていない。玄室の奥壁・側壁とも腰石はそれぞれ一石の阿蘇凝灰岩の切石によって構成されるが、荷重がかかる玄門の楣石《まぐさいし》には花崗岩を使っている。玄室の半分ほどの空間を占める石屋形の奥壁の部材を省略し、石室奥壁と兼ねる。石屋形前面の開口部はU字形に大きく刳《く》り込んだ形状になるよう二枚一対の板石で構成され、接点に楔状の部材をかませている。石屋形の天井石は平石である。

装飾は石屋形の天井石前面に連続三角文、玄門に縦基軸の連続三角文が二列並ぶ。また、前室側壁の腰石は塗りつぶした円文で埋め、その上部の積み石に描かれた舟と馬は形や装飾の位置が山鹿《やまが》市・弁慶ヶ穴《べんけいがあな》古墳に似ている。使われた顔料は赤一色のみである。

永安寺西古墳は径一三mほどの円墳。墳丘保護のため全体がコンクリートで固められている。

玄室は長さ三・四mで、奥壁・側壁とも巨大な一枚石からなる。石屋形は側壁が残るだけだが、奥壁の鏡石上部に石屋形の天井石をはめ込むため枘《ほぞ》状の段を設けている。玄室の左右にも棺床があり、コ字形の屍床《ししょう》配置となる。玄門は前後二枚からなる袖石を立て、奥側の袖石上部の一角を切り込んで楣石を架け渡している。装飾は奥壁と側壁に三段にわたって赤で塗りつぶされた円文を整然と配する。

外壁を幾何学文で彩った
横穴墓

石貫ナギノ横穴墓群・石貫穴観音横穴墓群

いしぬきなぎのよこあなぼぐん・いしぬきあながんのんよこあなぼぐん／玉名市石貫 ［マップ218頁K］

石貫ナギノ横穴墓群は小さな谷に面した崖面に並んでいる（写真左手の木立の奥）

石貫ナギノ横穴墓群は、菊池川下流から北に分岐する羽根木《はねぎ》川右岸の凝灰岩崖面に約二五〇mにわたって築かれている。六世紀後半から七世紀にかけて営まれた横穴墓群。羽根木川に架かる虎取橋を渡ってナギノ交流館の横の道を川上に少し歩くと崖面に横穴群が口を開けている。

墓室の奥に石屋形状の屍床《ししょう》をつくりつけ、左右にも屍床を削り出したコ字形配置になる例が多く、一六号墓のように玄室の左右のみに屍床をつくりつけるものもある。天井は、屋根の大棟と直交する妻側に入口を設ける妻入《つまいり》の屋根形が目立ち、ドーム形（一七号墓）、平入《ひらいり》の屋根形（三七号墓）もみられる。屍床の仕切石の中央をU字形に刳《く》り込む。飾縁《かざりぶち》は隅丸《すみまる》台形もしくはアーチ形が

上：石貫ナギノ横穴８号墓の飾縁に並ぶ同心円文と菱形文。線刻による縁取りがある／下：８号墓内部の石屋形。左側に大刀のレリーフがある。手前の左右には屍床がつくりつけられている

石貫穴観音横穴墓群は山腹の斜面にある（写真中央）

多数を占め、四五号墓は家形となる。

この横穴墓群では、四十八基のうち十五基に装飾が認められる。特に二重・三重になったアーチ形の飾縁には円文、二重の同心円文、菱形文の線刻を行った後に彩色し、中には九号墓のように弧文的な文様もみられる。また八号墓では、玄室石屋形の袖と軒先に連続三角文、奥壁には中央に二重円文が並び、その上下に連続三角文と菱形文が描かれている。さらに屋根に複数の弓矢の線刻が、石屋形の左側には大刀をレリーフで表現している。

石貫ナギノ横穴墓群の下流の谷筋には石貫穴観音横穴墓群が位置する。この横穴墓群は五基で構成され、二号墓の飾縁には石貫ナギノ横穴墓群六号・八号墓に類似する同心円文の装飾がある。また、二号墓では奥壁に千手観音像が彫られ、石屋形の軒先には軒丸瓦を立体的に表現している。築造当初の造作ではなく、追刻の可能性が高い。

石貫ナギノ横穴墓群や石貫穴観音横穴墓群の飾縁のように、円文・菱形文などの幾何学文の線刻・彩色によって飾る手法は菊池川下流域の特徴で、菊池川中流域の岩原《いわばる》横穴墓群・鍋田横穴墓群をはじめとする外壁への人物・靫《ゆぎ》など具象文のレリーフとは対照的である。飾縁に幾何学文の彩色を施す例は、福岡県と大分県を限る山国川流域から宇佐地域にもみられる。

石貫穴観音横穴１・２・３号墓の飾縁には彩色された円文が並んでいる

雄略天皇から下賜された大刀

清原古墳群

せいばるこふんぐん

玉名郡和水町江田［マップ218頁K］

古墳群は整備され散策路で繋がれている。春は桜が美しい

清原古墳群は菊池川下流域左岸の清原台地上に展開する古墳群。京塚《きょうづか》古墳、虚空蔵塚《こくぞうづか》古墳、江田船山《えたふなやま》古墳、塚《つか》坊主《ぼうず》古墳からなる。「肥後古代の森（和水《なごみ》地区）」として展示施設、県内出土の石製《せきせい》表飾《ひょうしょく》のレプリカを並べた「石人の丘」があり、古墳を結ぶ散策路も整備されている。江田船山古墳の被葬者の霊を慰める「古墳祭」は昭和四十六年からはじまり、熊本夏の三大火祭りとして毎年催される。

京塚古墳は江田船山古墳の西側に位置する径二二mの五世紀中頃の円墳。墳丘斜面に葺石《ふきいし》が施され、墳丘に沿う周溝にかかる土橋《どばし》は石列で保護されている。埋葬施設は棺の短辺側に棒状縄《なわ》掛突起《かけとつき》を持つ舟形石棺である。周溝から杯部下半の三カ所に鈴を付けた須恵器の高坏《たかつき》や円筒埴輪が出土している。

虚空蔵塚古墳は墳丘長四五mの帆立貝形前方後円墳である。墳丘に沿う周溝は前方部前端が途切れている。円筒埴輪が出土した。

江田船山古墳は墳丘長六一mの五世紀後半の前方後円墳である。くびれ部の両側に造出《つくりだし》を持つ。前方部は短めで、後円部径と同じくらいの開き方となる。盾形の周溝を巡らせる。造出などから円筒埴輪、朝顔形埴輪、蓋形《きぬがさがた》埴輪が出土したほか、古墳の近くに寄せ集められていた阿蘇凝灰岩製の短甲・椅子などの石製表飾はこの古墳から出土し

江田船山古墳。埋葬施設の横口式家形石棺は後円部の上方にあり、前方部（右下）の方を向いている

た可能性もある。

埋葬施設は前方部に向かって開口する長さ二ｍあまりの横口式家形石棺を直葬《じきそう》している。棺蓋は寄棟《よせむね》の屋根形で、各辺に棒状縄掛突起を持ち、身は組合式で底板がある。横口部は板石で閉塞《へいそく》し、棺の前面には棺身の側石《がわいし》と並びを合わせて板石二枚を立て並べ羨道《せんどう》状にしている。

出土品に時期幅があるため二度の追葬があったと考えられる。獣帯鏡、画《が》文帯神獣鏡《もんたいしんじゅうきょう》三面、神人車馬画像鏡《しんじんしゃばがぞうきょう》、四獣鏡、龍文金銅製冠帽《かんぼう》、亀甲繋文《きっこうつなぎもん》金銅冠《こんどうかん》、宝珠形立飾付金銅製狭帯式冠《ほうしゅがたたちかざりつきこんどうせいきょうたいしきかん》、金製垂飾付耳飾《たれかざりつきみみかざり》二種二対、金銅製飾履《しょくり》、素環頭大刀《そかんとうたち》、鉄槍、鉄鏃《てつぞく》、衝角付冑《しょうかくつきかぶと》、頸甲《あかべよろい》、横矧板革綴短甲《よこはぎいたかわとじたんこう》、横矧板鋲留《びょうどめ》短甲、龍文透彫鏡板付《りゅうもんすかしぼりかがみいたつき》轡《くつわ》、三環鈴《さんかんれい》など絢爛豪華な品々が出土している。これらの副葬品には百済からの舶載品も多く含まれている。副葬品の中でも、長さ九〇・五㎝の銀象嵌大刀の身の付け根の表裏に馬と水鳥・魚の文様があり、棟には七五文字の銘が刻まれていた。その一文「治天下獲□□□鹵《（わかたける）》大王世奉事典曹人《てんそうじん》名□利□……」は、典曹人として王権（獲□□□鹵大王＝雄略天皇）に仕えたムリテという人物が永劫の統治権を大王から約束されて下賜されたと解釈でき、被

上：江田船山古墳の横口式家形石棺。このタイプの石棺は、中期中葉から後期初頭にかけて有明海を取り巻く有力首長墳で採用された／中：龍文の透彫がある金銅製冠帽／下：金銅製飾履の長さは32㎝（江田船山古墳。下の2点はレプリカ、和水町教育委員会蔵）

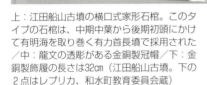

塚坊主古墳。石室はくびれ部に向かって開口する。墳丘内に石室の観察室がある

葬者名・職がわかるだけでなく、東国屈指の埼玉《さきたま》古墳群の一つ稲荷山古墳から出土した鉄剣の銘文とともに、雄略期の政治構造を探る上でも極めて貴重な資料となる。副葬品は東京国立博物館が所蔵し、国宝指定を受けている。

なお、古墳から出土した紀年銘を有する刀剣として、奈良県・東大寺山古墳「漢中平年《かんちゅうへいねん》」（一八六―一八九年）銘大刀、埼玉県・稲荷山古墳「辛亥」（四七一年）銘鉄剣、福岡県・元岡G六号墳「庚寅」（五七〇年）銘大刀、兵庫県・箕谷《みいだに》二号墳「戊辰」（六〇八年）銘大刀の事例がある。

塚坊主古墳は、墳丘長四四ｍの六世紀初頭の前方後円墳で、江田船山古墳と同様に前方部が短い。埋葬施設はくびれ部に向かって開口する玄室長二・七ｍの正方形に近い複室横穴式石室。安山岩の扁平な割石を積んで壁体とする。奥壁に沿って石屋形を置き、その前面にも平行する屍床《ししょう》を設ける。初現期の石屋形の天井石は寄棟の屋根形で、妻側に棒状縄掛突起を持つ。玄門部に壁から独立した立柱石《りっちゅうせき》を立てて袖石とし、その前面に小さな前室空間をつくり出す。このような特徴は複室構造の初期の構造として注目される。

石屋形に彩色された装飾としては最も古く、以降の装飾古墳に影響を与えた。奥壁に、界線で上下二段に区切って赤彩の連続三角文・菱形文を並べ、区切られた線の上には白く塗りつぶした円文を等間隔に三つ配置する。側壁にも同様の文様が描かれている。

清原台地の首長墓系譜は六世紀初頭の塚坊主古墳をもって途絶え、それに対応するように菊池川を下った対岸の丘陵端部に大坊《だいぼう》古墳をはじめとする古墳群が展開するようになる。大坊古墳の装飾は塚坊主古墳と共通点も多く、墓域が移動した可能性も考えられる。

塚坊主古墳の石室。石屋形の奥壁には幾何学文の装飾がある

中期の大型前方後円墳

岩原古墳群

いわばるこふんぐん

山鹿市鹿央町岩原 ［マップ218頁K］

上：双子塚古墳（右）と下原古墳（左）
下：移築された横山古墳は装飾を持つ

　岩原古墳群は、菊池川中流域左岸の台地上に立地する五世紀中頃から六世紀代の古墳群。前方後円墳一基と円墳八基からなり、「肥後古代の森（鹿央《かおう》地区）」として古墳が整備され、復元埴輪を集めた「埴輪の動物園」もある。併設する県立装飾古墳館は安藤忠雄氏の作品で、県内の装飾古墳の石室レプリカや出土品が多数展示されている。

　墳丘長一〇二mの大型前方後円墳で五世紀中頃の築造と考えられる双子塚《ふたごづか》古墳は盾形の周溝がまわっている。前方部幅は後円部径と同じくらいであまり開かない。墳丘テラスには円筒埴輪列を巡らせる。馬不向《うまむかず》古墳と寒原《かんばる》古墳は径三〇mを超す円墳。寒原二号墳は家形石棺を埋葬施設とする。狐塚古墳は径約二〇mの円墳。埋葬施設は横穴式石室である。双子塚古墳に隣接する下原《しもばる》古墳も径三〇m近い円墳で土橋《どばし》が確認されている。

　岩原古墳群は造営年代から考えると、六世紀になってチブサン古墳やオブサン古墳を擁する平小城《ひらおぎ》台地に墓域を移した可能性もある。

長岩横穴108号墓。両手を広げた人物のレリーフがある

　肥後古代の森の敷地内には、九州自動車道建設の際に調査された熊本市・横山古墳を移築復元している。横山古墳は墳丘長三九mの六世紀中頃の前方後円墳。埋葬施設は横穴式石室で、石屋形の袖に同心円文、三角文、双脚《そうきゃく》輪状文《りんじょうもん》が赤、白、青で描かれている。石室は年に一度公開されている。

　岩原古墳群が載る台地の北側崖面には、靫《ゆぎ》のレリーフを持つ岩原横穴墓群があり、また、岩原台地と谷を挟んで、百基を超える規模の長岩横穴墓群や、五基の複室構造を含む桜の上横穴墓群など装飾を持つ横穴墓が密集する。

整美な石屋形を彩った呪術的な幾何学文

チブサン古墳・オブサン古墳

ちぶさんこふん・おぶさんこふん／山鹿市城 ［マップ218頁K］

チブサン古墳の石屋形と装飾（レプリカ。熊本県立美術館蔵）。実物は山鹿市立博物館で事前受付をすれば見学できる

菊池川と岩野川の分岐点に接する平《ひら》小城《おぎ》台地上のチブサン古墳とオブサン古墳は「肥後古代の森（山鹿《やまが》地区）」として古墳が整備され、山鹿市立博物館も併設している。

チブサン古墳は墳丘長四四mの六世紀前半の前方後円墳。前方部はそれほど開かず後円部径よりも狭い。墳丘斜面に葺石《ふきいし》を施し、周溝を巡らせる。埴輪を伴い、墳丘のくびれ部には両手を広げた人物の石製表飾《せきせいひょうしょく》が立っていた。

埋葬施設は墳丘主軸に直交する複室横穴式石室である。玄室は凝灰岩の扁平な割石を四方から強く持ち送りながら高く積んで構築している。長さ三・六mの隅丸《すみまる》方形の玄室奥壁に沿って、精巧に加工が施された古い形式の石屋形を据え、左右側壁際にも屍床《ししょう》を設けたコ字形の配置になる。阿蘇凝灰岩製の石屋形は奥壁四枚と側壁二枚の板石からなり、天井石は大棟を削り出した寄棟《よせむね》の屋根形である。装飾は規則的に配された菱形文、連続三角文が石屋形の軒、奥壁、左側壁に描かれ、不規則な位置に同心円文が重ねられる。奥壁中央に並ぶ二つの円文は乳房に見立て

上：台地の縁辺に築かれたチブサン古墳
左：チブサン古墳の武装石人（レプリカ）

られ古墳名の由来となっているが、その下部の三角文と一体的に邪を払う人面を表現したと思われる。右側壁は赤塗りのキャンバスの上半に七つの白の塗りつぶし円文を、下半には装飾古墳の図柄としては初めての人物像（冠をかぶって両手を挙げる）、三角文を描いている。顔料は赤、白、青の三色。

オブサン古墳は六世紀後半の径二二mの円墳。円丘部に突堤《とってい》をつくり出し、帆立貝形前方後円墳のような稀有な墳形となる。突堤は左右とも長さ六m、幅七mほどで裾に石列がまわる。

埋葬施設は突堤部の中央に開口する複室横穴式石室で、羨道《せんどう》はハ字形に広がって前庭部に繋がる。一辺二・八mの方形の玄室には奥壁に沿って石屋形を置き、その前面両側にも屍床を設けてコ字形の配置となる。石屋形の奥壁に斜格子状の線刻があり、左側の屍床仕切石には赤で連続三角文が描かれている。石屋形は残っていなかったが、奥壁が省略され、屋根石は石室奥壁上部にある枘《ほぞ》状の段と袖石によって支えられる構造に復元できる。前室にも通廊の左右に屍床を持つ。閉塞《へいそく》は玄門・前門の二カ所で板石によって行われる。鉄鏃《てつぞく》、立聞付鏡板《たちぎきつきかがみいた》、心葉形鏡板、楕円十字文杏葉《ぎょうよう》などが出土した。

なお、チブサン古墳と共通点が多く、近い時期につくられた臼塚古墳が岩野川の対岸にある。臼塚古墳は二八mほどの円墳。割石を積んだ方形の玄室はコ字形の屍床配置で、独立した石屋形を据える。棺床に二体の石枕が彫り込まれている。石屋形の内壁には連続三角文と塗りつぶし円文を赤、青、白で描く。左右側壁際の屍床には貝殻が敷かれていた。靫《ゆぎ》を負う丸彫りの武人の石製表飾が出土している。

上：オブサン古墳は開口部に突堤がある／中：復元されたオブサン古墳の石屋形／下：玄室（右）と前室（左）の閉塞石

多様な浮き彫りがある
横穴墓

鍋田横穴墓群

なべたよこあなぼぐん／山鹿市鍋田［マップ218頁K］

鍋田横穴墓群は、チブサン古墳が載る平小城《ひらおぎ》台地の東端、菊池川と岩野川の合流点の凝灰岩崖面の約五〇〇mの範囲に及ぶ。六世紀中頃から七世紀前半頃にかけて造営された。

墓室には、コ字形に三分割した屍床《ししょう》や、奥壁際に石屋形をつくりつけるものがみられる。天井は屋根形で大棟に平行する側に入口を設ける平入《ひらいり》が多いが、それと直交する妻入《つまいり》や、ドーム形も少数ある。羨門《せんもん》部の飾縁《かざりぶち》は長方形で一部にアーチ形もみられる。六十一基のうち、十六基の外壁及び玄室にレリーフや線刻による装飾が認められる。

このうち二七号墓の左外壁では、弓を持ち大の字に立つ人物をはじめとして靫《ゆぎ》・鞆《とも》・盾・馬などが浮き彫りされ、八号墓にも二七号墓に共通する装飾がある。大の字に両手をひろげた人物はチブサン古墳などの石製表飾や装飾に通じるものである。外壁のレリーフや飾縁は赤で彩られる。四九号墓は玄室奥壁に二つの靫と六つの円文、連続三角文を配し、側壁にも連続三角文を全面に刻む。連続三角文は二七号・四九号・五〇号・五二号墓の奥壁及び側壁にみられる。

岩野川を一・五kmほど遡ると総数百基ほどからなる付城《つけじろ》横穴墓群、さらにその上流には城《じょう》横穴墓群があり、ともに装飾を持つものを複数含んでいる。

横穴墓の外壁へ人物・靫などの具象文をレリーフする手法は菊池川中流域の地域的な特徴で、その影響は球磨《くま》川上流域の人吉市・大村横穴七号墓など人吉盆地にまで及んだ。菊池川下流域において飾縁を円文、菱形文などの幾何学文で線刻、彩色する手法とは対照的である。

上：鍋田横穴墓群と岩野川／下：27号墓と外壁のレリーフ（左から盾、靫、弓、人物）

高速道路を設計変更させた古墳群

塚原古墳群《つかわらこふんぐん》

熊本市南区城南町塚原 ［マップ219頁L］

九州自動車道建設の際、トンネル工法への設計変更により保存された。中央は琵琶塚古墳。左は花見塚古墳

塚原古墳群は熊本平野南端部の独立台地上に立地している。四世紀末から六世紀後半に造営された十二グループからなる古墳群で、狭い範囲に二百基以上が集中している。九州自動車道建設に伴って調査が及んだが、その重要性と県民挙げての保存運動の結果、工法をトンネルに変更して保存されることになった。路線の真上を含めて古墳群全体を整備し、出土品を収めた塚原歴史民俗資料館も併設されている。

五世紀前半までは西から入り込む谷を挟んだ北側一帯に、組合式木棺、箱形石棺、家形石棺などを埋葬施設とする方形周溝墓と円墳が展開する。

りゅうがん塚古墳は径二四mの円墳。埋葬施設は五世紀前半頃の肥後型横穴式石室で、石室中央に主軸に平行する仕切石があり、左右に二つの屍床《ししょう》が並ぶ配置になる。また、片袖である点は特徴的で、類例に福岡県久留米市・藤《ふじ》山甲塚《やまかぶとづか》古墳がある。藤山甲塚古墳は墳丘長七〇mほどの帆立貝形前方後円墳で、石障《せきしょう》と石室の一部に天草《あまくさ》産の砂岩が使われている。

方形周溝墓群の一角に築かれた北原一号墳の墳形はわからないが、埋葬施設は底石を持つ横口式家形石棺である。

上右：りゅうがん塚古墳では上部と横から石室を観察できる／上左：りゅうがん塚古墳の石障系石室。片袖は珍しい／下：南側台地の小型円墳群

五世紀中頃の須恵器のほか、盾形石製《せきせい》表飾《ひょうしょく》が出土した。

五世紀後半になると台地の南側に墓域の中心が移り、墳丘長五一mの前方部があまり開かない墳形で埴輪を持つ琵琶塚古墳や、墳丘長三二mで盾形二重周溝がまわる花見塚古墳などの前方後円墳が出現する。

石之室《いしのむろ》古墳は径三一mの円墳で、五世紀末から六世紀初頭頃に築造された。横口式家形石棺を直葬《じきそう》する。寄棟形《よせむねがた》の石棺の屋根には四つの環状突起を持ち、身の内面に斜格子の線刻がある。棺身前面に石棺側壁と並びを合わせて板石が立てられる。通常このタイプの石棺は有明海沿岸地域に単独でつくられた有力首長墳の埋葬施設となるが、塚原古墳群では五基が密集するだけでなく、小規模な円墳や方形周溝墓にも採用されている。それらのうち南半部の三六号方形周溝墓は五世紀前半と古い時期に位置づけられる。

南側台地では五世紀後半以降、前方後円墳を頂点として大型円墳、中型円墳、小形円墳、墳丘を持たない石棺墓という被葬者の階層による埋葬施設の違いが把握できる。

塚原古墳群では、古墳群全体の様相について時期ごとの変化を追うことができ、また、台地の周辺では墓域に対応する時期の集落も確認されている。

整美な肥後型石室と直弧文

井寺古墳

いでらこふん

上益城郡嘉島町井寺［マップ219頁L］

上：玄室は四方の壁の積み石を持ち送ってドーム状に構築される。壁際には口字形に石障が立てられている／下右：天井部／下左：石障に線刻された直弧文と同心円文、梯子文

井寺古墳は、熊本平野の東端部、東側から延びる丘陵の緩斜面に立地している。五世紀後半の径二八mほどの円墳。井寺公民館の裏手にある。

埋葬施設は完成された整美な肥後型横穴式石室で、玄室は長さ三mの正方形に近い長方形である。石室全面に赤色顔料が塗られている。各壁は阿蘇凝灰岩の切石を四方から持ち送りながら積み上げ、天井石もドーム状に刳《く》り込んで仕上げられる。奥壁と左右側壁にはそれぞれ刀剣を置くための突起石が組み込まれている。石室内には石障《せきしょう》を巡らせ、仕切石によって内部をコ字形に区切って屍床《ししょう》としているが、奥壁側の屍床に載せられていたという屋根状の板石や石障内の仕切石は現存しない。横口部と玄室床面には段差がなく、深いU字形の刳り込みがある石障で区切られる。横口部と袖石前面は割石積みをした後に板石を立てて覆う構造となる。

装飾は石障内面と上端、横口部の石積みを覆う板石にみられる。現在は褪色が激しいが発見当初は見事な色彩が残っていた。奥側と両側の石障には、口字形にまわる梯子文でそれぞれ九列・十列の区画をつくり、区画内には線刻による車輪文と直弧文《ちょっこもん》を赤、青、白、緑で塗り分ける。

靫《ゆぎ》、同心円文を浮き彫りにした熊本市・千《せ》金甲《ごんこう》一号墳とともに石障への装飾の代表的な例といえる。

石屋形に引き継がれた石障系石室の装飾

国越古墳

くにごしこふん

宇城市不知火町長崎 ［マップ219頁L］

国越古墳は八代海《やつしろ》を間近に望む宇土《うと》半島基部の丘陵上に立地している。墳丘長六三mの六世紀前半の前方後円墳。埋葬施設は横穴式石室。長さ二・九mの玄室は奥壁・側壁とも腰石が各一枚からなり、上部は板状の切石を持ち送りながら積む。屍床《ししょう》は奥壁に平行して二床、左右側壁際の屍床と合わせて計四区画が設けられるコ字形配置で、前障はU字形に刳《く》り込む。奥壁際の屍床は、天井部の平坦面が広い寄棟《よせむね》の屋根石を載せる石屋形で、内側に迫り出させた石室の奥壁・側壁の腰石と石屋形の袖石で屋根石を支える。石屋形の奥壁には二個一対の突起石を上下二段にはめ込んでいる。石屋形の屋根石を石室腰石の上に載せる手法は、御船《みふね》町・今城大塚《いまじょうおおつか》古墳や肥後南部の氷川町・大野窟《おおのいわや》古墳に引き継がれている。

上：八代海を見下ろす丘陵上に立地する
下：玄門の閉塞石には把手が彫りだされる

石屋形の奥壁・屋根石・袖石に描かれた装飾のうち、奥壁と袖石前面には梯子文で囲んだ長方形区画内に直《ちょっ》弧文《こもん》と鍵手文《かぎのてもん》の線刻を施し、赤、青、白、緑で塗り分ける。国越古墳の装飾は嘉島町・井寺古墳の石障《せきしょう》の施文の流れを汲んでいる。

出土品には形象埴輪のほか、和水《なごみ》町・江田船山《えたふなやま》古墳と同型の画文帯神獣《がもんたいしんじゅう》鏡《きょう》、四獣鏡、獣文縁獣帯鏡《じゅうもんえんじゅうたいきょう》、直弧文がレリーフされた鹿角製玉飾《ろっかくせいたまかざり》、鉄鏃《てつぞく》、鋤先《すきさき》、鎌、銅鋺《どうわん》などがある。銅鋺は佐賀県唐津《からつ》市・島田塚古墳や韓国忠清南道・武寧王陵《ムリョンワンヌン》（五二三年崩御の墓誌出土）の出土品に特徴が似ている。

このように国越古墳の石室は平面形が長方形であるにもかかわらず石障系石室（肥後型石室）の複数の要素を備え、また石屋形の成立を考える上でも鍵となる。豊富な副葬品の入手経緯とともに被葬者像に興味が持たれる。

宇土半島の基部には宇土市・向野田《むこうのだ》古墳が位置する。四世紀後半の墳丘長八六mの前方後円墳で、竪穴式石槨《たてあなしきせっかく》内に納められた舟形石棺から三十代後半－四十代の女性の人骨が出土している。

県内最大の特異な前方後円墳

大野窟古墳

おおのいわやこふん
八代郡氷川町大野 [マップ219頁L]

大野窟古墳は、九州山地から派生する山塊と八代《やつしろ》平野に挟まれた台地状の丘陵上、氷川《ひかわ》右岸に立地している。六世紀中頃の前方後円墳。墳丘長は、磐井の乱後では九州最大の一二三mを誇る。墳形は前方部前面が直線的ではなく外側に突き出た剣菱形になる特徴を持つ。その裾部は溝ではなく複数の大形土坑で限られ、朝鮮半島南西部から南岸部にかけて分布する分節型周溝の影響を受けているとされる。

上：類例の少ない剣菱形の前方部／中：切石を用いた羨道。奥に刳抜玄門がみえる／下右：玄室と石棚・石棺／下左：天井の形状は隅角を保つ長方形

埋葬施設は阿蘇凝灰岩の切石を用いた整美な複室横穴式石室で、くびれ部に向かって開口する。玄室長五・二mの長方形の玄室の天井高は六・五mと国内随一の高さを誇り、肥後地域に通有のドーム状に仕上げるための力石《ちからいし》を用いずに明確な隅角《すみかど》を形成する特徴を持つ。奥壁際に刳抜式《くりぬきしき》石棺が据えられ、石棺の上方に架け渡された石棚《いしだな》は、八代海沿岸地域の石室に特徴的な、内側に迫り出させた奥壁・側壁の腰石の上に載せている。玄門は前後二枚袖で、奥側は刳抜玄門となる。前室は羨道《せんどう》の中ほどを袖石と梱石《しきみいし》で区切ったものだが、天井部は羨道と高低差を持たずに面が揃う。また羨道入口の庇石《ひさしいし》には閉《へい》塞石《そくいし》をはめ込むための段がある。

墳丘から笠形石製表飾が出土した。

大野窟古墳は特異な墳形や隅角を保つ高天井の石室形態など極めて特徴的な古墳で、石棚なども含めて和歌山県・紀ノ川流域を拠点とした紀氏《きのうじ》の影響のもとに成立したとの指摘もある。火君《ひのきみ》の奥津城《おくつき》・野津《のづ》古墳群とあわせて磐井の乱後に存在感を誇示する。

火君の奥津城

野津古墳群

のづこふんぐん
八代郡氷川町大野・野津 ［マップ219頁L］

野津古墳群は、九州山地から派生する山塊と八代《やつしろ》平野に挟まれた台地状の丘陵上、氷川《ひかわ》右岸に立地している。北から天堤《あまつつみ》古墳（消滅）、姫《ひめ》ノ城《じょう》古墳、物見櫓《ものみやぐら》古墳、中《なか》ノ城《じょう》古墳、端《はし》ノ城《じょう》古墳の五基の前方後円墳が連なる。

時期的に最も遡る物見櫓古墳は、墳丘長六二mの六世紀前半の前方後円墳で前方部が狭長な形状となる。埋葬施設は墳丘主軸に直交する複室横穴式石室である。石室は石材の大半が抜き取られているが、玄室長三mほどの長方形に復元できる。閉塞《へいそく》は板石により羨《せん》門《もん》部で行う。ガラス製勾玉、金製垂《たれ》飾《かざり》付耳飾《つきみみかざり》、鉄鏃《てつぞく》、鉄鉾《てつほこ》、挂甲《けいこう》、鉄地《てつじ》金銅張胡籙金具《こんどうばりころくかなぐ》、鞍金具、陶質土器、須恵器のほか、刀剣を置くために石室にはめ込まれていた突起石片が出土した。陶質土器や耳飾は伽耶系の搬入品で、彼の地との独自の交流により入手したものと思われる。耳飾は佐賀県白《しろ》石《いし》町・龍王崎一号墳で類似品が出土している。

姫ノ城古墳は、墳丘長八六mの六世紀前半から中頃の前方後円墳である。くびれ部に造出《つくりだし》を持つ可能性が高い。周堤と周溝、そして墳丘上に円筒・朝顔形埴輪列がまわり、墳丘斜面に葺石《ふきいし》を施す。埋葬施設は複室横穴式石室と考えられ、レーダー探査の結果ではくびれ部に向かって開口するようである。須恵器のほか、後円部の周溝内からは石見型石製表《いわみがたせきせいひょう》飾《しょく》、靫《ゆき》や笠の支柱など、福岡県・岩戸《いわと》山《やま》古墳に次ぐ数の石製表飾が出土している。

火君は磐井の乱頃に台頭し、乱後に勢力を伸張した。奥は八代平野

中ノ城古墳は、墳丘長一〇二mの六世紀中頃の前方後円墳で、前方部は大きく開く。野津古墳群中最大規模を誇る。周堤と周溝、そして墳丘上に円筒・朝顔形埴輪列がまわり、葺石を施す。埋葬施設はくびれ部に向かって開口する複室横穴式石室。石材の大半が抜き取られているが、玄室は長さ四mで割石を積み上げる構造となる。奥壁際には石屋形が置かれている。玄門は前後二枚袖となる。家形・人物・馬形・靫形埴輪、笠形石製表飾のほか、鉄鏃、挂甲、胡簶《ころく》金具、鞍金具、辻金具、須恵器が出土した。このうち円筒埴輪は口径・器高が一mほどもある県下最大の大型品を含み、また、形象埴輪ではこの地域に特徴的なS字状半裁竹管文《はんさいちくかんもん》を施すものがみられる。

姫ノ城古墳は岩戸山古墳の被葬者とされる筑紫君磐井とほぼ同時期に有明海首長連合を支えた火君の盟主墳

端ノ城古墳は、墳丘長六七mの六世紀中頃から後半の前方後円墳で前方部は大きく開いている。くびれ部よりやや後円部寄りに土《ど》橋《ばし》が存在し、周溝、墳丘上に円筒埴輪列がまわる。葺石は斜面だけでなくテラス部分も覆っていたようである。

埋葬施設は不明だが、後円部中央で六・五m四方の河原石敷の遺構が確認されている。円筒埴輪、朝顔形埴輪、人物・馬形・鶏形埴輪などの形象埴輪が出土し、その一部にはS字状半裁竹管文がある。またガラス製丸玉も出土している。

火君《ひのきみ》の奥津城《おくつき》に比定される野津古墳群が規模を拡大する時期は、筑紫君磐《つくしのきみいわ》井《い》の乱の時期と並行するかやや遅れるため、肥後南部の勢力が乱を契機としてそれまでのヤマト政権との関係をさらに深めたことも想定できる。その結果、北部九州地域に影響を及ぼすまでに勢力が伸張したと考えられる。

右：姫ノ城古墳出土石見型石製表飾（氷川町教育委員会蔵）／左：物見櫓古墳出土金製垂飾付耳飾（氷川町教育委員会蔵、九州国立博物館寄託）

最古の肥後型石室

大鼠蔵尾張宮古墳

おおそぞうおわりのみやこふん／八代市鼠蔵町

［マップ219頁L］

上：古墳は河口に接した左側の独立丘陵上に立地する。手前は球磨川／左：海岸沿いの道から階段を上ると尾張宮があり、本殿の後ろの覆屋で石室が保護されている

大鼠蔵尾張宮古墳は、独立丘陵上に立地する五世紀前半の円墳。この丘陵は、古墳築造時は八代《やつしろ》海に注ぐ球磨《くま》川河口に浮かぶ独立した小島であった。丘陵上からは宇土《うと》半島や天草《あまくさ》方面の眺望が非常に優れている。

埋葬施設は扁平な割石を積む一辺二・二mほどの肥後型横穴式石室で、石室全面に赤色顔料が塗られている。石室内には石障《せきしょう》を巡らせ、主軸に平行する二つの仕切石によって中央と左右の空間に仕切っている。奥壁側の石障には円文が刻まれている。また、横口部と玄室床面には段差があり、前障はU字形に浅く刳《く》り込む。閉塞《へいそく》は玄門の前面で板石によって行われる。大鼠蔵尾張宮古墳の石室は、横口を持つ石障系石室（肥後型石室）の初現となる確実な例である。

北側の独立丘陵上に位置する小鼠蔵《こそぞう》一号墳は、中央部に蓋石を伴う石棺を据えた最古期の石障系石室。石室構造や円文の装飾は大鼠蔵尾張宮古墳と似ていて形式的には先行するものの、横口部の有無が定かではないため竪穴系の石室と位置づける研究者も多い。

上：最初期の肥後型石室。石障には円文が刻まれる／下：玄室床面と段差がある横口部。手前は前障

古墳は田之川内天満宮境内にある

肥後型石室の典型

田川内一号墳

たのかわちいちごうふん

八代市日奈久新田町［マップ219頁L］

田川内一号墳は、東から延びる丘陵端部の八代《やつしろ》平野と接する段丘上に立地している。五世紀後半の円墳とみられるが墳丘規模もわかっていない。

埋葬施設は玄室長二・四ｍの完成された整美な肥後型横穴式石室である。石室全面に赤色顔料が塗られている。石室には石障《せきしょう》を巡らせ、壁体は扁平な割石を積み上げる。屍床《ししょう》は仕切石によって分割されたコ字形配置となる。奥壁側の屍床には屋根石・袖石を伴い、石屋形の祖形と考えられる。

石障内面には同心円文が線刻され、石屋形前障の通廊に面した部分には小形の円文三個が並ぶ。横口部と玄室床面に段差はない。前障は二段のＵ字形に深く刳《く》り込んでいて、また横口部と袖石前面は、割石を積んだ後に板石を立てて積み石を覆う構造となり、肥後型石室としては発達した形態である。石室や装飾とも嘉島町・井寺古墳との共通点が多い。

蕨手刀子《わらびてとうす》、鉄剣、鹿角製刀装具《ろっかくせいとうそうぐ》、イモガイ製貝輪、須恵器が出土している。

二号墳と三号墳は墳丘と石障の石材の一部しか残っていないが、石障には一号墳と同様の同心円文と円文の線刻がある。

上：横口部の前障は深く２段のＵ字形に刳り込む。奥は石屋形
下：玄室からみた横口部と前障

阿蘇五岳を望む古墳群

中通古墳群・上御倉古墳・下御倉古墳

なかどおりこふんぐん・かみのおくらこふん・しものおくらこふん／阿蘇市一の宮町中通・手野 ［マップ220頁N］

中通古墳群は、有明海に注ぐ白川《しらかわ》支流域、阿蘇五岳《あそごがく》を望むカルデラ盆地の北東端部の低地に立地している。前方後円墳二基と円墳八基の現存十基からなる古墳群。北側の小嵐山《しょうらん》には説明板があり、阿蘇五岳を背景にして古墳群全体を俯瞰することができる。

古墳群のほぼ中央に位置する長目塚《ながめづか》古墳は、墳丘長一一二mの五世紀前半の柄鏡形《えかがみがた》の大型前方後円墳である。県下では氷川町・大野窟《おおのいわや》古墳に次ぐ規模を誇る。周溝と周堤を持ち、墳丘の全面に葺石《ふきいし》が施されている。また、墳丘テラスには一m間隔で円筒埴輪が立ち並んでいた。前方部は東岳川の河川改修により失われているが、墳丘主軸に平行して石棺系竪穴式石室があり、成人女性の人骨のほか、仿製内行花《ほうせいないこうか》文鏡《もんきょう》、勾玉、大刀、鉄《てつ》鏃《ぞく》、刀子《とうす》などが出土している。

上：長目塚古墳の前方部は河川改修で消失した。奥は阿蘇外輪山／下：中通古墳群と阿蘇五岳の根子岳

長目塚古墳と同じく東岳川西岸にある上鞍掛塚《かみくらかけづか》A古墳は、墳丘長六六mの前方後円墳。一方、東岳川東岸には径五九mと県下最大の勝負塚《しょうぶづか》古墳や、径四七mの車塚A古墳などの大型円墳が点在する。

五世紀前半代では県下最大規模の長目塚古墳を擁する中通古墳群は、六世紀後半になって北東部外輪山麓斜面の国造《こくぞう》神社周辺に墓域を移す。

国造神社の近くには上御倉古墳（径三三m）、下御倉古墳（径三〇m）の二基の大型円墳がある。埋葬施設はともに複室構造の横穴式石室で、奥壁に沿って石屋形を設置している。上御倉古墳の玄室は長さ三・六mで、奥壁・側壁とも玄室高の二分の一ほどの高さの腰石（阿蘇凝灰岩切石）を据える。玄門上端部の一角は楣石《まぐさいし》をはめ込むために枘《ほぞ》状に切り込まれている。また、閉塞石《へいそくいし》には人物の彩色がみられる。

この二つの古墳は阿蘇国造の奥津城《おくつき》とみられ、肥後一の宮・阿蘇神社を創建した速瓶玉命《はやみかたまのみこと》と妃の墓と伝わる。

上：上御倉古墳の横穴式石室は国造神社の参道脇から左に進んだ所にぽっかり口を開けている。看板の所に照明のスイッチがある／中：上御倉古墳の玄室と石屋形の側壁（天井石は手前に落下）／下：上御倉古墳の前室と楣石

竹田市・七ツ森古墳群

大分県

県内最大の円墳と特異な文様

葛原古墳・四日市横穴墓群

くずわらこふん・よっかいちよこあなぼぐん／宇佐市葛原・四日市［マップ214頁F］

葛原古墳は低地に築かれた県下屈指の大型円墳

葛原古墳は駅館《やっかん》川下流域左岸の微高地に立地している。対岸の台地上には赤塚古墳をはじめとする川部・高森古墳群が位置する。径五三mの五世紀後半の円墳で、造出付円墳《つくりだしつきえんぷん》を除けば県下最大となる。埋葬施設は長さ二・五mの竪穴系横口式石室で、石室主軸に平行して仕切石があり、有明海沿岸地域に分布が集中する、刀剣を置くための突起石を備えている。

円筒埴輪のほか、石室から四獣鏡、瑪瑙製勾玉《めのうせいまがたま》、鉄剣、眉庇付冑《まびさしつきかぶと》、三角板《さんかくいた》革綴短甲《かわとじたんこう》、頸甲《あかべよろい》などが出土している。

国道一〇号線を挟んで葛原古墳の南西側には、南から派生する八つ手状の丘陵崖面に立地する四日市横穴墓群がある。六世紀後半から七世紀にかけて造営された一六一基からなる横穴墓群で、一鬼手《いちきで》支群と加賀山支群に分かれる。いずれも凝灰岩の崖面に三―六段にわたって並んでいる。一鬼手支群の最高所にあって最も規模が大きな六二号墓の飾縁《かざりぶち》には、同心円文が赤で描かれている。また、加賀山支群四〇号墓の飾縁の上部には、黒の縁取りの内側を赤で塗った、他に例がない楓状の文様を並べている。こうした装飾を持つ横穴墓は覆屋で保存されている。

葛原古墳と四日市横穴墓群の間の丘陵部ある貴舟平下《きふねびらした》の裏山横穴墓群《うらやまよこあなぼぐん》には、南海に生息するスイジガイを形象化したとみられる六脚輪状文《ろっきゃくりんじょうもん》を飾縁に描いた横穴墓がある。この文様も他に例をみない特異なものである。

上：四日市横穴墓群の一鬼手支群62号墓。飾縁とそのまわりに同心円文が描かれている／下：段造成された四日市横穴墓群の加賀山支群。最高所には楓状の装飾を持つ40号墓がある

赤塚古墳と方形周溝墓群

宇佐国造に繋がる首長系譜

川部・高森古墳群

かわべ・たかもりこふんぐん／宇佐市川部・高森［マップ214頁F］

川部・高森古墳群は、周防《すおう》灘に注ぐ駅館《やっかん》川下流域右岸の台地上に立地している。「宇佐風土記の丘」として六基の前方後円墳、複数の円墳、方形周溝墓群を繋ぐ散策路が整備され、大分県立歴史博物館も併設されている。

赤塚古墳は墳丘長五八mの四世紀前半に築造された初期の前方後円墳。前方部が後円部に比べて低くなる古式の形状で、周溝が墳丘に沿って巡る。埋葬施設は箱形石棺で、三角縁神獣鏡四面、碧玉製管玉《へきぎょくせいくだたま》、大刀、鉄斧《てっぷ》が出土した。このうち一面の三角縁神獣鏡は福岡県苅田《かんだ》町・石塚山古墳、筑紫野市・原口古墳から出土した鏡と同型である。赤塚古墳の傍らには方形周溝墓群が営まれていた。

免ヶ平《めんがひら》古墳は、墳丘長五一mの四世

後円部のみが復元整備されている免ヶ平古墳。石室を観察する施設があるが、通常は見学できない

免ヶ平古墳竪穴式石槨の出土品（鉄剣、三角縁神獣鏡、玉類、碧玉製石釧。大分県立歴史博物館蔵）

紀後半の前方後円墳で、前方部は狭長となる。埋葬施設は墳丘主軸に直交する五・一mの粘土床《ねんどしょう》に割竹形《わりたけがた》木棺を据えた竪穴式石槨《せっかく》及び箱形石棺である。竪穴式石槨は未盗掘であったため、三角縁神獣鏡、斜縁《しゃえん》神獣鏡、碧玉製石《いし》釧《くしろ》、翡翠製勾玉《ひすいせいまがたま》、鉄剣、大刀、鉄槍、鉄鎌、刀子《とうす》など豊富な副葬品が出土し、前期古墳のセットを知る上で貴重な資料として重要文化財に指定されている。博物館内に竪穴式石槨のレプリカが展示されている。箱形石棺は竪穴式石槨と平行してつくられ、二十歳前後の女性の人骨のほか、竪穴式石槨出土品と酷似する斜縁神獣鏡、碧玉製石釧二個、勾玉、ミニチュアの刀子が出土した。

上：鶴見古墳／下：解体後復元された鶴見古墳の石室は格子扉越しに見学できる

これらに続く前方後円墳は角房《かくぼう》古墳、車坂古墳、福勝寺古墳である。角房古墳は墳丘長四七mで墳丘に沿って周溝を巡らせる。車坂古墳は墳丘長五五mで、墳形や規模が赤塚古墳に近い。墳丘に沿った周溝を伴う。五世紀前半頃とみられる群中最大規模の福勝寺古墳は、墳丘長七八mを測る。前方部が狭長な形状で、後円部には造出《つくりだし》を備えている。

鶴見古墳は、墳丘長三一mを測る六世紀前半から中頃の前方後円墳で、前方部が短く、墳丘に沿った周溝を持つ。埋葬施設はくびれ部に向かって開口する横穴式石室である。ハ字形に開く羨《せん》道《どう》はやや右側に偏って石室に取り付く。

川部・高森古墳群では、弥生時代以来の伝統的な箱形石棺を埋葬施設とする初期の前方後円墳・赤塚古墳が築かれた。後続する免ヶ平古墳では畿内的な竪穴式石槨と割竹形木棺の組み合わせが採用され、威信財の腕輪形石製品（石釧）も伴うことなどから、石塚山古墳がある京築《けいちく》地域とともにいち早くヤマト政権の強い影響を受けた地域といえる。川部・高森古墳群の首長系譜は宇佐国造《うさのこくぞう》に繋がっていくとみられる。

宇佐平野東端部の豊後高田市には、入津原丸山《にゅうづばるまるやま》古墳（造出付円墳《つくりだしつきえんぷん》・径七〇m、竪穴式石槨＋箱形石棺）や真玉《またま》大塚《おおつか》古墳（前方後円墳・墳丘長一〇〇m）という中期の大型首長墓が存在する。これらは川部・高森古墳群を営んだ首長の系譜と繋がるのかもしれない。

県内最大の前方後円墳と九州最大の円墳

小熊山古墳・御塔山古墳

こぐまやまこふん・おとうやまこふん／杵築市狩宿［マップ218頁J］

上：小熊山古墳と御塔山古墳。奥は別府湾／下：上２つは御塔山古墳出土の囲形埴輪。下は九州唯一の木樋形土製品（杵築市教育委員会蔵）

小熊山古墳と御塔山古墳は、国東《くにさき》半島の南東部、別府湾の北端に突き出た岬上に立地している。

小熊山古墳は丘陵緩斜面に築かれた四世紀後半の前方後円墳である。墳丘長一一七ｍは県下最大で、四世紀代の古墳としては九州屈指の規模を誇る。円筒埴輪、鰭付《ひれつき》楕円筒《だえんとう》埴輪、壺形埴輪が出土している。円筒埴輪は口縁部に段がある特殊器台の流れを汲むもので、方形または巴形の透かしを持つ。九州の円筒埴輪としては最古の例だろう。

御塔山古墳は海と接する独立丘陵上に築かれた径七五ｍの五世紀前半の造《つくり》出付《だしつき》円墳。円丘部は四段築成で、小熊山古墳の後円部径をも凌ぎ、円墳としては九州最大規模。周溝を持つ。埋葬施設は未調査である。この古墳からは家、盾、船、短甲などの形象埴輪のほか、九州で唯一となる木樋形《もくひがた》土製品と、熊本県・上官塚《じょうかんづか》古墳など九州で四例のみの囲形《かこいがた》埴輪が出土した。木樋形土製品と囲形埴輪は畿内の有力首長が執り行う浄水を用いた葬送儀礼が形象化されたもので、実物の木樋は福岡県行橋《ゆくはし》市・延永《のぶなが》ヤヨミ園《その》遺跡の四世紀代の事例がある。有力首長の死に伴うこうした儀礼が前方後円墳ではなく造出付円墳である御塔山古墳で再現されていることから、被葬者がどのような立場であったのか興味深い。

小熊山古墳と御塔山古墳は国前国《くにさきのこく》造《ぞう》に繋がる首長系譜と考えられる。

二つの古墳の七㎞ほど北東の伊予灘に面した台地上には下原《しもばる》古墳（消滅）が位置する。下原古墳は、径一五ｍの円丘部に撥形《ばちがた》に開く短い前方部を持つ、豊後地域では最古の前方後円墳で、三世紀末から四世紀初頭頃に位置づけられる。埋葬施設は組合式木棺で、河原石積みの竪穴式石槨《せっかく》に納められていた。

別府湾に面した
巨大横穴式石室

鬼ノ岩屋一号墳・二号墳

おにのいわやいちごうふん・にごうふん／別府市北石垣［マップ218頁J］

鬼ノ岩屋一号墳・二号墳は、別府湾《べっぷ》に面した扇状地に立地する円墳で一連の首長墓系譜である。一号墳は上人《しょうにん》小学校敷地内、二号墳はその南側にある。

一号墳は径二三ｍを測る六世紀末の円墳。埋葬施設は複室横穴式石室で玄室長二・二ｍのやや横長長方形となる。玄室には天井高の二分の一の高さの腰石を据える。玄室奥壁に沿って、寄棟の屋根形の天井石を載せた石屋形を設置する。また、玄門上端部の一角に楣石《まぐさいし》を架け渡すための枘《ほぞ》状の切り込みがあることから、肥後北部地域の影響を受けていることがわかる。前室の屍床《ししょう》に面した玄門に靫《ゆぎ》、鞆《とも》、三角文が、前室右側壁の腰石には山形文が描かれる。

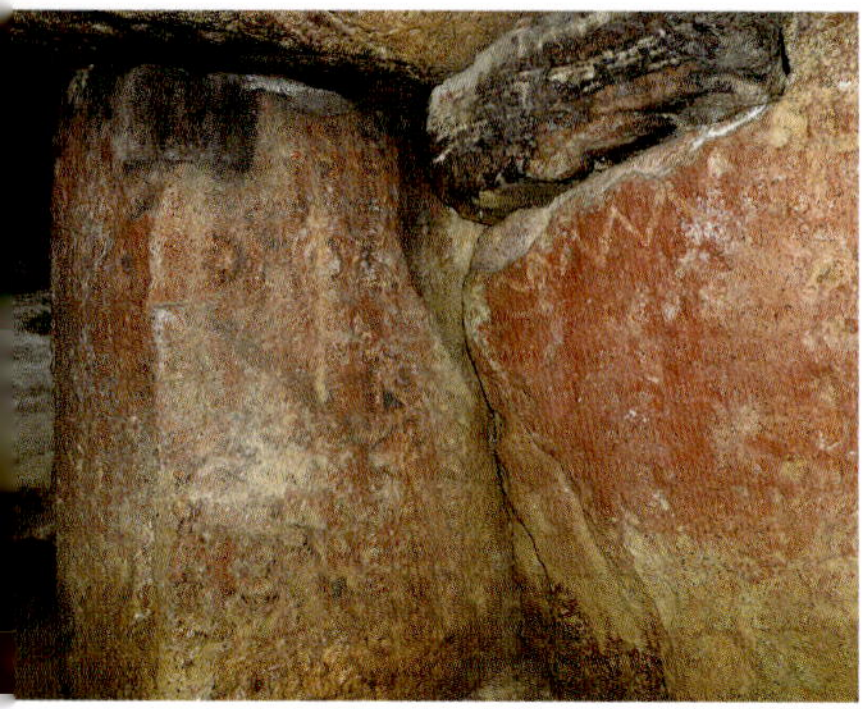

上：１号墳の玄室。手前は落ちた石屋形の天井石／下：１号墳前室右側壁の黄色の山形文。玄門上部に楣石をはめ込むための切り込みがある

二号墳は径約三〇ｍの六世紀後半の円墳。埋葬施設は横穴式石室で、長さ四・二ｍの玄室には天井高の三分の一ほどの高さの腰石を用いる。奥壁に沿って板石の棺床を置き、その前面には邪視文《じゃしもん》とされる二個一対の彫り込みがある。また右側壁際には小形の石屋形状の施設が置かれている。閉塞《へいそく》は玄門部で行われ、二枚一対の観音開きの扉石が残っている。二号墳にも装飾があり、玄室側壁（石屋形状施設奥壁）と玄門に、同心円文などが黒い顔料で描かれている。

鬼ノ岩屋二号墳の玄室規模は福岡県みやこ町・橘塚《たちばなづか》古墳に匹敵する県内屈指の大きさを誇るが、一㎞ほど南には鬼ノ岩屋二号墳の石室を凌駕する可能性を秘めた鷹塚《たかのつか》古墳（方墳・一辺二七ｍ）が存在する。

２号墳の玄室。棺床前面には邪視文がある

二つの終末期古墳

丑殿古墳・古宮古墳

うしどのこふん・ふるみやこふん／大分市賀来・三芳［マップ218頁J］

丑殿古墳は、大分川左岸の丘陵裾部に立地する七世紀初頭前後の終末期古墳。墳丘の形状はわかっていない。上《かみ》片面《かためん》公民館の裏手にある。

埋葬施設は長さ二・五mの方形の横穴式石室で、奥壁は一枚石、側壁は腰石の上に切石を積んでいる。石室の主軸に平行して据えられた長さ二・三mの畿内型家形石棺の棺蓋は寄棟《よせむね》の屋根形で、方柱状の立体的な縄掛突起《なわかけとっき》を四カ所につくり出す。畿内型の家形石棺の事例として県下では別府《べっぷ》市・実相《じっそう》寺《じ》遺跡公園内の二例が知られ、少なくともそのどちらかは、終末期の大型石室を埋葬施設とする方墳・鷹塚《たかのつか》古墳に納められていた可能性が高い。

古宮古墳は、大分平野の西端部、大分川河口近くの見晴らしの良い南向き斜面に立地している。一辺一二mほどの七世紀後半の方墳。墳丘の前面にテラスを備え、また墳丘の背後には周溝を削り出す。

埋葬施設は南に開口する九州唯一の横口式石槨《よこぐちしきせっかく》である。巨大な直方体の阿蘇凝灰岩塊を奥行二・二m、幅と高さ〇・八mに掘り込んで木棺を納める空間をつくり、その前面の切石の側壁の上に巨大な天井石を載せて羨道《せんどう》とする。天井石下面は側壁と組み合うように凸形に削り出されている。

古宮古墳の被葬者は、『日本書紀』天武紀の記述から、壬申《じんしん》の乱で功績があった大分君《おおきだのきみ》恵尺《えさか》（六七五年没）もしくは稚臣《わかみ》（六七九年没）と想定できる。畿内を中心に分布する横口式石槨の影響を受けた石室の例に、九州では福岡県福津市・宮地嶽古墳などがある。

丑殿古墳。上：石室主軸に平行して据え置かれた畿内型家形石棺／下：切石を用いた玄室と家形石棺。左が奥壁鏡石

古宮古墳。上：風水思想に基づいてつくられた。方墳の後背には周溝がまわる／下：九州では唯一、横口式石槨を埋葬施設とする

断崖に密集する横穴墓群

滝尾百穴横穴古墳群

たきおひゃっけつよこあなこふんぐん／大分市羽田 ［マップ218頁Ｊ］

横穴は４段にわたって築かれている

滝尾百穴横穴古墳群は大分川下流域の右岸、河岸段丘にせり出す丘陵崖面に築造された横穴墓群。滝尾中学校のグラウンドに面して存在する。四段にわたって並ぶ七十五基の横穴墓の姿が一望できる事例は少ない。六世紀後半から七世紀代に営まれたとみられる。

墓室はいずれも単室構造で、前庭部は削平されている。墓室の天井形態にはドーム形、アーチ形、妻入の家形が混在し、いずれも奥壁際に一段高い屍床《ししょう》をつくり出している。早くから開口していたこともあり、出土遺物などの詳細はわからない。

この地域では群集墳がほとんど確認されておらず、阿蘇溶結凝灰岩が発達した地質的な要因から主として横穴が造営されたものとみられる。大分川を遡った丘陵に位置する高来山《こうらいさん》横穴墓群には玄室内部に赤色顔料を塗布した例もみられる。

大分県内の横穴墓は、滝尾百穴横穴古墳群がある大分川中下流域をはじめ、大野川上中流域、駅館《やっかん》川中流域、山国川下流域など主要河川に面して広汎に分布する。

飾縁や墓室の形状がわかる

石棚を持つ装飾古墳

千代丸古墳

ちよまるこふん／大分市宮苑［マップ218頁J］

墳丘の上に手づくり感にあふれた覆屋が建っている

千代丸古墳は、大分平野の西部、大分川支流の賀来《かく》川に面した段丘端部に立地している。六世紀末から七世紀初頭の円墳。墳丘がかなり削られているが、径二〇－二五mほどと思われる。

埋葬施設は長さ三・六mの横穴式石室で、玄室幅よりも広い羨道《せんどう》が接続する。玄室の腰石と羨道部には高さを揃えた大型石材を使っている。玄室奥壁際の棺床の上に石棚が架け渡され、棺床の前面にも一段低い板石を敷いて屍床《ししょう》とする。石棚の前面には複線山形文、四角文、人物が線刻されている。複線山形文と四角文を連続的に組み合わせた文様は例がなく、家（集落）をあらわしたものともみられる。山形文自体も別府市・鬼ノ岩屋一号墳と日田《ひた》市・ガランドヤ二号墳など事例が少ない。

筑前地域や筑後地域では石棚と装飾が首長墓において共存する事例が多く、豊後地域では筑後川上流域の玖珠《くす》町・鬼ヶ城《おにがじょう》古墳（石棚＋線刻）にみられる。千代丸古墳の石室も、玖珠を経由して筑後地域に通じるルート上に位置していることを考えると、その影響が及んでいるといえよう。

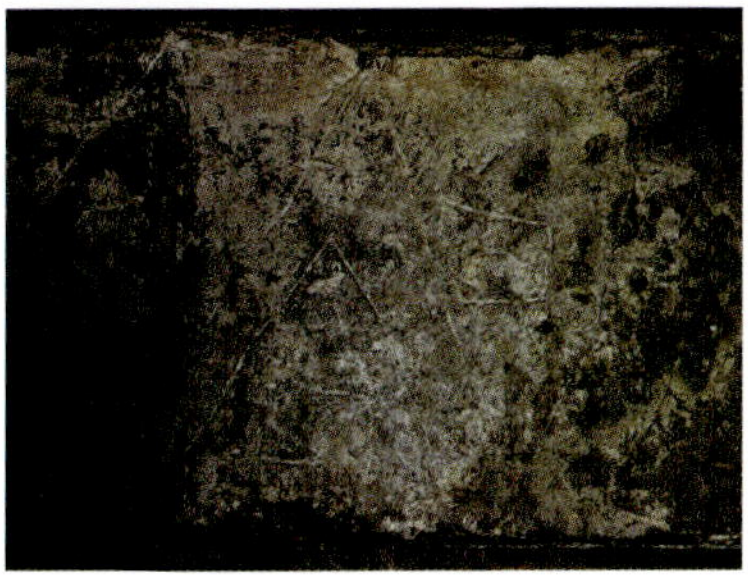

上：石棚と棺床を持つ横穴式石室／下：石棚前面の二重線三角文と四角文の線刻

県内最大級の前方後円墳

亀塚古墳

かめづかこふん／大分市里［マップ218頁J］

亀塚古墳は別府《べっぷ》湾に注ぐ大分川河口を見下ろす丘陵先端部に立地している。四世紀末から五世紀初頭の墳丘長一一五mの前方後円墳で、県下では別府湾北岸の小熊山《こぐまやま》古墳に次ぐ規模を誇る。くびれ部の片側には方形の造出《つくりだし》がある。

県下最大級の前方後円墳。葺石は部分的に復元されている

当時の墳丘は石英質の葺石《ふきいし》で覆われていたため輝いてみえ、海上からも目立つ存在であったと思われる。墳頂と各テラスには円筒埴輪と朝顔形埴輪が並ぶ。また前方部前端沿いに、両側の谷に排水する暗渠《あんきょ》が備えられている。

埋葬施設は墳丘主軸に沿う長さ三・二mの緑泥片岩《りょくでいへんがん》製の箱形石棺（第一埋葬施設）と、竪穴式石槨《せっかく》に納められた刳抜式《くりぬきしき》石棺（第二埋葬施設）である。

後円部墳頂と造出から家形埴輪が、後円部からは準構造船の埴輪片が、そのほか口縁部外面にスイジガイ文様の線刻を持つ朝顔形埴輪も複数出土している。スイジガイを表現した事例には大阪府・仲津山《なかつやま》古墳出土の円筒埴輪や岡山県・金蔵山《かなくらやま》古墳の盾形埴輪などがあり、宇佐市・貴船平下《きふねびらした》の裏山横穴墓《うらやまよこあなぼ》の飾縁《かざりぶち》に描かれた六脚輪状文《ろっきゃくりんじょうもん》も、南海に生息し魔除けの力を持つと信じられるスイジガイと考えてよい。第一埋葬施設からは大刀などが出土している。

亀塚古墳から北に延びる尾根上には、五世紀後半の前方後円墳・小亀塚古墳（墳丘長二五m）が築かれている。また亀塚古墳の南東には方格規矩鏡《ほうかくきくきょう》を出土した上《うえ》ノ坊《ぼう》古墳がある（消滅）。

亀塚古墳は、県内最大の杵築市・小《こ》熊山《ぐまやま》古墳に続く豊後海部《あまべ》の広域首長墳で、臼杵《うすき》市・臼塚古墳へとその系譜が繋がるものと考えられる。

上：後円部墳頂の箱形石棺と埴輪列のレプリカ／下：スイジガイの線刻がある朝顔形埴輪（大分市教育委員会蔵）

南海産の貝輪を装着した女性首長

築山古墳

つきやまこふん／大分市神崎［マップ218頁Ｊ］

築山古墳は、佐賀関《さがのせき》半島の北西部、別府《べっぷ》湾に面した丘陵先端部に立地し、神崎八幡神社境内にある。墳丘長九〇mの五世紀前半の前方後円墳で、県内では杵築《きつき》市・小熊山《こぐまやま》古墳、大分市・亀塚古墳に次ぐ規模となる。毎年十月には「石棺様まつり」が催される。

上：２つの埋葬施設は埋め戻され、その上に覆屋が建てられている／下：南棺出土品。左からイモガイ製貝釧、捩文鏡、毛抜形鉄器、笄（神崎八幡神社蔵）

埋葬施設は墳丘主軸に平行する二基の緑泥片岩《りょくでいへんがん》製の箱形石棺である。南棺は長さ二m、北棺は長さ一・八mを測る。このうち墳丘中央部に位置する南棺には三体の人骨が遺存していた。性別が判明した中央部の女性人骨は、頭位に捩《ねじり》文鏡《もんきょう》を置き、右腕に南海産のイモガイ製貝釧《かいくしろ》を装着した状態で麻・絹の織物の上に安置されていた。また、石棺内からは三四kgもの大量の朱が出土し、大刀、鉄鏃《てつぞく》、鉄斧《てつぷ》、鋤先《すきさき》、毛抜形《けぬきがた》鉄器、笄《こうがい》、ガラス小玉が副葬されていた。一方の北棺には女性一体を埋葬し、両腕にやはり南海でしか採れないオオツタノハ製貝釧各五個が、右腕にはイモガイ製貝釧も装着され、このほかに管玉が出土している。

築山古墳の北西一kmには、後漢鏡と鍬形石《くわがたいし》（一八六頁参照）二点などが二体合葬の箱形石棺から出土した猫塚古墳（四世紀後半・消滅）があり、築山古墳に先行する首長墓と考えられる。

被葬者は海部の女性首長。写真のすぐ左側が別府湾

臼塚古墳

最古の石製表飾と豊後海部の首長

うすづかこふん／臼杵市稲田 [マップ218頁J]

後円部には臼杵神社の社殿が建つ（左奥が前方部）

臼塚古墳は、臼杵《うすき》湾の最奥部、熊崎川河口を望む台地の端部に立地し、臼杵神社の境内にある。五世紀前半の前方後円墳である。墳丘長八七mの墳丘くびれ部の東寄りに二基の短甲形の石《せき》製表飾《せいひょうしょく》が立てられていた。

埋葬施設は墳丘主軸に平行する二基の舟形石棺（長さ二・九m、二・三m）で、現在は墳丘脇の覆屋に移されている。棺蓋と棺身の長辺側に各二個の方柱状縄掛突起《なわかけとっき》、短辺側に各一個の棒状縄掛突起をつくり出す。それぞれの棺には熟年男女の組み合せで二体が埋葬されていた。位至三公鏡《いしさんこうきょう》、変形神獣鏡、鉄剣、三角板革綴短甲《さんかくいたかわとじたんこう》、南海産のイモガイ製貝釧《かいくしろ》が副葬され、そのほか墳丘から短甲形埴輪が出土している。

臼塚古墳から出土した四体の人骨すべてに潜水士に多い外耳道骨種《がいじどうこつしゅ》が認められた事実は、臼塚古墳に葬られた首長たちが海部《あまべ》であったことの証《あかし》となる。また臼塚古墳は、後に有明海の首長連合の象徴的な威信財となった石製表飾を採用した最古期の古墳としても知られている。

熊崎川の一㎞ほど下流の河口に面した丘陵上には、後続する首長墓・下山《しもやま》古墳が位置する。

上：舟形石棺から出土した人骨は海士（あま）の特徴を備えていた
下：短甲形石製表飾は九州最古

鉄鋌が出土した古墳

下山古墳

しもやまこふん／臼杵市諏訪［マップ218頁J］

上：熊崎川河口の丘陵上に立地している。古墳は写真右の木立の中にある／中：くびれ部に立つ草摺形石製表飾（左）と後円部の石棺の覆屋（右奥）／下：屋根の板材を押さえるための押縁が表現された家形石棺

下山古墳は、臼杵《うすき》湾の最奥部、熊崎川河口を望む丘陵尾根の先端部に立地している。舗装道路から山道に入り五分ほど歩いた所にある。墳丘長六八mの五世紀中頃の前方後円墳。後円部の南西側に造出《つくりだし》を持ち、墳丘斜面に葺石《ふきいし》を施す。墳丘のくびれ部には甲《よろい》の草摺《くさずり》部分の石製表飾《せきせいひょうしょく》が立っている。

埋葬施設は、棟の延長上に棒状縄掛《なわかけ》突起《とっき》をつくり出した阿蘇凝灰岩製の組合式家形石棺で、墳丘主軸に平行して直葬《じきそう》する。屋根形の棺蓋は切妻で押縁《おしぶち》が表現されている。組合式の身には石枕をつくりつけた底石を敷く。棺内には二体（一体は男性）が埋葬され、神獣鏡、貝輪、鉄剣、鉄刀、鉄斧《てつぷ》、毛抜《けぬき》形《がた》鉄器を副葬していた。また、棺外から二十六枚以上の鉄鋌《てってい》が出土している。長さは一八－二二㎝で、中央がくびれた撥形《ばちがた》である。

九州で出土する鉄鋌のうち、副葬品は福岡県小郡市・花聳《はなそげ》二号墳、福津市・福間割畑《ふくまわりばたけ》古墳及び宮司井手ノ上《みやじいでのかみ》古墳、供献品として福岡県宗像市・沖ノ島祭祀遺跡の例がある。

筑後地域の影響を受けた装飾古墳

鬼塚古墳

おにづかこふん

玖珠郡玖珠町小田［マップ217頁Ｉ］

墳丘はほとんど削られ、石室のまわりが石垣でかためられている

鬼塚古墳は、筑後川上流域左岸、万《は》年《ね》山から北に延びる扇状地の端部に立地している。民家の庭先にあり、周囲に石垣を築いた時に墳丘が著しく損なわれている。六世紀後半の径二〇m程度の円墳と考えられる。

埋葬施設は玄室長三・六mの複室横穴式石室である。奥壁鏡石《かがみいし》には巨石を用いるが、側壁は四―五個の石を基底部に据えて持ち送りながら石積みを行っている。側壁の中ほどがわずかに張り気味となる。奥壁と側壁、玄門右袖の前室側に同心円文、舟、人物が赤色で描かれる。

装飾のモチーフや石室の構造は、日田市・穴観音古墳やガランドヤ一号墳などと同様に、福岡県うきは市・日岡古墳にはじまる筑後川中流域の装飾古墳の影響を受けている。

鬼塚古墳の東側の丘陵には、舟と人の線刻と石棚を持つ鬼ケ城《おにがじょう》古墳がある。

筑後川上流域の後期の首長墳としては豊後地域最大級の日田市・朝日天神山二号墳（墳丘長六二m・六世紀中頃）がある。墳丘に沿う二重の周溝を伴い、百済に祖型がある特異な形の平底壺（須恵器系埴輪）が出土している。

上：玄室奥壁の鏡石とその上の石材に描かれた同心円文は筑後川中流域の影響を受けている／下：赤で描かれた奥壁の同心円文

幾何学文と具象文が混在する装飾古墳

ガランドヤ古墳群

がらんどやこふんぐん／日田市石井町【マップ216頁H】

ガランドヤ古墳群は筑後川上流の三《み》隈《くま》川左岸の段丘上に立地し、円墳三基からなる。古墳公園として整備されている。

一号墳は径二九mほどの大型円墳。六世紀後半の築造で、埋葬施設は複室横穴式石室。装飾は奥壁 鏡石《かがみいし》と屍床《ししょう》の前面にみられ、人物、動物、鳥のほか、舟や円文、×形の文様が描かれる。赤で文様を描いた後に緑で縁取りしたものが多い。鉄鏃《てつぞく》、馬具、耳環、玉、須恵器、土師器などが出土した。

二号墳は径二三mの円墳。六世紀中頃の築造で、埋葬施設は単室もしくは複室の横穴式石室。装飾は奥壁と側壁に認められ、奥壁の装飾は全面に赤い顔料を塗った後に緑の顔料で描かれている。馬上で弓を引く人物、同心円文、複線山形文が描かれている。珠文鏡《しゅもんきょう》、鍔《つば》に銀象嵌がある大刀、鉄鏃、鉇《やりがんな》、鉄《てつ》鑿《のみ》、銅釧《どうくしろ》、装身具の玉類が出土した。

ガイダンス棟では、解説パネルや古墳レプリカ、動画などで古墳の概要を知ることができる。一号墳は限定公開、二号墳は環境調査のための施設で非公開。遺物は日田市埋蔵文化財センターで展示されている。

日田盆地には穴観音古墳、法恩《ほうおん》寺《じ》山《やま》古墳群、さらに上流には鬼塚古墳などの彩色系の装飾古墳がある。また三隈川を下った筑後川中流域は装飾古墳が濃密に分布する地域で、日田盆地もこの地域の影響を受けたものと考えられる。ただ、二号墳にみえる複線山形文の存在など地域的な特徴もある。

上：右からガイダンス棟、１号墳、２号墳と保護施設／中：１号墳と保護施設の状況／下：１号墳の石室

宮崎県

第一古墳群
The First Burial Mounds
西都原ガイダンスセンター このはな館
Saitobaru Guidance Center Konohanakan
안내소 고노하나관
观光综合服务中心 木花馆
宮崎県立 西都原考古博物館
미야자키현립 사이토바루고고박물관
宫崎县立西都原考古博物馆
第二古墳群
The Second Burial Mounds
第三古墳群
The Third Burial Mounds
西都市・西都原古墳群

県北最大の古墳群

南方古墳群

みなかたこふんぐん

延岡市天下町・吉野町・大貫町・野田町・野地町

[マップ220頁O]

南方古墳群は、日向《ひゅうが》灘に流れ込む五《ご》ヶ瀬《かせ》川と大瀬川が合流する中州とその周辺の丘陵部に立地している。四世紀末から六世紀にかけて造営された古墳群である。六基の前方後円墳を含む四十三基からなり、五群に分かれる。

五ヶ瀬川に面し東に突き出した丘陵部の天下《あもり》支群には、四世紀末から五世紀前半代の前方後円墳二基が築かれ、南方古墳群の中心的な存在となる。一〇号墳は墳丘長七九mの群中最大の規模で、墳丘主軸に平行する粘土槨《ねんどかく》から勾玉、管玉、竪櫛《たてぐし》、大刀などが出土している。谷を挟んだ南側の天下神社には墳丘長七一mの一号墳がある。いずれも前方部が狭長な墳形である。

野田支群は五ヶ瀬川を挟んで天下支群と対峙する。三七号墳の墳丘は失われているが、棺身と棺蓋の短辺に一個、棺蓋の長辺に各二個の方柱状縄掛突起《なわかけとっき》を持つ刳抜式《くりぬきしき》舟形石棺が残る。

野田支群と同じ中州にあり大瀬川に面した大貫《おおぬき》支群は、墳丘長五八mの五世紀中頃の三九号墳（浄土寺山《じょうどじやま》古墳・前方後円墳）が盟主墳となる。埋葬施設は割竹形《わりたけがた》木棺で、竪櫛四十八本、長方板革綴短甲《ちょうほういたかわとじたんこう》、三角板革綴眉庇付《さんかくいたかわとじまびさしつき》冑《かぶと》、鉄剣など、豊富な遺物が出土した。鉄剣の中には南九州の地下式横穴墓に多くみられる蛇行剣《だこうけん》も含まれている。

二四号墳は径二一mを測る六世紀後半の円墳。大将軍神社から三九号墳に向かう小径の左側の民家の裏手にある。埋葬施設は玄室長四・二mの県北最大の横穴式石室で、わずかに側壁が張り出している。奥壁・左側壁は三段、右側壁は四段の凝灰岩の割石を積んでいる。大刀、鉄鏃《てつぞく》が出土した。

南方古墳群の北東側、五ヶ瀬川から分岐する祝子《ほうり》川の北側丘陵には、墳丘長一一〇mを測る県北最大の前方後円墳・菅原神社古墳がある。天下支群の前方後円墳と相前後する時期であろう。

上：群中最大の天下支群10号墳と五ヶ瀬川／中：野田支群37号墳の舟形石棺／下：大貫支群24号墳の横穴式石室は県北最大

平坦な台地の縁辺に前方後円墳が並ぶ。左手前は群中最大の39号墳

二十四基の前方後円墳群

川南古墳群

かわみなみこふんぐん

児湯郡川南町川南 【マップ220頁P】

川南古墳群は、宮崎平野北部、日向《ひゅうが》灘に注ぐ小丸《おまる》川左岸の台地上に立地している。二㎞ほど下流には持田《もちだ》古墳群が位置する。三世紀末―六世紀代にかけて造営されたと考えられる古墳群で、二十四基もの前方後円墳のほか、円墳二十五基、方墳一基からなる。前方後円墳は小丸川に面した台地縁辺部に集中し、前方部は小丸川下流側を向く。

このうち墳丘長七五mの一〇号墳は前方部が撥形《ばちがた》に開く低平な古墳で、時期的に最も遡るものと考えられる。群の西側に築かれた三九号墳は墳丘長一一二mの柄鏡形《えかがみがた》前方後円墳で、群内最大の規模である。墳丘長一〇七mの一一号墳がこれに続く。川南古墳群の前方後円墳の大半が柄鏡形の墳形となるが、墳丘長四二mの四五号墳は前方部が短い帆立貝式の前方後円墳で、台地縁辺部を離れた台地内側に占地し、また唯一前方部を南側に向ける。

墳丘長一〇〇mを超す大型前方後円墳二基を含む有力首長の墓域であるが、最大の三九号墳を含めその多くが盗掘を受けているとされ、調査が及んだ古墳も少ないため詳細はわからない。

上：10号墳は前方部が撥形に開く古式の墳形
下：低く平らな10号墳の墳丘

持田古墳群と小丸川。宮崎では「原（ばる）」と呼ばれる台地上に古墳が築かれることが多い

三十面を超す銅鏡が出土

持田古墳群

もちだこふんぐん

児湯郡高鍋町持田 [マップ220頁P]

持田古墳群は、宮崎平野北部、小丸《おまる》川下流域左岸の台地上を中心に展開している。二kmほど上流には川《かわ》南《みなみ》町・川南古墳群が位置する。四世紀後半から七世紀代にかけて営まれた古墳群で、十基の前方後円墳と七十五基ほどの円墳からなる。前方後円墳は前方部が下流側に向いている。

群中で時期的に遡る古墳は墳丘長八五mの四八号墳で、墳形は前方部が撥形《ばちがた》に緩やかに開く形状となる。台地南側の尾根上には四七号墳・四六号墳と、五〇m級の柄鏡形《えかがみがた》の前方後円墳が順次つくられている。一方、台地の北端部縁辺に単独で位置する一号墳（計塚《はかりづか》）は墳丘長一二〇mの群中最大の前方後円墳である。埋葬施設は狭長な竪穴式石槨《せっかく》に納められた舟形木棺。一号墳は四八号墳に近い時期のものと考えられ、四世紀後半代としては宮崎平野南部の宮崎市・生目《いきめ》二二号墳（墳丘長一〇一m）をも凌ぐ九州最大の規模を誇る。

群中最大の1号墳（計塚）は前方部が狭長な形

その後、五世紀代には台地を離れた南東側の沖積地に、家形埴輪を出土した六二号墳（亀塚）がつくられる。この古墳は墳丘長五一mの帆立貝形前方後円墳で、他の古墳との占地の違いや帆立貝形前方後円墳という点が川南古墳群四五号墳と共通している。一五号墳（石舟塚・四六m）は舟形石棺を埋葬施設とする。二六号墳（山ノ神塚・四六m）は前方部が発達した形状で、六世紀前半頃の築造と考えられる。新羅に多い上円下方環《じょうえんかほうかん》タイプの三葉環頭《さんようかんとう》大刀《たち》と小刀がセットで出土しているが、これらは国産の可能性も指摘されてい

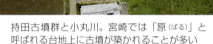

右：26号墳（山ノ神塚）出土の三葉環頭大刀・小刀（宮崎県立西都原考古博物館蔵）／左：１号墳出土の獣文縁獣帯鏡（宮崎県立西都原考古博物館蔵、九州国立博物館寄託）

る。八四号墳（径一〇m以上の円墳）の埋葬施設は長さ三・八mの長大な横穴式石室で、砂岩の河原石を積み上げて構築している。壁体上半は強く持ち送り、天井の形態がドーム状となる特徴的な石室である。持田古墳群では六世紀後半の一四号墳をもって前方後円墳の築造が終わり、以降は中小の円墳が台地の内側に展開する。

この古墳群は昭和初期に大規模な盗掘に遭っているが、京都帝国大学・梅原末治の尽力により遺物の内容が明らかになった。中でも三角縁神獣鏡を含む三十四面もの鏡の出土は特筆できる。一号墳からは盤龍鏡や獣文縁獣帯鏡《じゅうもんえんじゅうたいきょう》が出土し、後者は熊本県宇城《うき》市・国《くに》越《ごし》古墳と同型である。二四号墳の画《が》文帯神獣鏡《もんたいしんじゅうきょう》は熊本県・江田《えた》船山《ふなやま》古墳出土品などと同型とされる。また、二五号墳の変形四獣鏡の縁部には「火竟」（火鏡）の銘が刻まれていて、広島県・耕三寺《こうさんじ》博物館が所蔵する画文帯神獣鏡とともに重要文化財となっている。このほか持田古墳群から出土したと伝わる遺物に「景初四年」（二四〇年）銘の斜縁《しゃえん》盤龍鏡も知られ、兵庫県・辰馬《たつうま》考古資料館が所蔵する。数の多さのみならず、円墳で鏡を副葬している例も目立ち、特異な状況といえよう。

持田古墳群は四世紀代から七世紀にかけて墓域を移すことなく継続的に造営され、副葬品も優れているが、墳丘規模からみると、四八号墳と一号墳を除いて、一ツ瀬川左岸上流に位置する川南古墳群を築いた勢力の方が優位な立場であったと思われる。

15号墳（石舟塚）。埋葬施設の舟形石棺は西都原考古博物館に展示されている

祇園原古墳群

後期に台頭した南九州屈指の古墳群

ぎおんばるこふんぐん／児湯郡新富町新田［マップ220頁P］

群中最大の弥吾郎塚古墳の奥に前方後円墳が密集する

祇園原古墳群は、宮崎平野中央部、一ツ瀬《ひとつせ》川左岸の台地上に立地する。北側に茶臼原《ちゃうすばる》古墳群が、一ツ瀬川を挟んだ西側には西都原《さいとばる》古墳群が位置する。前方後円墳十四基、円墳一三九基、方墳一基、地下式横穴墓、横穴墓からなり、極めて狭い範囲に前方後円墳が密集している。

古墳群の中で最も古い一八七号墳と一九五号墳は、墳形からみて四世紀に遡る可能性があるが詳細はわからない。北端部に位置する墳丘長八四mの五世紀前半の大久保塚古墳（九二号墳）は、前方部が開く形状で、茶臼原古墳群の児屋根塚《こやねづか》古墳と同様にくびれ部の両側に造出《つくりだし》を持つ。

六世紀代に入ると百足塚《むかでづか》古墳（五八号墳）、水神塚古墳（五六号墳）、六八号墳、弥吾《やご》郎塚《ろうづか》古墳（四八号墳）がつくられ、六〇－九〇m級の前方後円墳の首長墓系譜を辿ることができる。

このうち百足塚古墳は、墳丘長八二mの、前方部が大きく開いた形状の六世紀前半の前方後円墳である。二重の盾形周溝と周堤がまわる。墳丘テラスには盾形埴輪と円筒埴輪を立て並べ、西側周堤周辺から家形埴輪や人物埴輪、柵形埴輪、そして類例の少ない太鼓形

百足塚古墳。土橋に接した周堤では王権と同様の埴輪祭祀が行われた

埴輪のほか、馬、犬、猪、鹿、鶏などの動物埴輪が出土している。これらの多種多様な埴輪群は祭祀後に石室開口部に面した周溝に投棄された状況であったが、復元された配置は継体陵に比定される大阪府・今城塚《いましろづか》古墳と共通点が多い（一四頁参照）。このため、王権が行っていた埴輪祭祀の執行を承認された被葬者像を想定することができる。埋葬施設はくびれ部に向かって開口する横穴式石室で、開口部の前面には土橋《どばし》がある。

祇園原古墳群の中で最大規模の墳丘長九四mの前方後円墳・弥吾郎塚古墳は、六世紀代としては南九州で最も大きい。百足塚古墳に続く六世紀中頃の築造と考えられる。また、これらの群と距離を置いた台地の西端部には、墳丘長九七mの大型前方後円墳・霧島塚古墳（一一三号墳）があるが、築造時期はわからない。

祇園原古墳群を含む周辺の二百基以上の古墳群を一括して新田原《にゅうたばる》古墳群と呼ぶが、そのうちの石船古墳群新田原四四号墳（一辺二六mの方墳）と四五号墳（石船塚、墳丘長六五mの前方後円墳）に無袖の畿内系の横穴式石室が採用され、後者には刳抜式《くりぬきしき》家形石棺が納められていた（いずれも消滅）。祇園原古墳群は、六世紀代としては日向地域随一の有力古墳群で、一ツ瀬川を挟んで対峙する西都原古墳群から広域首長権が移ったものと考えられる。

上：百足塚古墳から出土した人物埴輪／下：百足塚古墳出土の家形埴輪と柵形埴輪（いずれも新富町教育委員会蔵）

県内屈指の大型横穴式石室

茶臼原古墳群《ちゃうすばるこふんぐん》

西都市茶臼原・穂北【マップ220頁P】

児屋根塚古墳はくびれ部の両側に造出を持つ大型の前方後円墳

茶臼原古墳群は一《ひと》ツ瀬《つせ》川に面した茶臼原台地上に展開する三つの群からなる。南側に祇園原古墳が、川を挟んだ南西側には西都原《さいとばる》古墳群が位置する。三基の前方後円墳と五十二基の円墳のうち、児屋根塚《こやねづか》古墳は墳丘長一一〇mの群中最大の五世紀前半の前方後円墳。くびれ部の両側に造出《つくりだし》を持ち、盾形周溝がまわる。粘土槨《ねんどかく》から舶載斜縁《しゃえん》四獣鏡や蛇行剣《だこうけん》などが出土している。陪塚《ばいちょう》とみられる二基の円墳が伴う。

千畑《ちばたけ》古墳は茶臼原台地西端の南斜面に立地する墳丘長六〇mの六世紀後半の前方後円墳。横穴式石室は玄室長四・九mと長大で、横方向に目地が通った四段の石を積む。県下では西都原古墳群の鬼《おに》の窟《いわや》古墳と並ぶ屈指の大型横穴式石室として知られるとともに、九州では数少ない畿内系の石室。鬼の窟古墳と比べて天井が高く、また石材を持ち送る点など、時期的に遡る。

児屋根塚古墳と千畑古墳の間の台地縁辺部には小円墳のグループが存在し、また千畑古墳の周辺の台地段丘面には、野竹横穴墓群ほか多数の横穴墓が造営されている。

上：千畑古墳の入口
下：千畑古墳の玄室

日本屈指の古墳群

西都原古墳群《さいとばるこふんぐん》

西都市三宅・童子丸・妻 ［マップ220頁P］

古墳群は南北4.2㎞、東西2.6㎞に及ぶ西都原台地上に展開する。台地全体が国の特別史跡

西都原古墳群は、一ツ《ひとつ》瀬《せ》川右岸の台地上に立地している。三世紀末から六世紀代にわたって造営された三百基を超す規模の古墳群である。南北四・二㎞、東西二・六㎞の範囲に分布する古墳群は大きく四群に分かれ、前方後円墳三十一基、方墳一基、円墳二七九基、地下式横穴墓、横穴墓からなる。国内最大級の古墳群として知られ、五世紀前半代には九州最大規模の前方後円墳・女狭穂塚《めさほづか》を擁する。

この古墳群の発掘調査は、皇祖が発祥した地とされる日向の実態を知ることを目的にしていた。この国内初の本格的学術調査は、大正元（一九一二）年から六年間にわたり東京帝国大学・京都帝国大学・宮内省などによって行われた。日向地域特有の「原《ばる》」と呼ばれる平坦な台地全体が昭和四十四年までに全国初の「風土記の丘」として整備され、特別史跡の指定を受けている。また、敷地内には県立の西都原考古博物館も併設している。春には桜並木と菜の花、夏にはひまわり、秋にはコスモス、そして冬には雪化粧の古墳と、広大な公園内で四季折々の風景に触れることができる点でもおすすめ

西都原の台地では四季折々の花が楽しめる

台地北東縁辺部の第２群は古式の一群。上は100号墳

13号墳の後円部では竪穴式石槨が調査当時の状態で観察できる（鏡はレプリカ）

の場所である。

　前方後円墳の造営は台地北東縁辺部の第二群からはじまり、五〇－八〇ｍ級の前方後円墳が整然と連なっている。墳形は柄鏡形《えかがみがた》が大半を占める。南端部の八一号墳は墳丘長五三ｍで前方部が撥形《ばちがた》に開く前方後円墳。四世紀初頭頃の築造で、後円部の西寄りに造出《つくりだし》状の突出部がある。周溝を伴うが、前方部前面には溝がまわらない。西側くびれ部から舟形《ふながた》木棺・箱形木棺が、墳丘斜面では土器棺が確認された。葺石《ふきいし》は存在しない。北端部に位置する一〇〇号墳は四世紀前半につくられ、葺石がある。続く七二号墳は墳丘長七九ｍで、方格規矩鏡《ほうかくきくきょう》が出土している。

　第二群に続いて墓域の形成がはじまった台地南東縁辺部の第一群の一三号墳は、墳丘長七九ｍの四世紀後半の前方後円墳。墳丘上に壺形埴輪を巡らせ、組合式木棺を粘土と河原石で被覆《ひふく》した竪穴式石槨《せっかく》から三角縁神獣鏡が出土している。

　五世紀前半になると墓域は台地縁辺部を離れ、集落からみえない台地奥の丘陵際に男狭穂塚《おさほづか》・女狭穂塚の二基の大型墳が相次いで築かれる。

　男狭穂塚は、国内最大の帆立貝形前方後円墳。女狭穂塚とともに陵墓参考地であるため立入りを禁じられているが、平成九年に宮内庁の許可を得て測量調査が行われた。墳丘長一五五ｍ、後円部径一三二ｍを測り、二重の周溝の外側周堤を含めた全長は二四九ｍに及ぶ。女狭穂塚は、墳丘長一七六ｍ、後円部径九六ｍ、前方部幅一一〇ｍを測る九州最大の前方後円墳。くびれ部の両側に造出があり、盾形の周溝を伴う。

　男狭穂塚は天照大神《あまてらすおおみかみ》の孫で高天原《たかまがはら》から高千穂峡《たかちほきょう》に天降ったニニギノミコト、女狭穂塚は妃のコノハナサクヤヒ

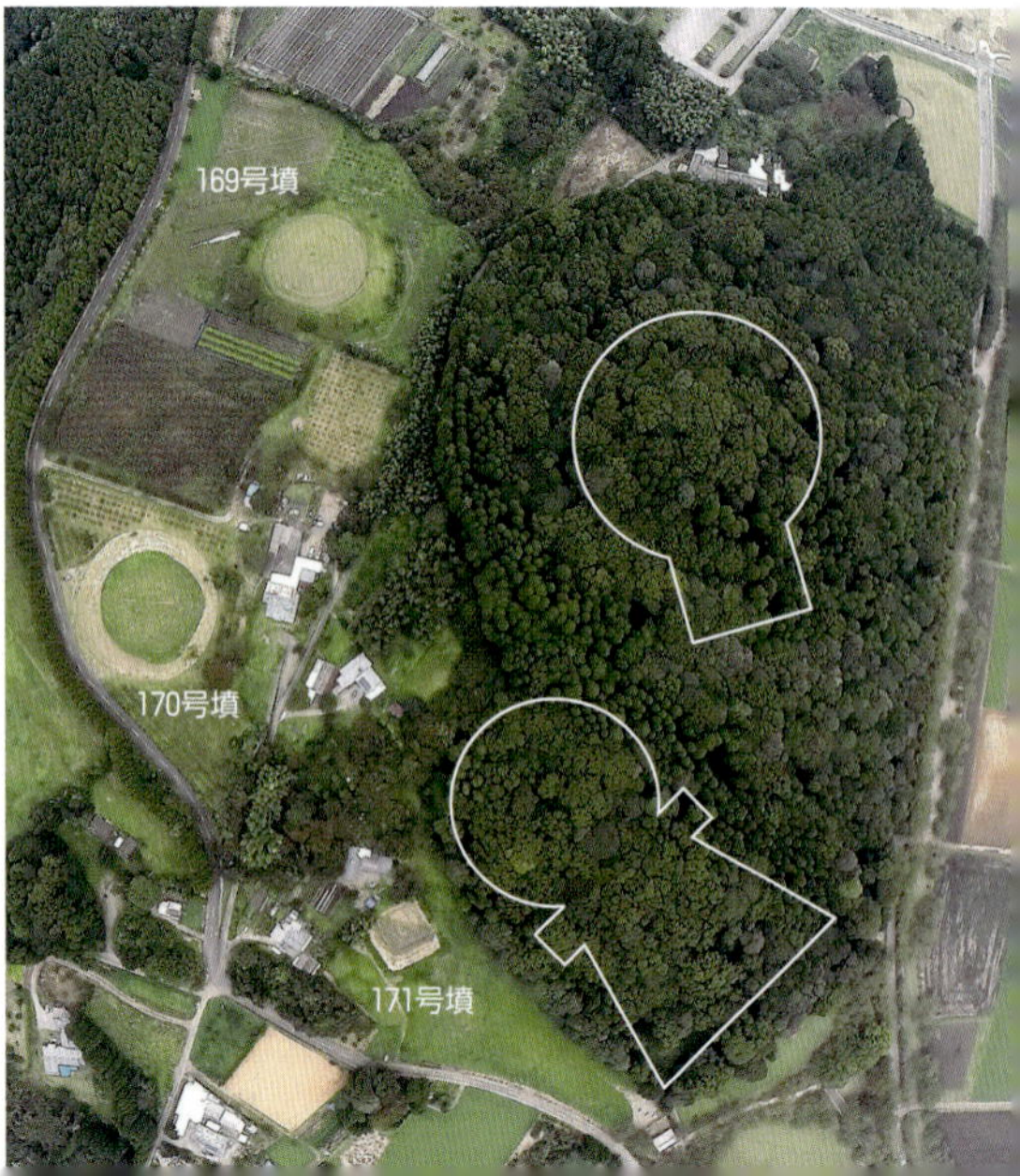

男狭穂塚（上）と女狭穂塚（下）。169・170・171号墳は陪塚

メの御陵と伝えられる。また『日本書紀』に記される諸県君牛諸井《もろかたのきみうしもろい》とその娘・髪長姫《かみながひめ》（仁徳天皇の妃）を被葬者とする説もある。

二つの古墳の西側には陪塚《ばいちょう》が存在する。このうち男狭穂塚に付随する一七〇号墳（雑掌塚《ざつしょうづか》）は径四五mの円墳で、高さは一・八mと低く、埋葬施設は確認されていない。墳頂部から出土した大型の子持家形《こもちいえがた》埴輪のほか、舟形埴輪や三角板革綴短甲《さんかくいたかわとじたんこう》の出土が知られる。これらの遺物は重要文化財の指定を受け、東京国立博物館が所蔵している。一方、女狭穂塚に伴う一六九号墳（飯盛塚《いいもりづか》）は径四八mの県下最大の円墳で、この古墳からも準構造船の舳先《へさき》部分の埴輪が出土し、復元すると一七〇号墳の船の規模を上回る。また、南側に位置する一七一号墳も女狭穂塚の陪塚である。一七一号墳は西都原古墳群の中で唯一の方墳で、一辺二五mを測る。墳頂部には家形埴輪と盾形埴輪が立て並べられ、テラス部に円筒埴輪列が存在するものの、埋葬施設が確認されていないことから祭壇的な性格が考えられる。

男狭穂塚の陪塚170号墳出土の舟形埴輪（上）と子持家形埴輪（下）（レプリカ。宮崎県立西都原考古博物館蔵）

その後、五世紀後半から六世紀前半までは、台地北部の第三群北端部の二六五号墳（船塚・墳丘長五九m、変形十字文鏡出土）を除いて前方後円墳がつくられず、円墳のみで構成される。この二六五号墳には造出がある。西都原古墳群で造出を持つ例は他に女狭穂塚のみである。一一一号墳は第三群の中で最大の径三〇mの円墳で、墳頂部には三基の木棺が存在するが、同時に巨大な四号地下式横穴墓（玄室長五・五m）も古墳に伴うとみられ稀な事例といえる。墓室には珠文鏡《しゅもんきょう》、横矧板革綴短甲《よこはぎいたかわとじたんこう》、横《よこ》

台地北部の第３群は西都原古墳群の中で比較的新しい

矧板鋲留短甲《はぎいたびょうどめたんこう》二領、鉄鏃《てつぞく》、歩揺付《ほようつき》金具、複数の甲冑《かっちゅう》など豊富な遺物が副葬されていた。一一一号墳の地下式横穴墓には覆屋が建てられ、可動式モニターで内部の観察ができるようになっている。

　五世紀末から六世紀前半にかけては台地上に前方後円墳が築かれていないが、その空白期を埋めるものとして山《やま》路《じ》川を挟んで南西側の清水《きよみず》台地裾部に松本塚古墳がある。

解体後に復元された鬼の窟古墳の玄室

　西都原台地における女狭穂塚築造後の前方後円墳は、他に六世紀後半の第一群二〇二号墳（姫塚・墳丘長五一m）がある程度で、六世紀に入ると一ツ瀬川を挟んで西都原古墳群と対峙する新富《しんとみ》町・祇園原《ぎおんばる》古墳群に広域首長権が移ったとみられる。

　その後終末期になり、二〇六号墳（鬼《おに》の窟《いわや》古墳）が最後の首長墓として築造される。鬼の窟古墳は、台地中央部の東寄りに占地する単独の円墳。径三七mで周溝があり、周堤まで含めると径七〇mを超える大きな墓域を持つ。埋葬施設は巨石を用いた長さ四・八mの畿内系の横穴式石室で、横方向に目地が通った五段の石を積む。鉄釘が出土していることから被葬者は木棺に納められていたとみられる。一ツ瀬川左岸にあり、類似する石室形態を持つ千畑《ちばたけ》古墳よりも新しい六世紀末から七世紀初頭頃に位置づけられる。この頃から、鬼の窟古墳の南側にあたる西都原台地南西側の緩斜面に酒元ノ上横穴墓群が造営される。ここには覆屋がかけられていて、発掘当時の姿を見学することができる。

　西都原古墳群に突如として巨大古墳が出現した理由については、中期に入って行われたヤマト政権の首長再編にかかるものと考えられるが、なぜ日向のこの地であったのか結論は出ていない。あるいは国生み神話との関係があるのかもしれない。

酒元ノ上横穴墓は覆屋展示されている

松本塚古墳

近傍で絢爛豪華な
馬具が出土

まつもとづかこふん

西都市三納［マップ220頁P］

松本塚古墳は、山路《やまじ》川を挟んで西都《さいと》原《ばる》古墳群の南西側にある清水《きよみず》台地裾部の沖積地に立地している。墳丘長一〇四mの五世紀末から六世紀初頭頃の前方後円墳で、前方部が大きく開く形状となる。四基の前方後円墳を含む七十基ほどの三納《みのう》古墳群の中では突出する規模で、西都《さいと》原《ばる》古墳群の女狭穂塚《めさほづか》がつくられた後に出現した有力首長墳である。くびれ部の片側には造出《つくりだし》があり、盾形の周溝がまわる。墳丘からは円筒埴輪や朝顔形埴輪が出土している。

松本塚古墳。上：前方部が大きく発達した墳形／下：台地裾部の低地に立地している

清水原台地には、かつて小規模な円墳からなる百塚原《ひゃくつかばる》古墳群があった。新羅系の金銅製《こんどうせい》龍文《りゅうもん》透彫《すかしぼり》鞍橋《くらぼね》金具《かなぐ》、透彫《すかしぼり》轡《くつわ》付《つき》鏡板《かがみいた》、杏葉《ぎょうよう》、雲珠《うず》、辻金具など、鐙《あぶみ》を除く馬具のセットや、双龍環頭大刀をはじめとする精緻かつ豪華な馬具が大正時代の初めに出土しているが、出土地点などの詳細は今は知ることができない。これらの遺物は国宝の指定を受け、東京都・五島美術館に所蔵されている。

三納古墳群の1つ。小さな円墳が田圃にぽつりと残っている

周堤を持つ終末期の方墳

常心塚古墳

じょうしんづかこふん

西都市上三財 ［マップ220頁P］

墳丘南側の周堤と周溝は中央で途切れており、横穴式石室に向かう墓道とみられる

常心塚古墳は三財《さんざい》川左岸の常心原《じょうしんばる》台地に立地している。六世紀末から七世紀初頭の方墳で、畑に囲まれた平坦な台地上に単独で存在する。一辺二四ｍの墳丘の周囲には、周溝の外側に周堤がまわっていて、周堤まで含めると一辺三九ｍに及ぶ。南辺部で周溝・周堤が途切れていることから、埋葬施設は南に開口する横穴式石室と考えられる。

県下において周堤を伴う例には西都市・西都原《さいとばる》古墳群の鬼《おに》の窟《いわや》古墳がある。常心塚古墳は周堤を伴う方墳ということから、前方後円墳の築造が途絶えた後の終末期の横穴式石室が埋葬施設であるとみられる。この時期中央では、蘇我稲目《そがのいなめ》の墳墓の可能性がある奈良県・都塚《みやこづか》古墳や、蘇我馬子に被葬者が比定される石舞台《いしぶたい》古墳などで方墳を採用し、蘇我氏に関係の深い豪族や天皇の陵墓の墳形となった。九州では東海岸沿いに分布が集中している。

周溝と周堤を伴う方墳。台地上に単独で存在する

町並みに点在する
柄鏡形前方後円墳

本庄古墳群

ほんじょうこふんぐん
東諸県郡国富町本庄 [マップ220頁P]

上：古墳は本庄台地上に展開している。写真中央は37号墳（上長塚）／中：右から13号墳、17号墳、18号墳。いずれも前方後円墳／下：本庄小学校横の29号墳。左が後円部

本庄古墳群は、大淀《おおよど》川支流の本庄川左岸台地上に立地している。東西三㎞、南北一㎞の範囲に、前方後円墳十七基と円墳三十七基のほか、横穴墓一基と地下式横穴墓二基が国富町役場周辺の古い町並みの中に点在する。本庄古墳群からは寛政元（一七八九）年に鏡三面・大刀・甲冑《かっちゅう》などが掘り出された記録が残るが、今日まで正式な発掘調査が行われていない。

台地の東側には一二号墳（上山塚）、一三号墳（観音山塚）、一五号墳（東銚子塚）、一八号墳（西銚子塚）など、前方部が低く狭長な柄鏡形《えかがみがた》の前方後円墳が狭い範囲に集中する。これらは四世紀代に遡ると考えられる。群中最大の古墳は墳丘長九〇ｍの四二号墳（藤《ふじ》岡山東陵《おかさんひがしりょう》）で前方部は開いている。くびれ部の両側に造出《つくりだし》があり、葺石《ふきいし》と周濠を伴う。出土した埴輪から五世紀中頃を前後する時期と思われる。四二号墳よりも時期的に下る三七号墳（上長塚）や二九号墳（下長塚）なども墳丘長七〇ｍを前後する規模である。

本庄古墳群の中で最大の四二号墳の出現時期は、大淀川下流域に位置する宮崎市・生目《いきめ》古墳群の墳丘規模が縮小する時期にあたるため、四世紀代から続く本庄古墳群の勢力の台頭と生目古墳群の動向は連動している可能性もあるだろう。

九州最大の前期古墳群

生目古墳群

いきめこふんぐん／宮崎市跡江 [マップ220頁P]

前期古墳としては九州最大の３号墳の埋葬施設はまだわかっていない。７号墳は地下式横穴墓が埋葬施設となる

　生目古墳群は、宮崎平野南部、大淀《おおよど》川下流域右岸の跡江《あとえ》台地上に立地している。前方後円墳八基と円墳四十三基からなり、前期古墳群としては九州最大である。台地一帯が公園整備され、台地の裾部には生目の杜遊古館が併設されている。

　一号墳は台地縁辺に占地する墳丘長一二〇ｍの三世紀末から四世紀初頭の前方後円墳。この時期の古墳としては福岡県苅田《かんだ》町・石塚《いしづか》山《やま》古墳とともに九州最大規模を誇る。前方部は撥形《ばちがた》に開き、奈良県・箸墓《はしはか》古墳の二分の一の相似形とされる。墳丘全面を葺石《ふきいし》で覆い、三段目は階段状の段を持つ特徴がある。

　谷を挟んで一号墳の南東側に位置する三号墳は、一号墳に続く墳丘長一四三ｍの四世紀前半の前方後円墳で、前方部は狭長な形状となる。四世紀代の古墳としては九州最大で、古墳時代を通しても県下では西都市・西都原《さいとばる》古墳群の女狭穂塚《めさほづか》、男狭穂塚《おさほづか》に次ぐ規模である。周溝と周堤がまわり、テラス部を含めた墳丘全面が葺石で覆われていた。後円部の二段目のテラスには中世山城に伴う堀が掘削されるなど、墳丘の一部が改変されている。

　続く二二号墳は台地の南側に占地している。墳丘長一〇一ｍの四世紀中頃の柄鏡形《えかがみがた》の前方後円墳。前方部の片側に方形の造出《つくりだし》を持つ。一四号墳は墳丘長六三ｍで、通常は盛土が露出した

５号墳から出土した特殊な形の埴輪（宮崎市教育委員会蔵）

ままのテラス部分も含め全面が石で覆われていた。

　五号墳は三号墳の東側の台地縁辺に位置している。墳丘長五七ｍの四世紀末から五世紀初頭の前方後円墳。葺石、周溝、周堤がある。墳丘テラスには筒状の体部に水平に開く口縁部を持つ特殊な埴輪列があったが、それらは平野部から望める部分にしか並べられていなかった。平地からの視覚効果を意識して埴輪が立てられたことがわかり興味深い。

埴輪から生まれたマスコットキャラクター「ハニー」。14号墳は墳丘テラスも含めた全面が葺石で覆われていた

　五号墳南側の七号墳は、墳丘長四六ｍの五世紀後半の前方後円墳。後円部のくびれ部寄りに長方形の造出を持つ。生目古墳群ではこの古墳をもって墓域の形成が終わる。また後円部の下では、全長一〇ｍを超す規模の一八号地下式横穴墓が、墳丘主軸にほぼ直交して確認されている。地下式横穴墓が古墳の埋葬施設になる例は、大淀川を挟んで生目古墳群の対岸にある下北方九号墳（五号地下式横穴墓）や西都原一一一号墳（四号地下式横穴墓）が知られるが、前方後円墳としては唯一の事例となる。生目古墳群では古墳の周溝や周堤に地下式横穴墓が掘り込まれるものも多く見つかっていて、二一号墳（墳丘長三三ｍの前方後円墳）で確認された十三基の地下式横穴墓の中には五世紀前半に遡るものもある。

　生目古墳群は南九州最古級の一号墳を擁するとともに、古墳時代前期段階で三代続けて九州最大級の古墳を築造することができた有力首長の墓域で、初期ヤマト政権の直接的な影響が南九州に及んでいたことを示す貴重な古墳群である。一号墳の被葬者については日向国造の祖・豊国別皇子《とよくにわけのみこ》（景行天皇の子）にあてる説もある。

墳丘の整備方法の検討にあたり試験的につくられた墳丘と葺石が残されている（手前の積み石）。奥の森が３号墳で、左側が後円部

県下屈指の
中期・後期古墳群

下北方古墳群

しもきたかたこふんぐん／宮崎市下北方 ［マップ220頁P］

下北方古墳群は、宮崎平野南部、大《おお》淀《よど》川下流域左岸の丘陵上に立地する。前方後円墳四基と円墳九基、地下式横穴墓からなり、対岸には九州最大の前期古墳群・生目《いきめ》古墳群が位置する。

群中で最も古い墳丘長七四mの三号墳は五世紀前半頃の前方後円墳。続く一号墳は墳丘長七八mの五世紀後半の前方後円墳である。北側の丘陵尾根上の平和台公園の裏手には、墳丘長九六mを測る群中最大の六世紀前半頃の一三号墳がある。墳丘テラスに円筒埴輪列が巡り、蓋《きぬがさ》、盾、家、舟、犬などの形象埴輪も出土している。そして、墳丘長八四mで盾形の周溝を伴う船《ふな》塚《つか》古墳へと系譜が続く。船塚古墳は下北方古墳群の南東側の平地に単独で存在し、宮崎神宮本殿の北に隣接している。

上：13号墳の狭長な前方部から後円部をみる。平和台公園の「八紘之基柱」の裏手にある／下：9号墳（5号地下式横穴）出土の短甲（右：横矧板鋲留式、左：三角板鋲留式。宮崎市教育委員会蔵）

大淀川を望む高台の住宅地の中に古墳が点在している

円墳では、九号墳の埋葬施設に地下式横穴墓（五号墓）が採用されている。墓室は長さ五・四mと大規模で、墓室は妻入《つまいり》である。屍床《ししょう》の内外から金製垂《たれ》飾付耳飾《かざりつきみみかざり》、水晶製勾玉、変形獣形鏡、銀装柄頭直刀《ぎんそうつかがしらちょくとう》、鉄剣、鉄鉾《てつほこ》、三角板《さんかくいた》鋲留短甲《びょうどめたんこう》、横矧板《よこはぎいた》鋲留短甲、眉庇付《まびさしつき》冑《かぶと》、頸甲《あかべよろい》、木心鉄板張輪鐙《もくしんてついたばりわあぶみ》、三環鈴《さんかんれい》、馬鐸《ばたく》など豊富な副葬品が出土した。地下式横穴墓が古墳の埋葬施設になることは稀で、有力首長墳と遜色ない副葬品を持つ点でも注目される。

下北方古墳群がつくられはじめた五世紀前半以降には、対岸の生目古墳群では有力な首長墓系譜がすでに途絶えているため、生目勢力が下北方古墳群へと墓域を移動した可能性が考えられる。また、六世紀代としては、新富《しんとみ》町・祇園原《ぎおんばる》古墳群と同様に九州屈指の規模を持つ首長墓が二代続く点でも重要な位置を占める古墳群といえる。

南限域の装飾横穴墓

蓮ヶ池横穴墓群

はすがいけよこあなぼぐん／宮崎市芳士 【マップ220頁P】

谷に面した斜面に横穴墓が築かれる。尾根上には前方後円墳の埋葬施設となる横穴墓がある

蓮ヶ池横穴墓群は、宮崎平野南部を東西に走る丘陵から南に派生する八つ手状の尾根裾に立地している。八十二基以上からなる横穴墓群で、六世紀末から七世紀にかけて造営された。

横穴墓は大きく三群に分かれ、さらに墓道を共有する小群に細分できる。墓室は縦長長方形で天井が屋根形になるものと、逆台形で天井がドーム形になるものがある。

六世紀後半の一二号墓は前方後円墳（一号墳・墳丘長三七ｍ）の埋葬施設である。横穴墓が墳丘を持つこと自体が少ない中、前方後円墳に伴うものは他に例をみない。七世紀前半の五三号墓も径一七ｍほどの墳丘（二号墳）を持ち、玄室長四・六ｍ、玄室幅四ｍと県下でも屈指の規模を誇る。墓室を掘削した工具の痕跡がはっきりと残る右側壁には、人物、鳥、舟の線刻がある。また、左側壁には鬼面文とその左右にあご髭をもつ従者が刻まれていて、仏教の影響を受けた構図になっている。築造当初のものとすれば、鬼面文では最も古い事例になるだろう。

蓮ヶ池横穴墓群は、群集する例としては国内の横穴墓の分布の南限域にあたるとともに、装飾を持つ横穴の南限という点でも貴重な遺跡といえる。

53号墓に刻まれた最古の鬼面文は仏教の影響と考えられる

線刻がある53号墓（2号墳）は大規模で、墓室を掘削した工具の痕跡がよく残っている

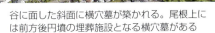

島内地下式横穴墓群

大量の武具を持つ
南九州独自の墓

しまうちちかしきよこあなぼぐん／えびの市島内【マップ221頁Q】

島内地下式横穴墓群は、東シナ海に流れ込む川内《せんだい》川上流域左岸、えびの盆地南部の台地上に立地している。遺跡の範囲は東西六・五km、南北三・五kmに及び、五世紀前半から七世紀にかけての円墳一基、地下式横穴墓一三二基以上、地下式板石積《いたいしづみ》石室、横穴系地下式板石積石室のほか、馬を埋葬した土坑が確認されている。

墓室の平面は方形または楕円形の平《ひら》入《いり》で、規模は幅一・六mから二・五mほどのものが多い。閉塞《へいそく》は竪坑部を板石で塞ぐものから羨門《せんもん》で閉じるものに移り、一部には塊石《かいせき》を積む例もみられる。その多くに仰向けに寝かされた人骨が残り、主軸平行葬の場合は、ほとんどの被葬者は頭部を入口の方向に向ける。出土遺物の中に馬具は少ないが、横矧板鋲留短甲《よこはぎいたびょうどめたんこう》六領、衝角付冑《しょうかくつきかぶと》四領のほか、鉄剣や鉄鏃《てつぞく》・骨鏃《こつぞく》など武具・武器を伴う率は高い。赤色顔料を丸めた朱玉や、南九州の地下式横穴墓に多くみられる蛇行剣《だこうけん》も出土している。また二一号・六二号・八一号墓の横矧板鋲留短甲には肩にかける肩上《わたがみ》の平絹《ひらぎぬ》が残っていて装着状態が確認されるなど、有機質遺物から得られる貴重な情報も多い。

一一四号墓は幅三・八mの横長の墓室を持ち、群中最大の規模となる。六世紀前半のもの。五体を埋葬し、そのうちの壮年男性の人骨の頭部近くから、長さ九八cmの大刀が出土している。鍔《つば》をとめる鎺《はばき》と身の付け根の表裏に日輪と、切先の方を向く龍が銀で象嵌《ぞうがん》されていた。龍文大刀は奈良県・新沢千塚《にいざわせんづか》三二七号墳と吉備塚古墳に類例がある。

一三九号墓は、墓室が幅三・一mの横長長方形で、右側壁に沿って男女二体を埋葬していた。閉塞は羨道部《せんどう》で板石によって行われる。出土遺物は豊富で、仿製《ぼうせい》盤龍鏡、南海産のイモガイ製

島内地下式横穴墓群。大型前方後円墳に匹敵する副葬品を持つ139号墓は調査後に埋め戻され、平面表示されている。右は横穴系地下式板石積石室の覆屋

上：横穴系地下式板石積石室は、地下式板石積石室に横穴式石室の構造を取り込んだもの。覆屋でガラス越しに見学できる／下：114号墓から出土した銀象嵌の龍文大刀。刀身の付け根の両面に描かれている（えびの市教育委員会蔵）

東二原地下式横穴墓群の覆屋保存された11号墓。５体の人骨が残っていた。墓域の中には円墳が存在する

貝釧《かいくしろ》、銀装円頭大刀、剣、鉄鏃束（三百本以上）、短甲・衝角付冑《しょうかくつきかぶと》・頸甲《あかべよろい》・肩甲《かたよろい》・草摺《くさずり》などの甲冑一式、轡《くつわ》・金銅装《こんどうそう》雲珠《うず》・五鈴《ごれい》杏葉《ぎょうよう》ほか馬具二セットなどがある。また、鏡を収納した箱や弓、黒漆塗りの矢羽根、胡簶《ころく》などが遺存していた。

一三九号墓の北側に建つ覆屋では、ほかに類例のない構造の横穴系地下式板石積石室を見学することができる。この石室は、川内川流域に分布する地下式板石積石室に、玄門立柱《りっちゅう》・羨道を持つ横穴式石室が融合した造りになっている。

島内地下式横穴墓群では日向から大隅地域の東海岸沿いに分布する地下式横穴墓が多数を占めるなか、肥後南部から薩摩北部地域の西海岸沿いに特徴的な地下式板石積石室も導入されていて、南九州独自の墓制と人の動きを考える上で貴重な遺跡といえる。また、血縁関係を紐解く鍵となる多くの人骨や、普通は腐朽してしまう有機質の鞘《さや》、直弧文《ちょっこもん》・魚鱗文《ぎょりんもん》が刻まれた鹿角《ろっかく》製の刀装具が刀剣に装着されたまま残っているものも多く、その情報量は計り知れない。出土遺物は一括して重要文化財に指定され、えびの市歴史民俗資料館に展示されている。

小林市・東二原《ひがしにわら》地下式横穴墓群（五世紀末から六世紀前半）も墓域が二原遺跡公園として整備され、覆屋内部が月に一度ほど公開されている。

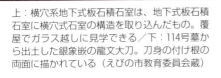

東串良町・唐仁１号墳（唐仁大塚）

鹿児島県

積石塚の南限域

小浜崎古墳群・明神古墳群

おばまざきこふんぐん・みょうじんこふんぐん／出水郡長島町蔵之元
〔マップ219頁M〕

小浜崎古墳群と明神古墳群は八代《やつしろ》海の南を限る長島北西部の岬上及び海岸線に立地している。

小浜崎古墳群は六世紀代の積石塚《つみいしづか》群で、鬼塚古墳群、白金崎《しろがねざき》古墳、小浜崎一・二号墳からなる。周辺は長島古墳公園として整備されている。

白金崎古墳は、径一〇mに満たない六世紀末頃の積石塚。墳丘は自然石を積み上げてつくられている。埋葬施設は長さ二・二mの横穴式石室で、玄室幅よりやや狭い羨道《せんどう》が取り付く。

上：岬上の白金崎古墳からは八代海とその先に天草を望むことができる／中：明神4号墳は竪穴系横口式石室／下：礫丘の茂みの中にある指江古墳群。積石塚群としては国内最南端

小浜崎一号墳は五世紀の積石塚で、埋葬施設は竪穴式石槨《せっかく》である。小浜崎二号墳は径一五mほどの円墳。埋葬施設は四方の壁沿いに板石を口字形に立てて中央に仕切石を設けた竪穴系の石室で、その構造は石障《せきしょう》系石室と似る。

明神古墳群は五世紀から六世紀末の三十基ほどの積石塚群で、墳丘は自然石を積み上げてつくられている。狭い範囲に密集しており、竪穴系と横穴系の石室がある。鉄剣、大刀を副葬する例も存在し、一号墳からは珊瑚が出土した。小さな谷を挟んで北側に位置する明神下岡《みょうじんしもおか》遺跡では地下式板石積石室の中に石棺を納めた例もあり、こうした石室は石障系石室と関係するのかもしれない。

明神古墳群の南側には、二〇〇mほどの長さにわたって一四〇基以上に及ぶ積石塚が造営された指江《さすえ》古墳群が位置する。島南東部の加世堂《かせどう》古墳なども含め、長島は積石塚の南限域となる。

薩摩に及んだ畿内型古墳

鳥越古墳群《とりごえこふんぐん》

阿久根市波留 〔マップ219頁M〕

市役所の近くに移築復元された１号墳

　鳥越古墳群は、天草灘に面した薩摩半島西海岸沿いの丘陵端部に立地している。円墳と八基の地下式板石積《いたいしづみ》石室からなる古墳群であったが消滅し、一号墳のみが移設復元されている。

　一号墳は四世紀中頃の径二〇－二五mほどの円墳である。埋葬施設は長さ四・四mの竪穴式石槨《せっかく》内に割竹形《わりたけがた》木棺を納める。出土品にはガラス製小玉がある。二号墓から九号墓は地下式板石積石室で、五世紀代と考えられる。二号墓は基底部に安山岩質の板石を九〇m×六五mの方形に配している。三号墓も同様の構造で、四号墓と五号墓は礫《れき》を積んで石室を構築している。出土品には鉄剣、大刀がある。

　鳥越一号墳は薩摩半島での確実な例としては最も早い時期の畿内型古墳で、在地墓制の地下式板石積石室と共存している。これよりも遡って畿内の影響が及んだ可能性があるものに、川内《せんだい》川北岸の薩摩川内市・端陵《はしのりよう》古墳がある。端陵古墳は墳丘長五四mの前方後円墳で、前方部が撥形《ばちがた》に開く。埋葬施設は竪穴式石槨と考えられ、鏡一面が出土したという。これら二つの古墳によって薩摩地域への前期段階の古墳の波及状況が知れ、ヤマト政権が南九州を抑えるための拠点になったとみられる。

　なお、日本最南端の古墳としては、薩摩半島南端部に位置する五世紀末前後の指宿《いぶすき》市・弥次ヶ湯《やじがゆ》古墳（円墳・径一八m）が知られている。

移築復元された１号墳の竪穴式石槨

南九州特有の地下式板石積石室

永野別府原古墳群

ながのびゅうばるこふんぐん／薩摩郡さつま町永野 [マップ221頁Q]

上：密集する地下式板石積石室墳／下：地下式板石積石室は板石を立て並べ（写真下）、天井石は板石を葺くように積み上げられている（写真上）

永野別府原古墳群は、川内川《せんだい》の支流にあたる穴川左岸の台地上に立地する五世紀末頃の古墳群である。六基の地下式板石積《いたいしづみ》石室が国道五〇四号線沿いに整備されている。地下式板石積石室は、土坑の周壁に沿って十数個の板石を円形に立て並べ、板石を葺《ふ》くように天井部分を積み上げて全体を覆ったのち土を被せる。石室の径は一・五mに満たないものが多いため、屈葬状態で埋葬したものと考えられる。一号墓と三号墓からは鉄剣や大刀が出土した。

地下式板石積石室は川内川流域を中心として八代《やつしろ》海沿岸地域に展開する南九州特有の墓制で、川内川中流域の大口盆地には、一四〇基が群集する伊佐市・平田遺跡がある。この遺跡では玄室の平面形が方形から多角形、そして円形へ変遷することが確認された。川内川上流域にも湧水《ゆうすい》町・永山《ながやま》地下式板石積石室墓群など複数の同種の墳墓がある。地下式板石積石室や地下式横穴墓は南九州特有の墓制であるが、えびの盆地のえびの市・島内《しまうち》地下式横穴墓群をはじめとする発掘調査の内容からも、これらを営んだ在地勢力はヤマト政権と密接な関係を保っていたと考えられる。

永山地下式板石積石室墓群では100基を超すとみられる墓のうち14基の調査が行われた

志布志湾岸の大型前方後円墳

横瀬古墳・神領古墳群

よこせこふん・じんりょうこふんぐん／曽於郡大崎町横瀬・神領 ［マップ221頁R］

横瀬古墳は、肝属《きもつき》平野中央部、志布《しぶ》志《し》湾岸の古砂丘上に立地している。墳丘長一三四mの五世紀前半の前方後円墳で前方部はやや開く。県下では東串《ひがしくし》良《ら》町・唐仁大塚《とうじんおおつか》古墳に次ぎ、九州では五番目の規模を誇る。墳丘に沿って二重の周溝と周堤がまわる。

埋葬施設は墳丘主軸に平行する竪穴式石槨《せっかく》である。甲《よろい》や大刀のほか、円筒埴輪、朝顔形埴輪、盾・草摺《くさずり》・馬・水鳥の形象埴輪などが出土した。円筒形の埴輪には、神領一〇号墳出土の盾持《たてもち》人《びと》埴輪と共通する綾杉文と連続菱形文もみられる。

その一〇号墳を含む神領古墳群は横瀬古墳の北方一・五㎞に位置する。一〇号墳は横瀬古墳とほぼ同じ時期につくられた墳丘長五四mを測る前方後円墳である。埋葬施設は志布志湾岸産凝灰岩を用いた長さ二・八mの刳抜式《くりぬきしき》舟形石棺で礫槨《れきかく》に納められる。石棺は棺身の長辺に各二個、短辺に各一個の方柱状縄掛突起《なわかけとっき》を持つ。埋葬施設の東側に接したくぼみには、鉄剣、鉄鏃束《てつぞくたば》、金銅装の眉庇付冑《まびさしつきかぶと》・衝角付《しょうかくつき》冑《かぶと》、三角板革綴短甲《さんかくいたかわとじたんこう》、胡籙金具《ころくかなぐ》などが副葬されていた。また、くびれ部の片側にある造出《つくりだし》状のテラスからは愛媛県・市場南組窯《いちばみなみぐみよう》産の初期須恵器がセットで出土し、製品の流通と交易を考える資料となる。このほか眉庇付冑を被った盾持人埴輪は、九州では、衝角付冑を被る国内最古級（四世紀末－五世紀初頭）の福岡市・拝塚《はいづか》古墳の出土品に次ぐ古い時期の例として位置づけられる。盾持人埴輪の胴部は円筒形で、手足を表現する武人埴輪とは区別されている。

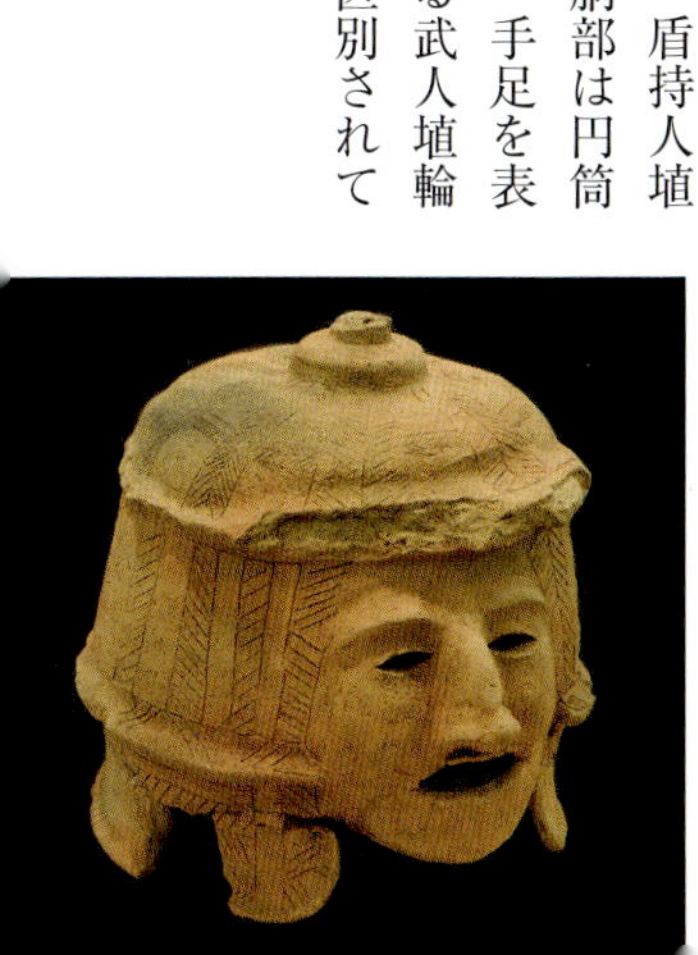

上：横瀬古墳は国道448号線から小道に入った田圃の中にある／中：横瀬古墳全景。神領古墳群は左上端の丘陵部。写真奥には志布志湾が広がっている／下：神領10号墳から出土した盾持人埴輪（鹿児島大学総合研究博物館蔵）

県内最大の古墳群

唐仁古墳群

とうじんこふんぐん

肝属郡東串良町唐仁〔マップ221頁R〕

唐仁古墳群は、肝属《きもつき》平野の南部、志《し》布《ぶ》志《し》湾に流れ込む肝属川下流域左岸の微高地及び低地に立地している。前方後円墳四基と一三〇基を超す円墳からなる県下最大の古墳群である。

唐仁大塚古墳は九州で３番目の墳丘規模。写真上の後円部のまわりに周溝が残る

古墳群の中央部に位置する一号墳（唐仁大塚）は、五世紀初頭頃の墳丘長一五四ｍの前方後円墳で、後円部の高さが非常に高く、前方部は狭長で低い。古墳の中軸線上を大塚神社の参道が通っている。九州では、宮崎県西都市・西《さい》都原《とばる》古墳群の女狭穂塚《めさほづか》、男狭穂塚《おさほづか》に次ぐ規模である。後円部には周溝がまわるが、前方部側はよくわからない。墳丘斜面に葺石《ふきいし》も存在する。

埋葬施設は長さ三・六ｍの竪穴式石槨《せっかく》で、短辺に二個ずつの棒状縄掛突起《なわかけとっき》を持つ舟形石棺が納められていた。社殿の下に埋め戻されているが、石室の天井石の一部をみることができる。石室内からは横矧板鋲留《よこはぎいたびょうどめ》短甲《たんこう》が出土している。

一六号墳（薬師堂塚）や一〇〇号墳（役所塚）などの前方後円墳は、一号墳に後続する首長墓と考えられる。円墳は微高地の縁辺に集中するが、径四〇ｍほどの県下最大の円墳である三三号墳（向塚）だけは南東部の低地に単独で築かれている。

一号墳を含め、実態が知れるような調査が行われていないが、古墳群が造営された時期をみると、肝属川対岸に位置する塚崎古墳群の首長系譜を継いだ可能性もある。

上：唐仁100号墳（役所塚）／下：県下最大の円墳・33号墳（向塚古墳）。奥の微高地が古墳群の中心

日本最南端の前方後円墳

塚崎古墳群《つかざきこふんぐん》

肝属郡肝付町野崎［マップ221頁R］

古墳群は平坦な台地上に立地している

塚崎古墳群は、肝属《きもつき》川を挟んで東串良《ひがしくしら》町・唐仁《とうじん》古墳群の南側にある台地上に立地している。四世紀後半─五世紀前半頃の古墳群で、前方後円墳四基、円墳三十九基、地下式横穴墓からなる。

台地北東部の縁辺に築かれた一一号墳（瓢簞塚《ひょうたんづか》古墳・墳丘長五六m）は前方部が撥形《ばちがた》で低く、古式の形状である。台地南端の三九号墳（花牟礼《はなむれ》古墳）は柄鏡形《えかがみがた》の墳形で、墳丘長七一mを測る。塚崎古墳群最大の前方後円墳で、また、国内最南端の前方後円墳でもある。

塚崎古墳群の中で埋葬施設が明らかにされている例はないが、二五号墳・四三号墳の土師器や、一八号墳の底部穿孔《せんこう》壺（壺形埴輪）、三一号墳の初期須恵器などから時期の一端を知ることができる。地下式横穴墓はこの台地の北東部で多く確認されている。

一一号墳が仮に纒向《まきむく》型前方後円墳とすれば、すでに北部九州において前方後円墳が出現した時期と同じ頃に、九州南端にまで初期ヤマト政権の関与が及んでいたことになる。

上：古式の墳形の11号墳は南九州への古墳の波及の過程を知る鍵となる／左：国内最南端の前方後円墳（39号墳）

古墳見学のポイント

古墳は、土に埋もれた集落跡とは違って、後世に削られていない限りは今も高まりとして残っている。そして、口を開けた横穴式石室の中では、千数百年前の古墳時代の人が目にした映像そのものをトレースすることができる。

こうした古墳は現代墓とは違い、大きさや形、棺や石室などの埋葬施設、そして副葬品に、葬られた人の社会的地位、地域色、中央との関係、他地域や大陸との政治的あるいは文化的な関係、時代背景などの情報がぎっしりと詰まっている。以下に古墳を見学する時のポイントをあげておきたい。

幹線道路沿いの表示（上）と狭い山道の脇にある見落としそうな案内板（下）

古墳はどこにある？

あらかじめ場所や内容を調べて古墳を訪れることもあれば、偶然見つけた看板に誘《いざな》われて辿り着く場合もあるだろう。国や自治体が保存・活用のために指定の網をかけた「史跡」の場合は幹線道路沿いに案内板が出ていることが多いが、所在がわからない時は地元の人に聞いてみるとよい。「古墳はどこですか？」で通じなければ「塚」と言えば答えが返ってくることも少なくない。

自力で探す時は、前期古墳は平野や海を見渡すことができる丘の頂上や先端、中期古墳は台地、後期古墳は山裾や山腹というようにつくられた立地が一つの道標になる。これはあくまで目安であって、前期古墳でも宮崎県では西都原《さいとばる》古墳群のように「原《ばる》」と呼ばれる平坦な台地の縁に立地することも多い。古墳がつくられた当時は河原石や光り輝く石英質の石が墳丘の斜面に葺《ふ》かれるなど、どこからでもみえるよう

平たい台地の上に300基を超す古墳がつくられている（宮崎県・西都原古墳群）

に目立たせていたが、千年以上の時を経た現在、整備されていない古墳は木々で覆われ小山のようになっている。また、墳丘を持たず岩盤の崖面にずらりと並んで掘り込まれた横穴墓《よこあなぼ》は、その規模と構造に適した谷筋にある。

古墳と、博物館や資料館をセットで訪問することもおすすめしたい。特に地域を代表するような古墳の近くには展示施設が併設されている場合が多く、詳しい発掘情報とともに出土品も見学できる。

解説板は文章だけのものもあるが、写真の例は測量図や復元図が添えられている

古墳の形と大きさ

さて、無事古墳に辿り着いたら、まず説明板を探そう。そこには発見の経緯や古墳の特徴が書かれ、形がわかる図が添えられていることもある。そして実際に歩いて形を確認したい。

古墳には前方後円墳、前方後方墳、円墳、方墳、双円墳、双方中円墳、双方中方墳、八角墳、六角墳、上円下方墳など様々な形がある。圧倒的に多いのは上からみた形がまるい円墳で、ヤマト政権と直接的な関係を持った首長だけがつくることを許された前方後円墳は丸（後円部）と四角（前方部）が繋がった形をしている。前方後円墳では後円部に立つと全体の形やまわりの地形がよくわかる。

全国で十六万基あるといわれる古墳の中で、前方後円墳はわずか三％ほど（九州では約五六〇基）に過ぎないが、前方後方墳はさらに少数派で全国でも二百基程度しか見つかっていない。一番数が多い円墳や、上からみた形が四角形の方墳は、前方後円墳がつくられなくなった古墳時代の終わり頃（終末期）になると、地域で頂点に立つ有力者の古墳の形としても採用されるようになる。古墳はそこに葬られた人が治めた集落からみえる場所につくられていることが多いので、墳丘の上から景色を眺めながら当時のことをあれこれ思い描くのも一興かもしれない。

ひと口に前方後円墳といっても形が時代とともに変化していく。前期は後円部が高く、低い前方部が撥形《ばちがた》に開くものから柄鏡形《えかがみがた》といわれる細長いものへ、中期は後円部と前方部の高さの差が目立たなくなり、前方部の幅が後円部の径と同じくらいに広がる。後期には前方部が大きく開き、後円部と前方部の高さの差もなくなる。前方後円墳の場合、形から時期がわかるだけでなく、たとえば卑弥呼が葬られた可能性がある奈良県・箸墓《はしはか》古墳と、前期古墳としては九州最大級の宮崎県・生目《いきめ》一号墳のように相似関係と考えられる古墳もあるので、机上で他の古墳の図と比べてみるのも面白いだろう。

　古墳に葬られた人（被葬者）の社会的地位は古墳の形と規模から想像できるが、時期による大きさの違いもあるため優劣をつける時は同じ時期の古墳を比べる必要がある。最も大きな古墳といえば大阪府・大仙《だいせん》古墳（伝仁徳陵）の四八六mで中期のもの。前期段階では奈良県・箸墓古墳の二七八m、後期では奈良県・見瀬丸山古墳の三一八mが最大となる。ちなみにエジプト・クフ王のピラミッドは一辺二三〇mで、日本には墳丘長二〇〇mを超す古墳が三十基以上ある。

　大規模な古墳は中期に目立つ傾向があり、九州最大の宮崎県・女狭穂塚《めさほづか》古墳（一七六m）もこの時期に入る。また、終末期では大型の大阪府・春日向山古墳（伝用明陵）が六五×六〇mの方墳で、九州でも畿内の一級の古墳とそれほど遜色ない四〇m級の規模の方墳がつくられている。大化二（六四六）年に身分による墓の規模や築造にかける日数の制限などを定めた薄葬令《はくそうれい》が出されるが、古墳時代にもそれに似たような決まり事があったのだろう。

1奈良県・ホケノ山古墳（３世紀）／2奈良県・箸墓古墳（３世紀）／3佐賀県・銚子塚古墳（４世紀）／4佐賀県・船塚古墳（５世紀）／5宮崎県・百足塚古墳（６世紀）
ホケノ山古墳は纒向型前方後円墳という最古の形で、短い前方部が「撥形」に開く。次の段階の箸墓古墳の前方部も撥形だが長い。そして銚子塚古墳のように前方部が細長い「柄鏡形」があらわれる。中期の船塚古墳は前方部幅と後円部径があまり変わらず、後期の百足塚古墳では前方部が大きく開いている

埋葬施設あれこれ

　古墳築造のきっかけになった死者を納める施設（埋葬施設・主体部）は、

墳丘の一番高い所、つまり前方後円墳の場合は後円部の中央にあり、前方部やその他の墳丘上の複数の場所で発見される例も少なくない。前半期のものは邪を封じ込めるように死者の空間を完全に閉じてしまう。その後、横穴式石室が導入されて死生観が変わり、会葬者に対して開かれた空間になるとともに、死後の世界で生活できる住処《すみか》として飲食物を墓室の中に供えるようになる。

上：福岡県・丸隈山古墳（5世紀）／左：奈良県・石舞台古墳（7世紀）。丸隈山古墳の石室は厚さ数㎝の扁平な割石が使われ、2人分の石棺がある。石舞台古墳と石の大きさの違いがよくわかる

古墳自体の形が時期による特徴を持つように埋葬施設も変化していく。前期は割竹形木棺《わりたけがたもっかん》や、木棺のまわりを積み石で囲って蓋石《ふたいし》で密閉した竪穴式石槨《たてあなしきせっかく》（竪穴式石室）、木棺を粘土で覆った粘土槨《ねんどかく》、弥生時代以来の箱形石棺に納めるものなどがある。中期になると舟や長持《ながもち》、家の形をした石棺などが主流になる。また横穴式石室が導入されると、竪穴式石槨に横口部を設けた石室（竪穴系横口式石室）もあらわれる。長持形石棺や、導入後間もない頃の横穴式石室、家形石棺の横に口をあけた横口式家形石棺は特に有力な人の棺として使われる。これらは、墳丘がある程度完成したあとに古墳の一番高い所から墓坑が掘り込まれているため古墳の上の方につくられる。こうした埋葬施設は埋め戻されてみることができない場合が多いが、取り上げられた石棺が博物館で展示されていることもある。

横穴式石室はそれまでのような特定個人のための棺でなく、家族墓として後から死者を追加埋葬できるつくりで、羨道《せんどう》と呼ばれる石室に続く通路から中に入ることができるものも多い。横穴式石室が普及する中期後半以降の石室は、最初に石室の基礎となる石の位置を決め、その上の石積みを行いながら同時に墳丘の土を盛っているため、墳丘の下の方の現在の地表面近くに墓室がある。横穴式石室の場合、使われた石材にも目を向けてみたい。古い時期は厚さ数㎝の扁平で小さな石を積むが、次第に石が大型化し、後期も新しい段階になると修羅《しゅら》と呼ばれる木製のソリなどを使わない限り運べないような巨石を用いることが多い。

岩盤の崖面を掘り込んでつくられた横穴墓や地下式横穴墓は一般的に墳丘

を持つ古墳の被葬者よりも階層が低い人の集団墓だが、高まり（墳丘）を持つものや前方後円墳に引けをとらない副葬品を納めているものも少なくない。

副葬品は語る

　棺や石室の中からは実に様々な出土品（遺物）が出てくる。そのうち特に重要なものは博物館などで展示されている。これらの副葬品には、死者が身につけていた装身具（玉、耳飾など）や持ち物（鏡、剣など）、死者を葬る儀式の時に納められた土器類などがある。こうした品々は古墳がつくられた時期の決め手になるとともに、社会的地位や社会変化を紐解く鍵となる。前期は呪術的な意味合いが強い鏡や腕輪形石製品、玉類、中期は甲冑《かっちゅう》などの武具や大刀・鉄鏃《てつぞく》などの武器、後期は金でメッキをした金属製の装飾品が象徴的な遺物である。中期以降は、装飾付きの大刀や馬具、甲冑の有無が古墳に葬られた人の社会的地位を知る手立ての一つとなる。また副葬品は大陸や中央政権、周辺地域との交流の範囲や親密の度合いを推しはかる材料となる。

　古墳時代も現代と同じで稀少価値や付加価値を持った石棺や副葬品が好まれた。いわゆるブランド品である。たとえば同じ鏡でも国産より中国鏡が重宝されたし、石棺は兵庫県・竜山石《たつやまいし》（流紋岩質凝灰岩）や熊本県・馬門石《まかどいし》（阿蘇溶結凝灰岩）で製作されたものが政権中枢の古墳に運ばれた。イモガイやオオツタノハ、スイジガイは南西諸島以南の海にしか生息していない稀少性と同時に呪力が宿ると信じられ、一級の宝石である新潟県糸魚《いとい》川産の硬《こう》玉《ぎょく》（本翡翠《ほんひすい》）製の腕輪形石製品・玉類などもまた、それを入手するだけの権力や交易力の象徴として好んで副葬された。邪馬台国《やまたいこく》の女王・卑弥呼《ひみこ》が中国・魏《ぎ》の皇帝から贈られたという説も根強い、前期の三角縁神獣鏡《さんかくぶちしんじゅうきょう》は六百面以上も見つかっているが、地方首長はこの鏡を持つことで中央の有力首長との関係の証を周囲に示すことができるため、やはり中国鏡に次ぐブランド的な価値があった。

誰が葬られたのか

　古墳の大きさや副葬品からどのような人が葬られていたか大体の察しがついたとして、それは具体的に誰なのか。古墳時代には文字が普及しておらず墓誌も残されていない。そのため天皇陵と呼ばれる古墳の多くも、『古事記』『日本書紀』『延喜式《えんぎしき》』など、古墳築造

陵墓や陵墓参考地は柵で囲まれ立ち入りができない

時から相当の月日を経て書かれた古代の文献にみえる地名や規模により被葬者が推定されているに過ぎない。残念ながら被葬者がほぼ確定しているものは数えるほどというのが実情である。天皇家の墓（陵墓）は古墳時代を解明する上で重要な鍵を握るが、宮内庁によって厳しく管理されていて、残念ながら立ち入ることさえできない。

葬られた人の名前まではわからないにしても、その古墳の先代や末裔《まつえい》の墓はどこにあるかなど、一族の系譜を辿るのも面白いだろう。そうすると突如としてあらわれた新興勢力であったり、逆に他の土地に墓域（＝拠点）を移したのか、その土地での古墳づくりをやめたりした様子がみえてくる。

より楽しむために

全国の六割を占める九州の装飾古墳のうち、赤や黒の顔料を使って横穴式石室や横穴墓に描かれた絵画は、カビや褪色を防ぐという保存上の理由で限定的にしか公開されていないことがほとんどである。福岡県や熊本県では春・秋に一斉公開日を設けているので、そのタイミングでみて回ることをおすすめしたい。また、事前に管理者（多くの場合は教育委員会の文化財担当部署）に連絡すれば見学に対応してくれるところもある。装飾古墳に限らず石室に入りたい時などは、普段は入口に鍵がかかっていることも多いので、悔しい思いをしないようにしっかり下調べをしておく必要があるだろう。

装飾古墳の文様は何をあらわしているのだろうか（福岡県・珍敷塚古墳）

古墳を見学する時には、一つの地域で古い方から新しい方に順を追うように（逆も可）みて回ると、立地や古墳の形、埋葬施設や装飾文様の変化などがわかりやすい。また、ある地域に特徴的な埋葬施設や出土品を知ることによって、葬られた人の交流範囲もみえてくる。

石室に描かれた装飾は個々の文様の意味やストーリーがわかっていないものが多いので何を表現したかったのか推理してみたり、精巧な装飾品の美しさや技術の高さに目を向けるなど、古墳がつくられた時代に思いを馳せながら、それぞれの視点や感性で向き合ってほしい。ただ、あまり難しいことは考えなくても、古墳の目の前に立って、あるいは一番高い所に登ったなら、神社の清々しさに通じるような「気」を感じることができるだろう。

古墳は今でも信仰の対象であったり、個人の所有地になっている場合もあるので見学マナーには気を配りたい。懐中電灯、それと特に夏場の見学には虫除けスプレーがあると重宝する。

古墳用語集

【あ】

石囲木槨墓　いしがこいもっかくぼ

木棺のまわりを支柱と板材からなる槨で覆い、外側を積み石で囲んだ埋葬施設の一種。竪穴式石槨《たてあなしきせっかく》の祖型とみられる。古墳成立期前後の徳島県・萩原墳墓群一号墓、奈良県・ホケノ山古墳の例がある。木槨を持つ弥生墳丘墓には岡山県・楯築《たてつき》墳丘墓、島根県・西谷《にしだに》三号墓などがある。

石棚　いしだな

横穴式石室の玄室《げんしつ》奥壁に沿って架け渡された棚状の施設で、その下部に死者が葬られる。筑前・筑後のほか、肥後、紀伊、阿波などに分布する。　写真▽143頁

石屋形　いしやかた

横穴式石室の奥壁に沿って置かれた棺の一種で前面（棺身の長辺）が開口する。石障《せきしょう》や家形石棺から変化したもので、次第に石室と一体化するようになる。菊池川流域など肥後を中心に分布し、筑前、筑後、豊後にもみられる。　写真▽120頁

石見型木製品　いわみがたもくせいひん

奈良県・石見遺跡の盾形埴輪が命名のもとであるが、三重県・宝塚一号墳の舟形埴輪に使用例がみられることなどから、儀仗《ぎじょう》をかたどったものと考えられる。畿内を中心に分布し、福岡県・岩戸山《いわとやま》古墳や熊本県・姫ノ城古墳では石製品がある。この木製品は韓国光州市・月桂洞《ウォルゲドン》一号墳からも出土している。　写真▽35頁

腕輪形石製品　うでわがたせきせいひん

畿内の前期の有力首長墓を中心に副葬される権威を示す宝飾具で、多くは碧《へき》玉《ぎょく》や緑色凝灰岩製。産地の中心は北陸地域で、ヤマト政権が各地の有力首長に配布した。鍬形石《くわがたいし》はゴホウラ貝（縦割り）、車輪石《しゃりんせき》はイモガイ（横割り）、石釧《いしくしろ》はオオツタノハ貝と、それぞれ弥生時代の貝輪を祖型とする。

【か】

鏡石　かがみいし

横穴式石室の玄室《げんしつ》の奥壁として据えられた一際大きな石。

画文帯神獣鏡　がもんたいしんじゅうきょう

厚みを持つ平たい縁に龍などの霊獣の文様がある後漢ー三国時代の鏡。魏《ぎ》ではなく、その南の長江流域の呉を中心に出土する。弥生時代終末期の墳丘墓である徳島県・萩原墳墓群一号墓や兵庫県・綾部山墳墓群三九号墓、古墳成立期の奈良

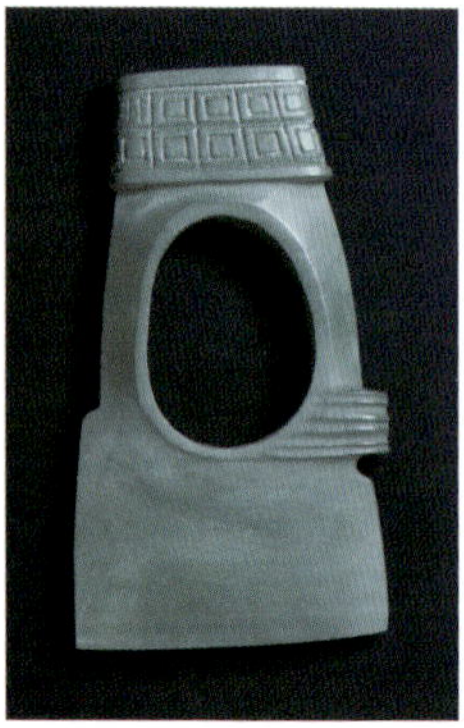

上＝石釧（大分県立博物館蔵）／右＝鍬形石（レプリカ。大分市教育委員会蔵）

県・ホケノ山古墳など、まだ三角縁神獣鏡を伴わない墳墓に副葬例があり、卑弥《ひみ》呼《こ》が魏の皇帝から景初三（二三九）年に下賜された鏡の可能性も指摘されている。五世紀代の古墳からも出土する。

冠帽　かんぼう
冠《かんむり》と帽《ぼう》。権威の象徴として熊本県・江《え》田船山《たふなやま》古墳、福岡県・宮地嶽古墳（金銅製）、同・銀冠塚《ぎんかんづか》古墳（銀製）など有力首長墓から出土する。　写真▽117頁

儀仗　ぎじょう
儀式や儀礼の時に用いられる杖形の武器・武具。

畿内型石室　きないがたせきしつ
中期前半に畿内に定着した横穴式石室の類型。隅角《すみかど》が保たれること、平天井、玄門《げんもん》部が内側に突出しない、楣石《まぐさいし》を設置しない、閉塞《へいそく》は塊石積みによるなど、北部九州型石室とは異なる特徴を持つ。初現期のものは長方形の片袖で、天井部はドーム形と平天井がある。

画文帯神獣鏡（九州歴史資料館蔵）

環頭大刀　かんとうたち
柄頭《つかがしら》が環状になった大刀。環状部の装飾には鳳凰、龍、獅子のほか、三葉環《さんようかん》や三累環《さんるいかん》、捩《ねじ》り環《かん》などがある。当初は朝鮮半島から舶載されたが後に国産化した。装飾がないものは素環頭《そかんとう》大刀という。

挂甲　けいこう
鉄や革の小札《こざね》（縦長の小さな板）を綴じ合わせてつくった鎧《よろい》。中期後半に出現し、後期には短甲に取って代わる。

金銅製単鳳環頭大刀柄頭
（壱岐市立一支国博物館蔵）

玄室　げんしつ
横穴系の石室で死者を葬るための主となる部屋。複室（二室）や三室の場合は前室《ぜんしつ》・中室に対して後室《こうしつ》と呼ぶこともある。　図▽197頁・横穴式石室

玄門　げんもん
横穴式石室の玄室《げんしつ》の入口部分の門。石を積み上げるものと柱状の石（立柱石《りっちゅうせき》）を立てるものがある。

後室　こうしつ　→玄室《げんしつ》

腰石　こしいし
石室の基底部に据えられた基礎となる石で、その上に積まれる石よりも大きい。

古墳　こふん
前方後円墳の出現以降につくられた一定の身分秩序をあらわす形の盛土（マウンド）を持った墳墓。山形県・最上《もがみ》川流域の出羽南部を北限として全国に分布する。墳形には前方後円墳、前方後方墳、円墳、方墳、双円墳、双方中円墳、双方中方墳、八角墳、六角墳、上円墳下方墳などがある。九州の前方後円墳は五六一基（『前方後円墳集成　九州編』一九九

二年）。

胡簶　ころく
矢を収納し腰に提げる容器。矢先を下に向ける。矢筒。

【さ】

三角縁神獣鏡　さんかくぶちしんじゅうきょう
縁の断面が三角形の径二二cm前後の大型の鏡で、前期のヤマト政権の権威を示す威信財として地方首長に分け与えられた。畿内を中心に六百面以上が見つかっている。卑弥呼《ひみこ》が魏《ぎ》の皇帝から景初《けいしょ》三（二三九）年に下賜された鏡とみられていたが、中国では出土していない。文様などの系譜は三国時代に辿ることができるが、中国での「特鋳品」か「国産」か議論が続いている。紀年銘鏡として、島根県・神原神社《かんばらじんじゃ》古墳、大阪府・和泉黄金《いずみこがね》塚《づか》古墳（景初三年）、奈良県・桜井茶臼《さくらいちゃうす》山《やま》古墳（正始《せいし》元年）のほか、三角縁神獣鏡に類似点の多い景初四年銘（魏の元号として存在しない）斜縁《しゃえん》盤龍鏡が京都府・広峯《ひろみね》一五号墳や宮崎県・（伝）持田《もちだ》古墳群から見つかっている。　写真▽40頁

[古墳]

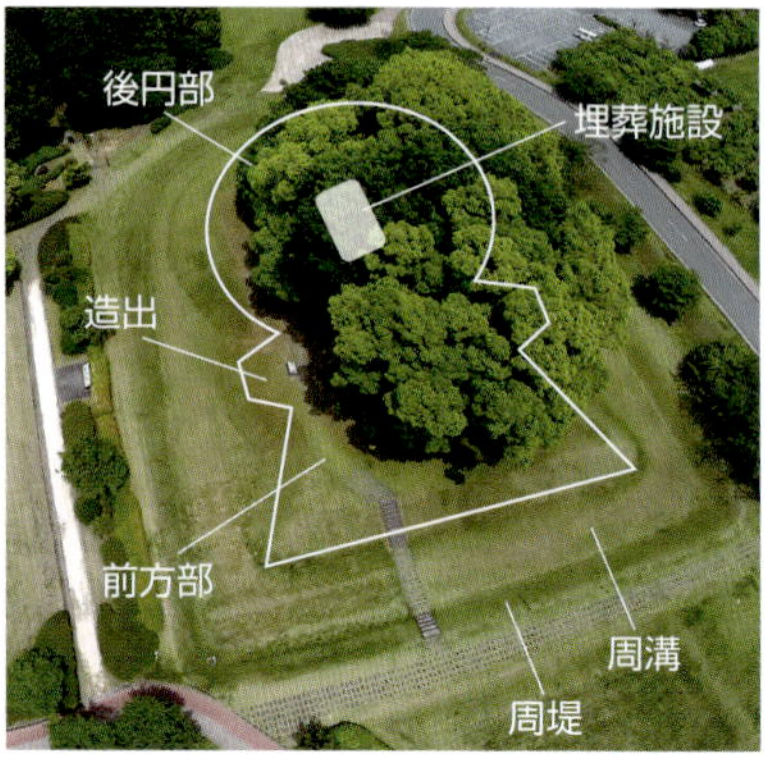

梱石　しきみいし
玄室《げんしつ》、前室《ぜんしつ》、羨道《せんどう》などの空間を仕切る床に据えられた石。　図▽197頁・横穴式石室

屍床　ししょう
石室や横穴墓内部に設えられた、遺体を葬るための空間。

周溝・周濠　しゅうこう・しゅうごう
古墳のまわりに掘られた溝。神聖な墓域である古墳と現生を分ける結界の役割がある。水をたたえたものを周濠とする場合が多い。

周堤・外堤　しゅうてい・がいてい
周溝・周濠の外側に築かれた土堤。

寿陵　じゅりょう
被葬者となる人物が生前から築きはじめた古墳。史料によれば仁徳天皇陵や岩戸山古墳も寿陵であった。

準構造船　じゅんこうぞうせん
丸太を刳り抜いてつくった丸木舟に、波切りのための竪板《たていた》や波よけの舷側板《げんそくばん》などの部材を継ぎ足した構造の船。

衝角付冑　しょうかくつきかぶと
頭頂部から前面にかけて三角形状に突き出た角《かど》を持つ鉄製の冑。

飾履　しょくり
儀式用の履《くつ》（沓）。歩揺《ほよう》などで飾られる。　写真▽117頁

須恵器　すえき
前期末頃に朝鮮半島南部から製作技術が伝わり、日本で生産された還元焔《かんげんえん》焼《しょう》成《せい》の焼き物。半島からの将来品は陶質土器（百済系・伽耶系・新羅系）と呼ぶ。大阪府・大庭寺《おおばでら》遺跡のほか、九州では福岡県朝倉市周辺の朝倉古窯跡群などに初期段階の窯跡がある。

隅角　すみかど
石室の壁と壁との接点の角の部分。

石障　せきしょう

横穴式石室の玄室《げんしつ》の壁際の四方に立てられた、屍床《ししょう》を仕切る板状の石材。これを備える石障系石室（肥後型石室）は中期前半に八代海沿岸地域で出現し、後期初頭にかけて肥後地域を中心に分布する。

石製表飾　せきせいひょうしょく

中期前半から後期の古墳の墳丘上に立てられた阿蘇凝灰岩製の石製品。初現期の例は短甲形や丸彫りの武装石人が単体で存在し、後期の岩戸山古墳では埴輪のモチーフと共通する人物・馬・鶏・家・壺・靫《ゆぎ》・笠・儀仗《ぎじょう》などバリエーションが増えて使用法も変化する。岩戸山古墳が位置する筑後南部を中心に、磐井の勢力が及んだ肥後・肥前・豊後と日向の一部に分布するが、磐井の乱以降は肥後・筑後地域で出土し、人物や、蓋《きぬがさ》を模した笠形が主流になるなど構成も変化する。　写真▽76・77・129頁

石棺　せっかん

石製の棺。前期には弥生時代以来の箱形石棺や、割竹形木棺《わりたけがたもっかん》に倣った割竹形石棺がある。前期末から中期には舟形《ふながた》石棺・家形石棺などが出現し、「大王の棺」と呼ばれ被葬者の階層が極めて限られた長持形石棺《ながもちがたせっかん》も肥前や筑後に例がある。有明海周辺地域では横口式家形石棺が特徴的。終末期には畿内型の家形石棺も九州に流入する。

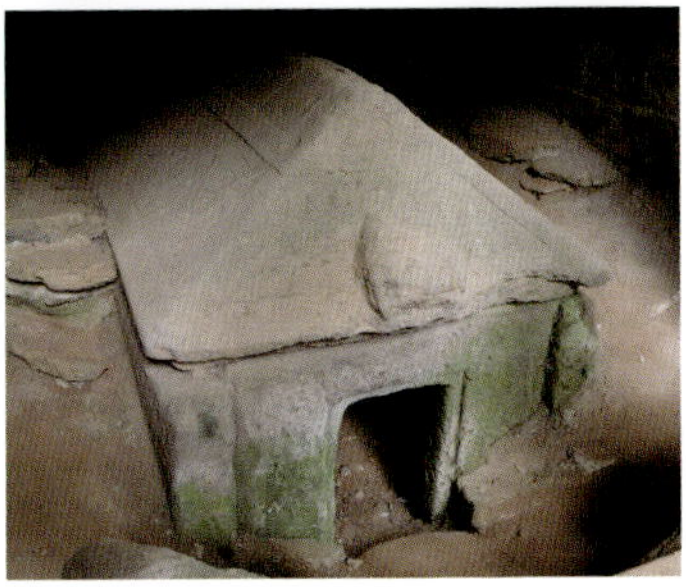

上＝長持形石棺／下＝横口式家形石棺

羨道　せんどう

横穴式石室の入口と、死者を葬る玄室《げんしつ》・前室《ぜんしつ》を繋ぐ通路。図▽197頁・横穴式石室

前方後円墳　ぜんぽうこうえんふん

古墳の形の一つで、円形の墳丘（後円部）と方形の墳丘（前方部）が連結したもの。通常は後円部に埋葬施設がある。前方部には、埋葬施設に至る通路、祭祀の場などの役割が考えられるが、埋葬施設があることも少なくない。前方後円墳は様々な形がある古墳の中でも最上位の墳墓。江戸時代の国学者・蒲生君平《がもうくんぺい》が命名した。

前方後方墳　ぜんぽうこうほうふん

古墳の形の一つで、方形の墳丘が連結したもの。東海・関東地方を中心に前期前半の大型墳に採用された。そのため畿内勢力と対峙する東国勢力の首長墓とする説もあるが、近畿地方にも大型の前方後方墳が集中する地域がある。前方後円墳に次ぐ階層の墳形。　写真▽65頁

羨門　せんもん

横穴式石室の羨道《せんどう》の入口部分の門。

前門　ぜんもん

横穴式石室の前室入口部分の門。

双脚輪状文　そうきゃくりんじょうもん

装飾古墳に描かれた文様の一つ。円文のまわりに突起を配し、その下に二本の跳ね上げた脚がつく。スイジガイが祖型

双脚輪状文（レプリカ。王塚装飾古墳館蔵）

とみられる。和歌山県・大日山《だいにちやま》三五号墳のように人物埴輪の冠として表現された例や、岡山県・金蔵山《かなくらやま》古墳の盾形埴輪に線刻されたものがある。九州では福岡県・王塚古墳、弘化谷古墳、熊本県・釜尾古墳など五例が知られる。

装飾古墳　そうしょくこふん

全国の六割が九州に存在し、東北南部・関東・近畿・山陰などにも分布する。中期に石棺に直弧文をレリーフしたものや石障に円文を線刻したものが出現し、後期には石屋形内面や横穴式石室壁面に幾何学文・具象文が描かれる。後期後半から終末期には敲打による文様や線刻画へと変化していくが、肥後では横穴墓の墓室や外壁に具象文がレリーフされる例も多い。赤はベンガラ（鉄鉱石）、黄は黄土、白は白土、黒は黒土・炭、緑はセラドナイト、灰は灰色粘土が顔料。

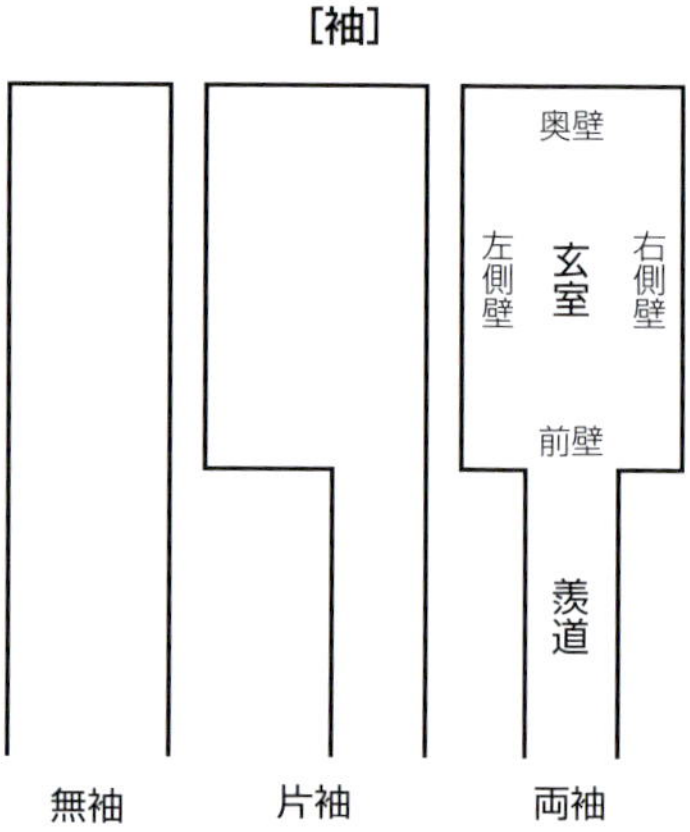

袖　そで

横穴式石室の玄室《げんしつ》と羨道《せんどう》、前室《ぜんしつ》と羨道が接続する部分。玄室が羨道の幅より左右に広くなっているもの（両袖）、左か右のどちらか一方に広くなっているもの（片袖）、同じ幅のもの（無袖）の三つに分けられる。

【た】

蛇行剣　だこうけん

身が蛇のように曲がった剣。茨城県以南で出土し、畿内と南九州に分布が集中。最大は奈良県・富雄丸山《とみおまるやま》古墳出土例で、長さ二三七cmに及ぶ。

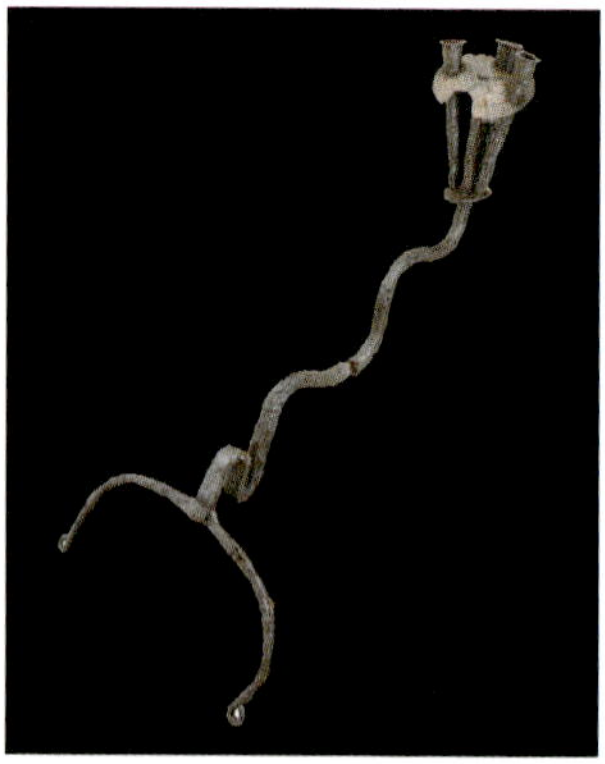
蛇行状鉄器（福津市教育委員会蔵）

蛇行状鉄器　だこうじょうてっき

馬の背に挟みこむ逆U字形の鉄棒に、曲がりくねった鉄の棒がつく馬具の一種で、先端に旗を装着できる旗差しがついている。埼玉県・酒巻《さかまき》一四号墳から出土した馬形埴輪や高句麗・双楹塚《そうえいづか》古墳の壁画で使用法がわかる。

竪穴系横口式石室　たてあなけいよこぐちしきせきしつ

竪穴式石槨の一方に横口を設けた石室。竪穴式石槨のように幅が狭いため、遺体は石室の主軸に沿って置かれる。北部九州から西日本各地に伝播した。写真▽174頁

竪穴式石槨と割竹形木棺

竪穴式石槨・竪穴式石室　たてあなしきせっかく・たてあなしきせきしつ

前期から中期前半の埋葬施設。棺を据えた後、割石を積み上げながら槨をつくり、天井部を板石などで密閉する。

短甲　たんこう

フレームに板をはめ込んでつくった鎧《よろい》。木製・革製・鉄製がある。鉄製は板材の形状により竪矧板《たてはぎいた》・方形板（前期）、三角板・横矧板（中期以降）があり、技法的には革綴《かわとじ》から鋲留《びょうどめ》の出現によって大量生産が可能になった。　写真▽168頁

断続ナデ技法　だんぞくなでぎほう

円筒埴輪の突帯（図▽194頁）を貼り付ける時の技法の一種。指先で押さえつけながら貼り付けたままであるため、指頭の痕がはっきりと残っている。通常は突帯を貼り付けた後に丁寧な仕上げを行う。

地下式板石積石室　ちかしきいたいしづみせきしつ

中期から後期にかけて、肥後南部と薩摩北部に分布する竪穴系の埋葬施設。竪穴を掘り、基底部に円形もしくは方形に板石を立て並べ、その上に魚鱗状に板石を積み上げて天井とする。肥後型石室の穹窿《きゅうりゅう》（ドーム）形天井や石障系石室の発生に影響を与えた可能性も指摘される。　写真▽176頁

地下式横穴墓　ちかしきよこあなぼ

中期から後期にかけて日向南部と大隅に分布する埋葬施設。竪穴を掘り、その底面から横方向に墓室を掘り込む。閉塞《へいそく》は竪坑《たてこう》部の上で行うものと横口部で行うものとがある。　写真▽171頁

力石　ちからいし

石室の隅角に架け渡された石材。壁の強度が増し、安定性を高める役割がある。

筑肥型石室　ちくひがたせきしつ

北部九州型石室と肥後型石室の折衷型。玄室《げんしつ》が長方形で平天井となり石障《せきしょう》を持つものと、平面が方形に近く、側壁上部の持ち送りが弱くて天井石が一枚で石障を持たないものとがある。岡山県・千足《せんぞく》古墳など九州外にも伝播した。

直弧文

直弧文　ちょっこもん

直線と弧を組み合わせた文様。前期から後期前半にかけて石棺の蓋や石障《せきしょう》、貝《かい》釧《くしろ》、刀装具《とうそうぐ》などに刻まれる。弥生時代後期後半の岡山県・楯築《たてつき》墳丘墓の弧文石《こもんせき》などの文様が祖型とみられる。

柄頭　つかがしら

刀の柄（持ち手）の端部。またはそこ

に装着される金具。

造出 つくりだし
墳丘に付設される方形や半円形の壇。通常は大型前方後円墳のくびれ部に取りつくことが多く、片側につくものと両側につくものとがある。葬送にかかる祭祀を行う、または祭祀を埴輪で再現する場で、初期の古墳にはみられない。

筒形銅器 つつがたどうき
細長い円筒形の銅製品。畿内を中心に瀬戸内海沿岸部に分布の中心があるが、韓国では慶尚南道・大成洞《テソンドン》古墳群や福《ボク》泉洞《チョンドン》古墳群など伽耶地域の遺跡から複数個体が集中的に出土している。儀仗《ぎじょう》や槍の石突《いしづき》と考えられる。 写真▽87頁

造出

妻入 つまいり
棟と直交する側面に入口を設ける構造。

積石塚 つみいしづか
石積み、ないしは土と石を積んで築かれた墳墓。弥生時代終末期の前方後円形の墳丘墓である徳島県・萩原墳墓群一号墓・二号墓や前期の香川県・石清尾山《いわせおやま》古墳群の他、古墳時代を通してつくられた。東日本では長野県・大室《おおむろ》古墳群が知られる。積石塚に関しては、朝鮮半島の渡来系氏族の墳墓説や在地海人族の墳墓説があるが、九州では西海岸に点在することから、朝鮮半島との緊張関係に備えた人々の墓域などヤマト政権の施策の中で造営された可能性もある。 写真▽47頁

丁字形利器 ていじがたりき
柄の先端に取り付けるT字形の鉞《まさかり》様の鉄器。両端に蛤刃《はまぐりば》と圭頭刃《けいとうば》をつくり出す。古代中国で出征する将軍に君主が渡した斧鉞《ふえつ》とも考えられている。

手捏ね土器 てづくねどき
回転台を使わずに指先で成形してつくられた土器。実用品でなく、主に祭祀用として用いられた。

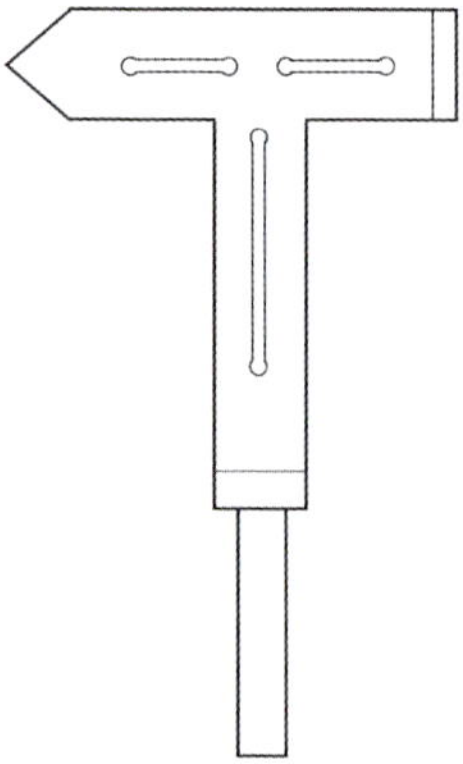
丁字形利器

鉄鋌 てってい
短冊形、もしくは両端が撥《ばち》のように開いた板状の鉄素材で、朝鮮半島からもたらされた。中期前半以降の古墳などから出土する。 写真▽11頁

同型鏡 どうけいきょう
既製の鏡から鋳型を得る「踏み返し」によってつくられた銅鏡。ヤマト政権の勢力圏を示す三角縁神獣鏡の中に多くの同型鏡があるほか、滋賀県・三上山下《みかみやました》古墳、群馬県・綿貫観音山《わたぬきかんのんやま》古墳の獣帯鏡は韓国・武寧王《ムリョンワン》陵から出土した中国・南朝産の鏡と同型であることが知られる。同じ笵型《はんがた》でつくられた同笵鏡《どうはんきょう》も含めて同型鏡と呼ぶことが多い。

胴張石室 どうばりせきしつ
横穴式石室の側壁の中央部付近が弧状に膨らむ形になるもの。片岩の割石や河

原石など、小さな構築材を用いる際の技法上の理由から生まれた。

特殊壺・特殊器台　とくしゅつぼ・とくしゅきだい

吉備地域で弥生時代後期後半から終末期の墳丘墓から出土する、埴輪の祖型となった祭祀用の土器。弧状の線が帯のようになった文様（弧帯文）が特徴。

突起石　とっきいし

大刀などを置くために、横穴式石室の玄室《げんしつ》壁面にはめ込まれた石。中期前半から後期前半に有明海周辺で多くみられ、山陰や紀伊にも分布する。

土橋　どばし

墳丘や石室に入るために周溝の一部に設えられた通路。

写真▽44頁

巴形銅器　ともえがたどうき

半球形の体部に捩《ねじ》りのある六本から九本の脚を備えた装飾具で盾などを飾った。弥生時代後期に出現した。古墳時代のものは脚が四本から五本。中部から九州にかけて分布する。魔除けの力を持つ南海産のスイジガイを祖型とみる説がある。

【な】

粘土槨　ねんどかく

前期の埋葬施設の一種。割竹形《わりたけがた》木棺や舟形木棺を粘土でつくった床（粘土床《ねんどしょう》）の上に据え、棺全体を粘土でくるみ込んだもの。

【は】

陪塚　ばいちょう

大型の古墳に付随して、そのまわりに衛星的に配置された古墳。親近者や、被葬者のための副葬品を埋葬・埋納する。

突起石

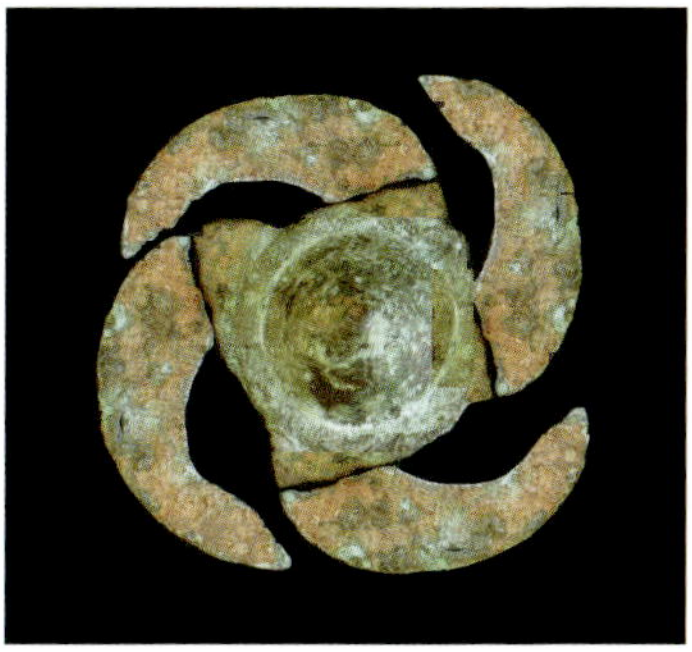

巴形銅器（妙正寺蔵、図上復元）

馬具　ばぐ

轡《くつわ》、鞍《くら》、鐙《あぶみ》、障泥《あおり》、三繋《さんがい》（面繋、胸繋、尻繋）などの機能的な部品と、鏡板《かがみいた》、雲珠《うず》、杏葉《ぎょうよう》、歩揺付飾金具《ほようつきかざりかなぐ》などの装飾具がある。乗馬は中期以降に普及するが、前期の奈良県・箸墓古墳の周溝からは木製輪鐙《わあぶみ》が出土している。

舶載鏡　はくさいきょう

中国や朝鮮半島などで製作され、輸入された鏡。

［馬具］

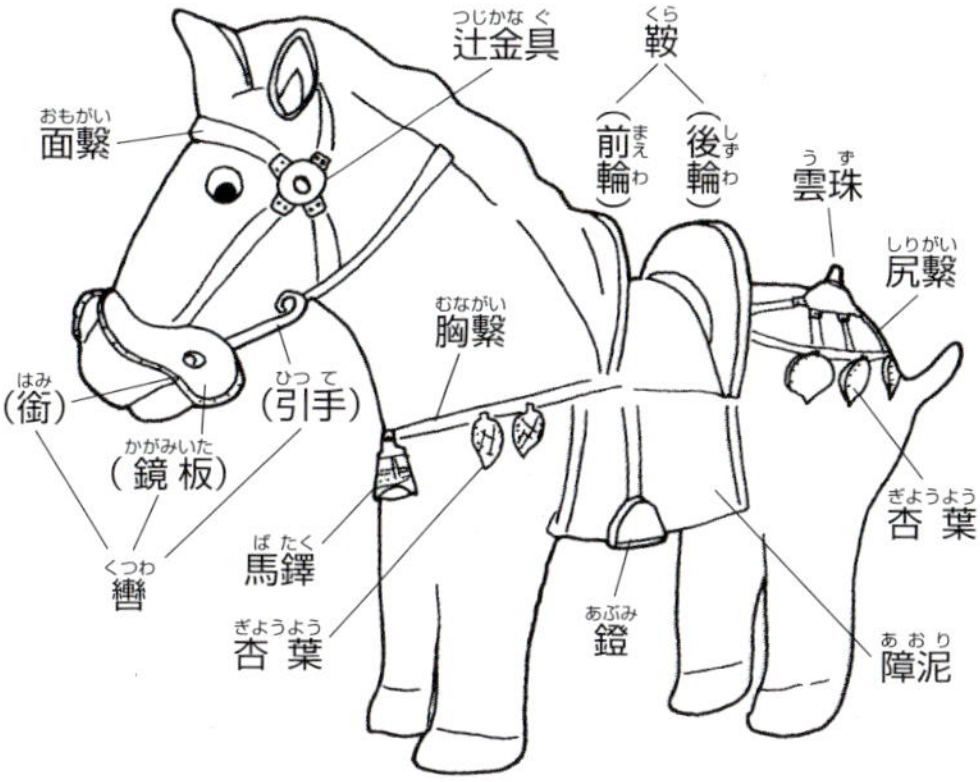

[埴輪]

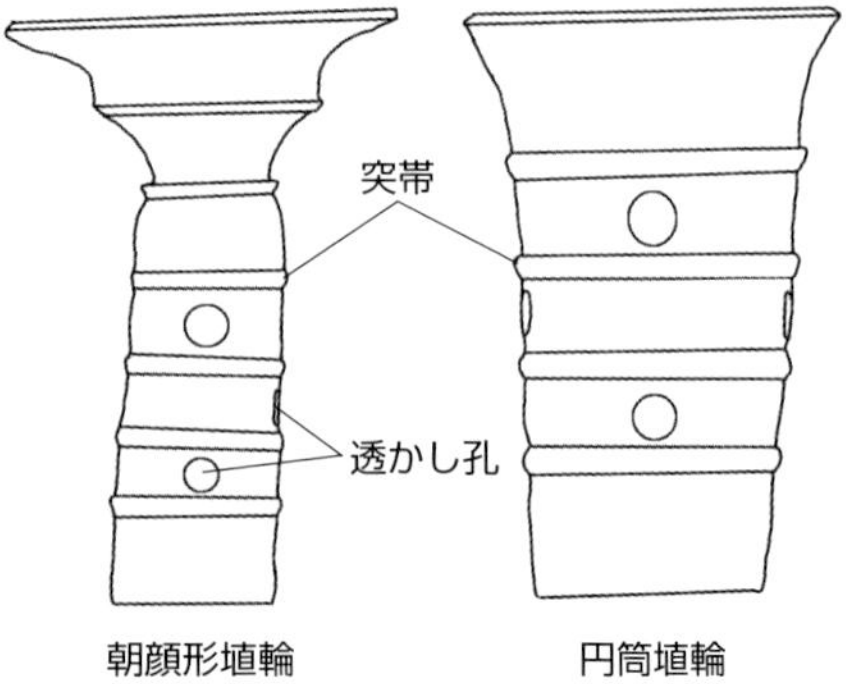

土師器　はじき
縄文時代以来の野焼きで酸《さん》化《か》焰《えん》焼成《しょうせい》により焼かれた土器。

埴輪　はにわ
墳丘上に立て並べられた古墳専用の焼き物。円筒埴輪、朝顔形埴輪、柵形埴輪、囲形《かこいがた》埴輪などの空間を区切るものと、家、武人、巫女、農夫、舟、動物、武具、翳《さしば》、蓋《きぬがさ》、楽器（琴・太鼓・笛）などの祭祀に関わる形象埴輪がある。朝顔形埴輪、円筒埴輪は吉備地域の弥生時代終末期の墳丘墓から出土する特殊壺や特殊器台が祖型となり、大和地域で成立した。埴輪と同様の機能を持つ石製品や木製品が墳丘上に並べられることもあった。

[肥後型石室]

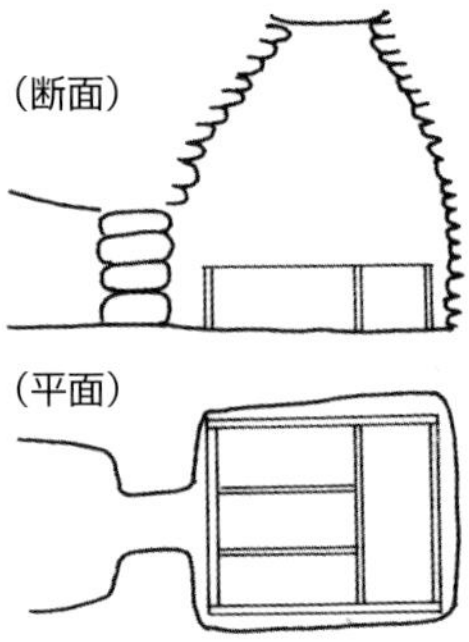

半裁竹管文　はんさいちくかんもん
埴輪などにみられる施文の一種。細い竹を半分に割った形の工具の先端を押し付けてつけた半円形の文様。九州では肥後地域に集中する。組み合わせにより「S」字状、「X」字状の二種がある。

肥後型石室　ひごがたせきしつ
中期前半に八代海沿岸地域で出現し、後期前半まで肥後地域を中心に分布する。玄室《げんしつ》の平面形が正方形に近い。壁は四方から石を持ち送っているため壁の接点（隅角《すみかど》）が丸みを帯び、天井は穹窿《きゅうりゅう》（ドーム）形になる。床を「コ」の字形や「川」の字形に区切った石障《せきしょう》を伴うものが多く、石障系石室とも呼ばれる。

[北部九州型石室]

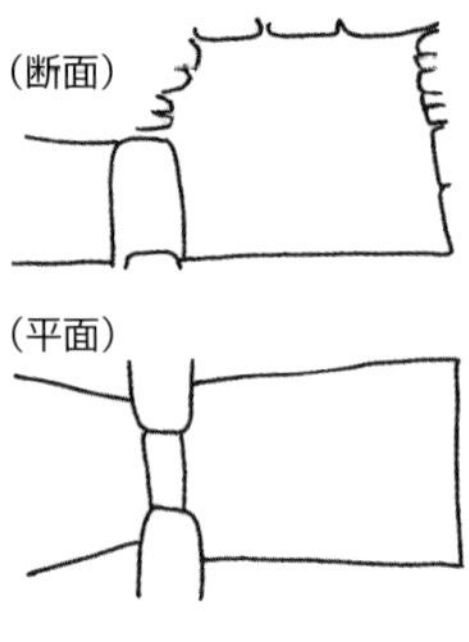

平入　ひらいり
棟と平行する側面に入口を設ける構造。

葺石　ふきいし
古墳をより荘厳にみせるために墳丘の斜面に石を積み上げて覆ったもの。土留めの機能も兼ねる。

墳丘墓　ふんきゅうぼ
古墳出現以前の盛土（マウンド）を持つ墳墓。最古例の福岡県・吉武高木遺跡では、弥生時代前期末－中期初頭の甕棺《かめかん》・木棺から多鈕細文鏡《たちゅうさいもんきょう》、銅剣、銅《どう》戈《か》、銅《どう》矛《ほこ》などが出土している。その後、佐賀県・吉野ヶ里《よしのがり》遺跡や福岡県・三雲南小路《みくもみなみしょうじ》遺跡一号墳丘墓など有力者の集団墓・特定個人墓としてつくられた。山陰地域では弥生時代中期後半に出現した四隅突《よすみとつ》出型《しゅつがた》墳丘墓や、瀬戸内地域の後期後半の岡山県・楯築《たてつき》墳丘墓などが知られる。

閉塞 へいそく

死者の埋葬後に横穴式石室や横穴墓などの入口を塞ぐこと。石を積み上げるものと、板石を立てて塞ぐものがある。 写真▽107頁

方形周溝墓 ほうけいしゅうこうぼ

溝によって方形に区画された墳墓。弥生時代—古墳時代前期にかけてつくられた。マウンド（盛土）を持つものもあるが、土を盛って区画した弥生時代の「墳丘墓」とは区別される。福岡県・平原《ひらばる》遺跡一号墓からは、日本最大の四六・五cmの仿製内行花文鏡《ぼうせいないこうかもんきょう》ほか四十面もの銅鏡が出土した。

放射性炭素年代測定法 ほうしゃせいたんそねんだいそくていほう

葺石

実年代を特定する方法の一つ。動植物が持つC^{14}は死後に炭素が補給されずに減少していき、その半減期が五七三〇年であることに基づき測定を行う。AMS法（加速器質量分析法）は従来のβ線測定法よりも試料数が少なくて済み、測定時間が短縮されるが、弥生時代の開始期が四百—五百年も遡る結果が出るなど、考古学的手法により組み立てられた編年観と齟齬が生じている現状もある。

仿製鏡 ぼうせいきょう

国産の鏡。円形だけでなく、奈良県・富雄丸山《とみおまるやま》古墳の鼉龍文盾形《だりゅうもんたてがた》銅鏡のような特殊な形状もある。

北部九州型石室 ほくぶきゅうしゅうがたせきしつ

中期初頭に玄界灘沿岸地域で最古の横穴式石室として出現し、北部九州を中心に九州全域に拡がる。玄室《げんしつ》は長方形で、四方の壁の接点（隅角《すみかど》）が保たれ、平天井となる。当初は扁平な石を積むが、後に基底部の石が腰石として発達する。玄門部には内側に突出する柱状の石（立《りっ》柱石《ちゅうせき》）を立てる。

帆立貝形前方後円墳 ほたてがいがたぜんぽうこうえんふん

前方後円墳の一形態。前方部の長さが通常の前方後円墳よりも短い。後円部の三分の一以下、四分の一以下など定義が明確ではない。また、八分の一以下は造《つくり》出付円墳《だしつきえんぷん》と呼ばれる。

墓道 ぼどう

古墳に至る道。 図▽197頁・横穴式石室

歩揺 ほよう

衣服、冠、沓《くつ》、馬具などに取り付けられた飾り金具。薄く小さな板状で、円形、心葉形（ハート形）のほか、魚形などがある。歩くと揺れることからこの名がついた。

【ま】

埋葬施設 まいそうしせつ

死者（被葬者）を納めるための施設。棺とそれを覆う槨《かく》、室がある。主体部と呼ばれることも多い。埋葬形態によって竪穴系と横穴系に分けられる。

竪穴系

（棺）箱形木棺・箱形石棺、割竹形木棺・

割竹形石棺、舟形木棺・舟形石棺、長持形石棺、家形石棺、横口式家形石棺
（槨）石囲い木槨、竪穴式石槨
（室）地下式板石積石室

横穴系
（棺）石屋形
（室）横穴式石室、竪穴系横口式石室、横穴墓、地下式横穴墓、横穴系地下式板石積石室
（槨）横口式石槨

馬門石 まかどいし
熊本県宇土《うと》市・馬門で産出する阿蘇凝灰岩（阿蘇ピンク石）。産地は肥君《ひのきみ》が掌握し、大阪府・今城塚《いましろづか》古墳など畿内の大王級の古墳の石棺の素材となった。

纒向型前方後円墳 まきむくがたぜんぽうこうえんふん
奈良県・纒向遺跡で成立した、纒向石塚古墳に代表される成立期の前方後円墳の類型。後円部径と前方部長の比が二対一であること、前方部が撥形《ばちがた》に開くこと、くびれ部が不明瞭であることなどが特徴。前方後円墳が出現する以前の弥生時代の墳丘墓と位置づける研究者も多い。

［纒向型前方後円墳］

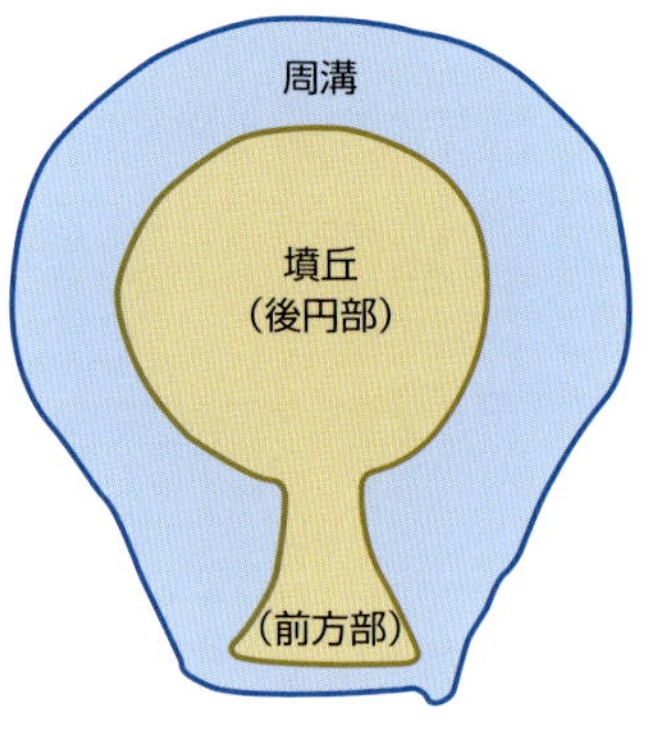

楣石 まぐさいし
玄門や前門の上に梁《はり》のように架け渡された石材。 図▽197頁・横穴式石室

窓状施設 まどじょうしせつ
横穴式石室の門の天井石と、袖石に架け渡された楣石《まぐさいし》との間に、窓のような隙間を設けた構造。 写真▽78頁

眉庇付冑 まびさしつきかぶと
前面に半月形の庇（鍔《つば》）がつく鉄製の冑。頭頂部に羽根飾りをつけるためのワイングラス様の軸がのる。 写真▽67頁

丸彫 まるぼり
ひとかたまりの石材から製品を掘り出す技法。厚みがある立体的なもの。

［殯施設の埴輪］

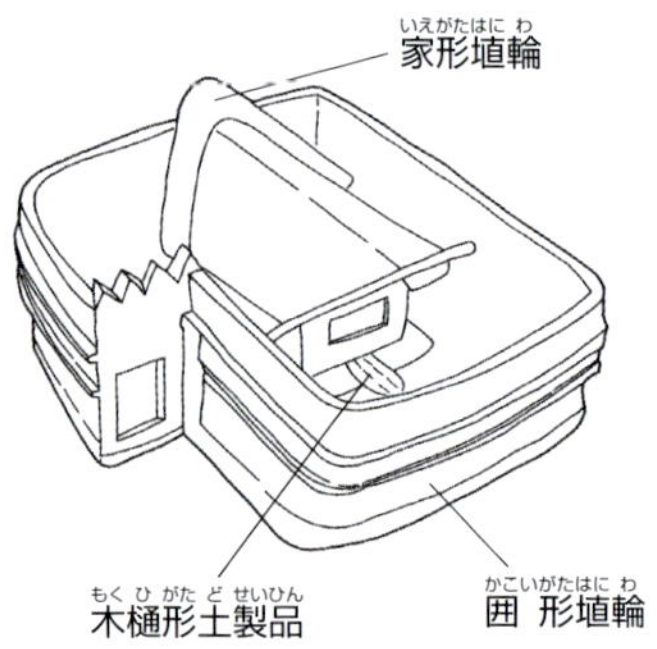

（三重県・宝塚1号墳出土品）

三輪玉 みわだま
大刀の柄《つか》部分の勾金《まがりかね》（護拳用の帯）につけられた装飾品。半裁した玉が三個連なる形状。材質は土製、石製、金銅製、銀製、水晶製がある。

殯 もがり
本葬を行う前に喪屋《もや》に遺体を仮安置し、儀礼を行うこと。その期間は数日から、天武天皇のように二年二カ月に及ぶものまである。奈良県・南郷大東《なんごうおおひがし》遺跡などでは喪屋、その内部に設置された浄化した水をつくり出す木樋《もくひ》、木樋への導水施設がセットで検出されている。

持ち送り もちおくり
石室の壁をつくる時の技法の一つ。石

材を、上部にいくにしたがって徐々に内側に迫り出すように積み上げること。

【や】

靫　ゆぎ
矢を収納し背負う容器。矢先は上に向ける。

横穴式石室　よこあなしきせきしつ
前期末－中期初頭に朝鮮半島の影響を受けて北部九州の玄界灘沿岸地域で導入された埋葬施設。開閉可能な横口を設けることによって追葬が可能になった。単室（一室）、複室（二室）、三室がある。

［横穴式石室（複室）］

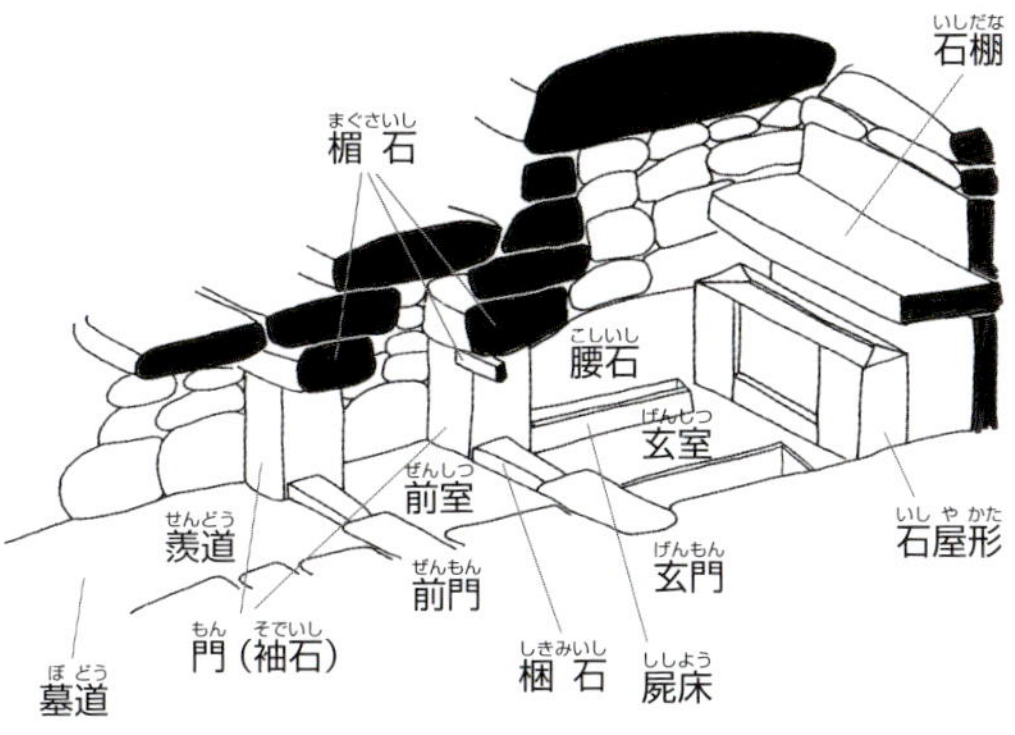

（国立歴史民俗博物館『装飾古墳の世界』をもとに作成）

横穴墓　よこあなぼ
崖面に横穴を掘り込んで墓室をつくった埋葬施設の一種。横穴式石室に倣って中期前半に導入された。墳丘を伴う例もある。

横口式石槨　よこぐちしきせっかく
羨道《せんどう》の奥に一人用の木棺を納めるために巨石を刳り抜いて槨をつくりつけた終末期の埋葬施設。畿内を中心に分布する。

奈良県明日香村の横口式石槨。上下でセットになる。上は「鬼の雪隠（せっちん）」、下は「鬼の俎（まないた）」と呼ばれている

寄棟　よせむね
寄棟造りの略。四方向に傾斜する形の屋根の構造。

写真▽141頁

【わ】

蕨手文　わらびてもん
装飾古墳に描かれた文様の一つ。上に向かって二又に開いた線が、左右対称に蕨のように巻き込んでいる。

蕨手文

割竹形木棺　わりたけがたもっかん
前期古墳の埋葬施設。高野槇《こうやまき》などの巨木を半裁し、内側を刳《く》り抜《ぬ》いて棺身・棺蓋とした。なかには長さ九m近い長大な棺もある。

写真▽191頁

九州主要古墳編年表

（数字は墳丘長。白抜きのマークは消滅）

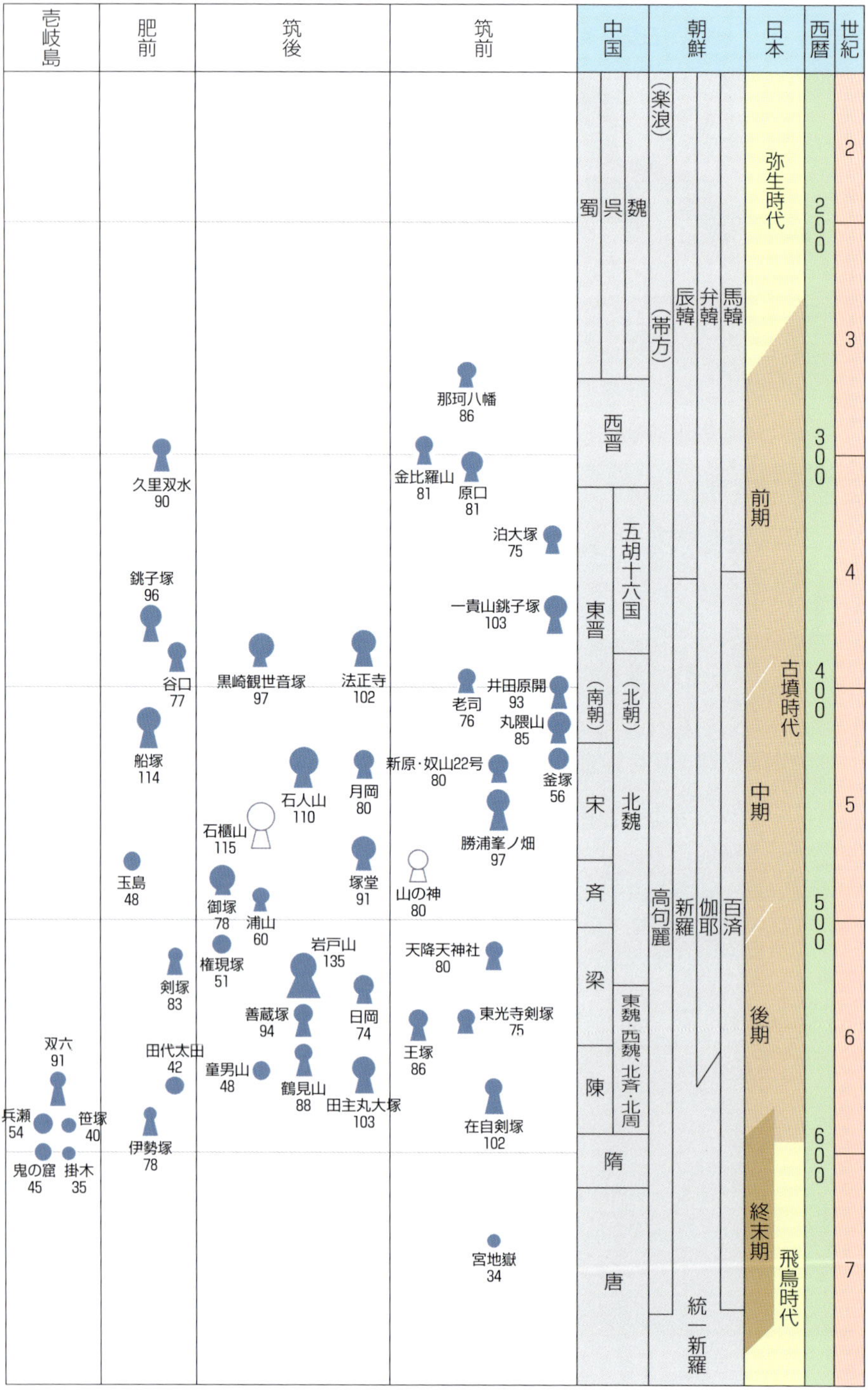
世紀
西暦
日本
朝鮮
中国
筑前
筑後
肥前
壱岐島
2
3
4
5
6
7
200
300
400
500
600
弥生時代
前期
古墳時代
中期
後期
終末期
飛鳥時代
（楽浪）
（帯方）
辰韓
弁韓
馬韓
高句麗
新羅
伽耶
百済
統一新羅
魏
呉
蜀
西晋
五胡十六国
東晋
（北朝）
（南朝）
北魏
宋
斉
梁
陳
東魏・西魏、北斉・北周
隋
唐
那珂八幡
86
金比羅山
81
原口
81
泊大塚
75
一貴山銚子塚
103
井田原開
93
老司
76
丸隈山
85
釜塚
56
新原・奴山22号
80
勝浦峯ノ畑
97
山の神
80
天降天神社
80
東光寺剣塚
75
王塚
86
在自剣塚
102
宮地嶽
34
黒崎観世音塚
97
法正寺
102
石人山
110
月岡
80
石櫃山
115
塚堂
91
御塚
78
浦山
60
権現塚
51
岩戸山
135
善蔵塚
94
日岡
74
童男山
48
鶴見山
88
田主丸大塚
103
久里双水
90
銚子塚
96
谷口
77
船塚
114
玉島
48
剣塚
83
田代太田
42
伊勢塚
78
双六
91
兵瀬
54
笹塚
40
鬼の窟
45
掛木
35

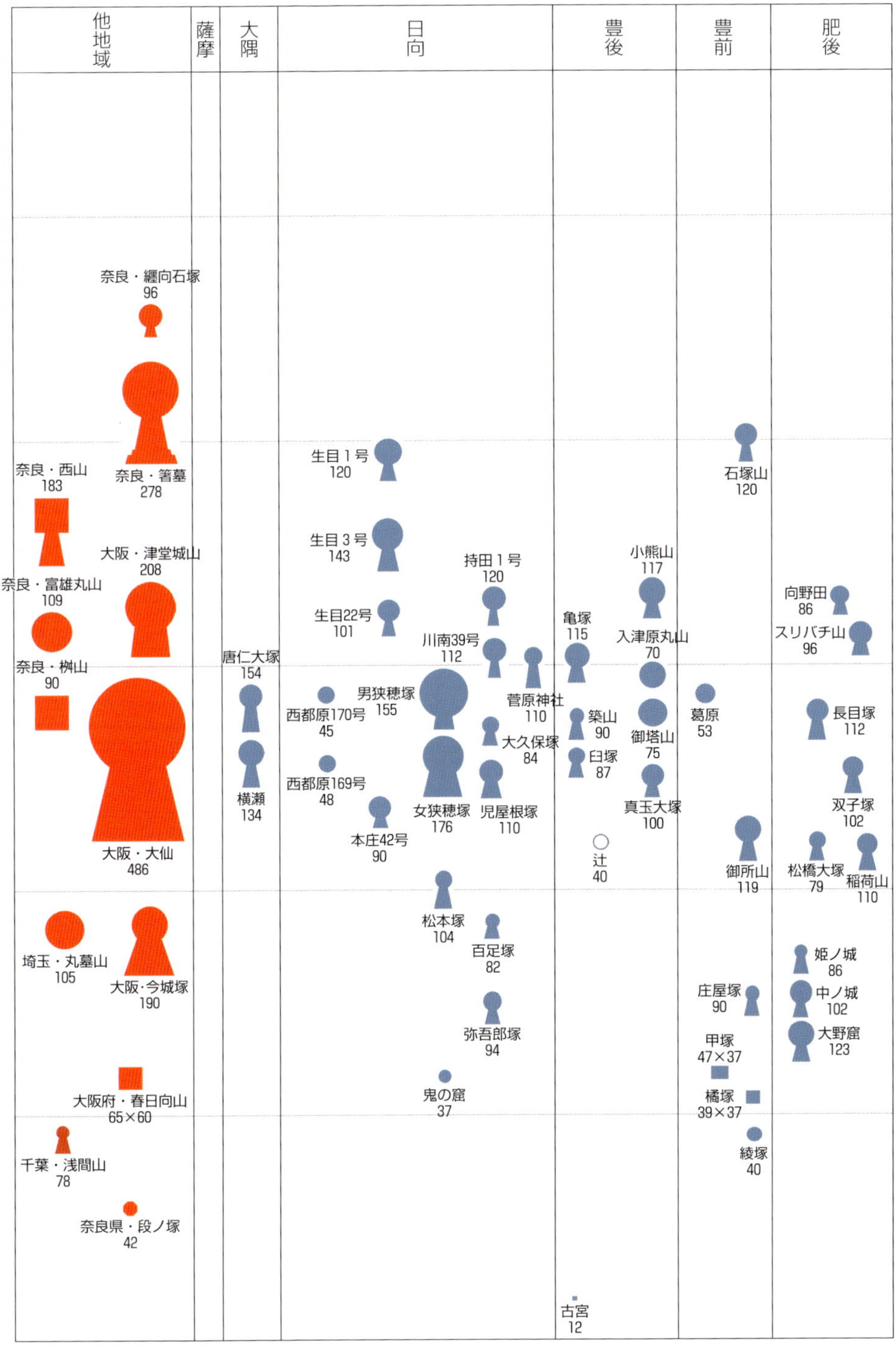
他地域
薩摩
大隅
日向
豊後
豊前
肥後
奈良・纒向石塚
96
奈良・箸墓
278
奈良・西山
183
大阪・津堂城山
208
奈良・富雄丸山
109
奈良・桝山
90
大阪・大仙
486
埼玉・丸墓山
105
大阪・今城塚
190
大阪府・春日向山
65×60
千葉・浅間山
78
奈良県・段ノ塚
42
唐仁大塚
154
横瀬
134
生目１号
120
生目３号
143
生目22号
101
持田１号
120
川南39号
112
男狭穂塚
155
西都原170号
45
西都原169号
48
菅原神社
110
大久保塚
84
女狭穂塚
176
児屋根塚
110
本庄42号
90
松本塚
104
百足塚
82
弥吾郎塚
94
鬼の窟
37
亀塚
115
築山
90
臼塚
87
辻
40
古宮
12
小熊山
117
入津原丸山
70
御塔山
75
真玉大塚
100
石塚山
120
葛原
53
御所山
119
庄屋塚
90
甲塚
47×37
橘塚
39×37
綾塚
40
向野田
86
スリバチ山
96
長目塚
112
双子塚
102
松橋大塚
79
稲荷山
110
姫ノ城
86
中ノ城
102
大野窟
123

掲載古墳一覧

【凡例】 埋葬施設見学の可否について
可▽埋葬施設の観察が可能なもの。制限があるものは個別に記している。

要問合せ▽鍵や管理者の立会が必要など通常は施錠しているもの。

限定公開▽同時公開日など年に1、2回程度公開されるもの。

不可▽未調査か、埋め戻していて公開できない、または保存上の理由で原則として公開していないもの。
※2025年3月時点での情報です。事前のお問合せをお勧めします。

県	頁	名称	埋葬施設見学の可否	アクセス	マップ	問合せ先
福岡県	34	一貴山銚子塚古墳	不可	JR筑肥線一貴山駅から徒歩10分	213頁D	糸島市教育委員会文化課 092-332-2093
	34	釜塚古墳	不可。伊都国歴史博物館にレプリカが展示	JR筑肥線加布里駅から徒歩3分	213頁D	
	36	三雲遺跡群・曽根遺跡群	不可	端山古墳・築山古墳▽JR筑肥線波多江駅からコミュニティバス三雲宮前下車、徒歩1分／狐塚古墳・銭瓶塚古墳・ワレ塚古墳▽同銭瓶塚下車すぐ	213頁D	
	37	今宿古墳群	丸隈山古墳▽可。格子扉越し／その他は不可。鋤崎古墳は福岡市博物館にレプリカが展示	丸隈山古墳▽JR筑肥線周船寺駅から徒歩10分／今宿大塚古墳▽JR筑肥線今宿駅から徒歩15分	213頁D	福岡市文化財保護課 092-711-4666
	40	那珂八幡古墳	不可	JR鹿児島本線竹下駅から徒歩5分。那珂八幡宮境内	213頁D	
	40	東光寺剣塚古墳	要問合せ（アサヒビール博多工場092-431-2701）。玄門から格子扉越し（石室は見える）	JR鹿児島本線竹下駅から徒歩6分。アサヒビール博多工場敷地内	213頁D	
	42	今里不動古墳	可。一部柵越し	西鉄桜並木駅から西鉄バス今里下車、徒歩5分	212頁D	福岡市文化財活用課 092-711-4666
	43	善一田古墳群	可	JR南福岡駅から西鉄バス乙金下車、徒歩5分。西鉄春日原駅から徒歩6分のイオン大野城からコミュニティバスで乙金東1丁目第1下車	212頁D	大野城心のふるさと館 092-558-2206

福岡県

44	日拝塚古墳	要問合せ	九州新幹線博多南駅から徒歩15分	213頁D	春日市文化財課 092-501-1144
45	光正寺古墳	不可。宇美町立歴史民俗資料館にレプリカが展示	JR鹿児島本線博多駅から西鉄バス田富下車、徒歩10分	212頁D	宇美町シティプロモーション課 092-934-2370
45	七夕池古墳	不可。志免町歴史資料室にレプリカが展示	同右	212頁D	志免町教育委員会社会教育課 092-935-7100
46	船原古墳	不可	JR鹿児島本線古賀駅から西鉄バス谷山下車、徒歩5分	212頁D	古賀市立歴史資料館 092-944-6214
47	相島積石塚群	一部可	新宮漁港から相島渡船で17分。下船して徒歩20分	213頁D	新宮町立歴史資料館 092-962-5511
48	津屋崎古墳群	宮地嶽古墳▽可。羨道入口から(1月28日、2月28日、7月28日の祭り・神事の日は内部見学可)/手光波切不動古墳▽可/その他は不可	新原・奴山古墳群▽JR鹿児島本線福間駅からコミュニティバス練原下車、徒歩5分/宮地嶽古墳▽JR福間駅から西鉄バス宮地嶽神社前下車	212頁D	福津市文化財課 0940-62-5093
52	竹原古墳	可。ガラス越し。有料220円。古墳下の社会福祉施設開所日のみ	JR福北ゆたか線直方駅からJR九州バス福丸下車、徒歩15分	212頁D	宮若市教育委員会社会教育課 0949-32-3210
53	王塚古墳	限定公開。ガラス越し。王塚装飾古墳館にレプリカが展示	JR福北ゆたか線桂川駅から徒歩10分	212頁D	王塚装飾古墳館 0948-65-2900
55	沖出古墳	可。ガラス越し。石棺はレプリカ。原品の破片は嘉麻市立碓井郷土館に展示	JR筑豊本線飯塚駅から西鉄バス沖出下車、徒歩6分	212頁D	嘉麻市教育委員会生涯学習課 0948-57-3176
56	城山横穴群	一部可	平成筑豊鉄道金田駅から徒歩8分	212頁D	福智町埋蔵文化財センター 0947-28-9111
57	御所山古墳	不可	JR日豊本線苅田駅から西鉄バス与原下車すぐ	214頁E	苅田町教育委員会生涯学習課 093-434-2212
57	番塚古墳	可。玄門部から格子扉越し	JR日豊本線苅田駅から西鉄バス尾倉住宅前下車、徒歩5分	214頁E	
58	石塚山古墳	不可。第一埋葬施設の位置表示あり	JR日豊本線苅田駅から徒歩13分	214頁E	
59	甲塚方墳	可	JR日豊本線行橋駅から太陽交通バス長養団地入口下車、徒歩1分	214頁E	みやこ町歴史民俗博物館 0930-33-4666
60	橘塚古墳	可	JR日豊本線行橋駅から太陽交通バス黒田小学校下車、徒歩1分	214頁E	

県	頁	名称	埋葬施設見学の可否	アクセス	マップ	問合せ先
福岡県	60	綾塚古墳	可。石棺は玄門から格子扉越し	ＪＲ日豊本線行橋駅から太陽交通バス黒田小学校下車、徒歩13分	214頁E	みやこ町歴史民俗博物館 ０９３０－３３－４６６６
	61	百留横穴墓群	可	ＪＲ日豊本線中津駅から車で15分	214頁F	上毛町教育委員会教務課太平支所 ０９７９－７２－２１１１
	62	穴ヶ葉山古墳群	可。１号墳のみ要問合せ	ＪＲ日豊本線中津駅から車で20分	214頁F	
	63	原口古墳	不可	ＪＲ鹿児島本線二日市駅から徒歩20分	216頁H	筑紫野市文化情報発信課 ０９２－９２１－８４１９
	64	五郎山古墳	５日前までに要予約。ガラス越し。五郎山古墳館にレプリカが展示	ＪＲ鹿児島本線原田駅から徒歩10分	216頁H	五郎山古墳館 ０９２－９２７－３６５５
	65	焼ノ峠古墳	不可	西鉄天神大牟田線三国が丘駅からコミュニティバス干潟下車、徒歩25分	216頁H	筑前町教育委員会文化財室 ０９４６－４２－３１２１
	66	仙道古墳	限定公開	西鉄天神大牟田線朝倉街道駅から西鉄バス久光下車、徒歩15分	216頁H	
	67	若宮古墳群	月岡古墳・日岡古墳▽５日前までに要予約（教育委員会または吉井歴史民俗資料館０９４３－７５－３１２０）／塚堂古墳▽不可	月岡古墳・日岡古墳▽ＪＲ久大本線筑後吉井駅から徒歩20分。月岡古墳は月読宮境内	216頁H	うきは市教育委員会生涯学習課 ０９４３－７５－３３４３
	67	朝田古墳群	塚花塚古墳・重定古墳・楠名古墳▽５日前までに要予約（教育委員会または浮羽歴史民俗資料館０９４３－７７－６２８７）。塚花塚古墳・重定古墳はガラス越し	法正寺古墳・重定古墳・楠名古墳▽ＪＲ久大本線うきは駅から徒歩10－15分	216頁H	
	70	屋形古墳群	珍敷塚古墳▽５日前までに要予約（吉井歴史民俗資料館０９４３－７５－３１２０）。ガラス越し／他は不可	ＪＲ久大本線筑後吉井駅から徒歩30分	216頁H	
	71	田主丸古墳群	限定公開	西鉄天神大牟田線久留米駅から西鉄バス紅乙女酒造下車、徒歩20分	216頁H	久留米市文化財保護課 ０９４２－３０－９２２５
	71	下馬場古墳	限定公開	西鉄天神大牟田線久留米駅から西鉄バス吉木下車、徒歩５分	216頁H	
	72	日輪寺古墳	要問合せ（日輪寺０９４２－３３－４９９７）	ＪＲ鹿児島本線久留米駅から徒歩５分	216頁H	

福岡県	73	御塚古墳・権現塚古墳	不可	西鉄天神大牟田線大善寺駅から徒歩15分	216頁H	久留米市文化財保護課 0942−30−9225
	74	浦山古墳	要問合せ（久留米成田山0942−21−7500）	西鉄天神大牟田線久留米駅から西鉄バス二軒茶屋下車、徒歩7分	216頁H	
	75	八女古墳群	童男山古墳群・岩戸山4号墳▽可／他は不可	岩戸山古墳・乗場古墳▽西鉄天神大牟田線久留米駅から西鉄バス福島高校前下車、徒歩5分／童男山古墳▽JR鹿児島本線羽犬塚駅から堀川バス上山内下車、徒歩5分	216頁H	岩戸山歴史文化交流館 0943−24−3200
			石人山古墳（石棺・石製表飾）▽可。格子扉越し／弘化谷古墳▽限定公開。広川町古墳公園資料館にレプリカが展示	石人山古墳▽JR鹿児島本線西牟田駅から徒歩25分／弘化谷古墳▽同徒歩35分	216頁H	広川町教育委員会生涯学習課 0943−32−0093
	80	石神山古墳	可（石棺・石製表飾）。格子越し	JR鹿児島本線渡瀬駅から徒歩35分	216頁H	みやま市教育委員会社会教育課 0944−32−9183
	81	萩ノ尾古墳	要問合せ。ガラス越し	西鉄天神大牟田線またはJR鹿児島本線大牟田駅から西鉄バス萩の尾古墳前下車すぐ	218頁K	大牟田市世界遺産・文化財室 0944−41−2515
佐賀県	84	久里双水古墳	可（復元石室）。ガラス越し	JR唐津線山本駅から昭和バスつつじヶ丘団地下車、徒歩2分	211頁C	唐津市教育委員会生涯学習文化財課 0955−72−9171
	85	樋の口古墳	要問合せ	JR筑肥線虹ノ松原駅からコミュニティバス鏡山小学校前下車、徒歩1分	211頁C	
	86	島田塚古墳	要問合せ	JR筑肥線虹ノ松原駅からコミュニティバス鏡神社前下車、徒歩5分	211頁C	
	87	横田下古墳	要問合せ	JR筑肥線浜崎駅から徒歩25分	211頁C	
	88	谷口古墳	要問合せ。西石室は不可。浜玉町歴史資料室に東石室のレプリカが展示	JR筑肥線浜崎駅から徒歩30分	211頁C	
	90	柚比古墳群	田代太田古墳▽限定公開。ガラス越し。民地内のため通常は正面からの墳丘見学も不可（道路からは可）／他は不可	剣塚古墳・赤坂古墳▽JR鹿児島本線弥生が丘駅から徒歩10分／岡寺古墳・庚申堂塚古墳・田代太田古墳▽同鳥栖駅から西鉄バス田代公園入口下車、徒歩8分	216頁H	鳥栖市教育委員会生涯学習課 0942−85−3695
	92	伊勢塚古墳	要問合せ。羨道は格子越しで可	JR長崎本線吉野ヶ里駅・神埼駅から車で7分	217頁H	神埼市教育委員会社会教育課 0952−44−2731
	92	高柳大塚古墳	可	JR長崎本線中原駅から徒歩30分	217頁H	

県	頁	名称	埋葬施設見学の可否	アクセス	マップ	問合せ先
佐賀県	93	関行丸古墳	不可	JR長崎本線佐賀駅から佐賀市営バス上分公民館前下車すぐ	217頁H	佐賀市文化財課 0952-40-7369
	94	久保泉丸山遺跡	可（移築復元）。3号墳の舟形石棺と熊本山古墳の舟形石棺は佐賀県立博物館で展示	JR長崎本線佐賀駅から佐賀市営バス金立いこいの広場下車、徒歩5分。または長崎自動車道金立サービスエリアから徒歩10分	217頁H	佐賀県文化課 0952-25-7232
	95	西隈古墳	可。玄門から格子扉越し	JR長崎本線佐賀駅から佐賀市営バス金立下車、徒歩20分	217頁H	佐賀市文化財課 0952-40-7369
	96	銚子塚古墳	不可	JR長崎本線佐賀駅から佐賀市営バス金立下車、徒歩3分	217頁H	
	96	船塚古墳	不可	JR長崎本線佐賀駅から昭和バス大久保下車、徒歩15分	217頁H	
	97	玉島古墳・潮見古墳	玉島古墳▽可。フェンス越し／潮見古墳▽可。羨道入口から格子扉越し	玉島古墳▽JR佐世保線武雄温泉駅から祐徳バス檜崎下車、徒歩6分／潮見古墳▽同郷の木下車、徒歩10分	215頁G	武雄市教育委員会文化課 0954-23-5166
長崎県	100	長戸鬼塚古墳	可	JR長崎本線小長井駅から長崎県営バス長戸下車、徒歩10分	215頁G	諫早市文化振興課 0957-22-1500
	101	守山大塚古墳	不可	島原鉄道吾妻駅から島鉄バス守山下車、徒歩10分	215頁G	雲仙市教育委員会生涯学習課 0957-37-3113
	102	ひさご塚古墳	不可。古墳横に復元された2号石室は可	JR大村線彼杵駅から徒歩8分	215頁G	東彼杵町教育委員会社会教育係 0957-46-0114
	103	双六古墳	不可。羨道入口から格子扉越しで可	郷ノ浦港から車で15分。または郷ノ浦港から壱岐交通バス国分岩屋下車、徒歩10分	211頁B	壱岐市教育委員会社会教育課 0920-45-2728
	104	掛木古墳	可	郷ノ浦港から車で15分。または郷ノ浦港から壱岐交通バス鬼の岩屋下車、徒歩1分	211頁B	
	105	笹塚古墳	可	郷ノ浦港から車で15分。または郷ノ浦港から壱岐交通バス鬼の岩屋下車、徒歩10分	211頁B	
	106	兵瀬古墳	可	郷ノ浦港から車で15分。または郷ノ浦港から壱岐交通バス国分岩屋下車、徒歩3分	211頁B	
	107	鬼の窟古墳	可	郷ノ浦港から車で15分。または郷ノ浦港から壱岐交通バス国分岩屋下車、徒歩2分	211頁B	
	108	矢立山古墳群	可	厳原港から車で40分	211頁A	対馬市教育委員会文化財課 0920-54-2341
	108	出居塚古墳	不可	厳原港から車で20分	211頁A	

熊本県					
112	大坊古墳	要問合せ。ガラス越し	九州新幹線新玉名駅から徒歩15分	218頁K	玉名市教育委員会文化課 0968−75−1136
113	永安寺東古墳・永安寺西古墳	永安寺東古墳▽要問合せ。ガラス越し／永安寺西古墳▽不可	九州新幹線新玉名駅から徒歩20分。またはJR鹿児島本線玉名駅から産交バス永安寺下車、徒歩10分	218頁K	
114	石貫ナギノ横穴墓群	可	九州新幹線新玉名駅またはJR鹿児島本線玉名駅から産交バス虎取下車、徒歩5分	218頁K	
114	石貫穴観音横穴墓群	可	九州新幹線新玉名駅またはJR鹿児島本線玉名駅から産交バス虎取下車、徒歩15分	218頁K	
116	清原古墳群	江田船山古墳▽可。ガラス越し／塚坊主古墳▽要問合せ／他は不可	JR鹿児島本線玉名駅から産交バス菊水ロマン館前下車、徒歩5分	218頁K	和水町教育委員会社会教育課 0968−34−3047
119	岩原古墳群	不可。横山古墳の移築石室は限定公開	JR鹿児島本線玉名駅から産交バス県立装飾古墳館入口下車、徒歩20分	218頁K	熊本県立装飾古墳館 0968−36−2151
120	チブサン古墳・オブサン古墳	チブサン古墳▽可。ガラス越し。有料100円。資料館開館日の10時と14時／オブサン古墳▽可。閉塞石は古墳の近くに展示	九州新幹線新玉名駅またはJR鹿児島本線玉名駅から産交バス山鹿バスセンターで乗り換え博物館前下車、徒歩20分	218頁K	山鹿市教育委員会文化課 0968−43−1651 山鹿市立博物館 0968−43−1145
122	鍋田横穴墓群	可	九州新幹線新玉名駅またはJR鹿児島本線玉名駅から産交バス山鹿バスセンターで乗り換え鍋田下車すぐ	218頁K	
123	塚原古墳群	りゅうがん塚古墳▽可。見学施設あり。ガラス越し／石之室古墳▽限定公開／他は不可	JR鹿児島本線熊本駅から熊本バス下上島で乗り換え塚原下車、徒歩5分	219頁L	熊本市塚原歴史民俗資料館 0964−28−5962
125	井寺古墳	不可	JR鹿児島本線熊本駅から熊本バス交通センターで乗り換え井寺入口下車、徒歩15分	219頁L	嘉島町教育委員会社会教育課 0962−37−0058
126	国越古墳	不可。閉塞石は見学可	JR鹿児島本線松橋駅から産交バス松橋栄町で乗り換え亀崎下車、徒歩15分	219頁L	宇土市教育委員会文化課 0964−23−0156
127	大野窟古墳	要問合せ。氷川町ウォーキングセンター（0965−62−2999）開館日のみ	JR鹿児島本線有佐駅・小川駅から徒歩1時間。またはJR鹿児島本線八代駅から産交バス吉野下車、徒歩20分	219頁L	氷川町教育委員会生涯学習課 0965−52−5860
128	野津古墳群	不可	JR鹿児島本線八代駅から産交バス法道寺下車、徒歩25分	219頁L	
130	大鼠蔵尾張宮古墳	不可	JR鹿児島本線八代駅から産交バス八代市役所前で乗り換え弥次分校前下車、徒歩20分。尾張宮境内	219頁L	八代市文化振興課 0965−33−4533

県	頁	名称	埋葬施設見学の可否	アクセス	マップ	問合せ先
熊本県	131	田川内1号墳	限定公開	肥薩おれんじ鉄道日奈久温泉駅から産交バス山下下車、徒歩4分。田之川内天満宮境内	219頁L	八代市文化振興課 0965-33-4533
	132	中通古墳群	不可	JR豊肥本線宮地駅から車で5分	220頁N	阿蘇市教育委員会教育課 0967-22-3229
	132	上御倉古墳・下御倉古墳	可	JR豊肥本線宮地駅から車で10分。国造神社横	220頁N	
大分県	136	葛原古墳	不可	JR日豊本線豊前善光寺駅から大交北部バス城井住宅前下車、徒歩13分	214頁F	宇佐市教育委員会社会教育課 0978-32-1111
	136	四日市横穴墓群	可。装飾横穴は鉄格子越し	JR日豊本線豊前善光寺駅から大交北部バス四日市下車、徒歩10分	214頁F	
	137	川部・高森古墳群	鶴見古墳（復元石室）▽可。格子扉越し／他は不可。免ヶ平古墳は保存施設あり。大分県立歴史博物館にレプリカが展示	JR日豊本線宇佐駅から大交北部バス大分県立歴史博物館前下車すぐ（土日祝のみ）。または同バス風土記の丘入口下車、徒歩25分	214頁F	大分県立歴史博物館 0978-37-2100
	139	小熊山古墳・御塔山古墳	不可	JR日豊本線杵築駅から大分交通バスで住吉浜入口下車、御塔山古墳まで徒歩40分、小熊山古墳まで徒歩35分	218頁J	杵築市教育委員会文化・スポーツ振興課 0978-63-5558
	140	鬼ノ岩屋1号墳・2号墳	要問合せ	JR日豊本線別府大学駅から徒歩15分	218頁J	別府市教育委員会社会教育課 0977-21-1587
	141	丑殿古墳	要問合せ	JR久大本線賀来駅から徒歩15分	218頁J	大分市教育委員会文化財課 097-537-5639
	141	古宮古墳	可。羨道部から柵越し。石槨部も見える	JR日豊本線大分駅から大分交通バス季の坂入口で下車、徒歩7分	218頁J	
	142	滝尾百穴横穴古墳群	可	JR日豊本線大分駅から大分バス滝尾小学校前下車、徒歩2分	218頁J	
	143	千代丸古墳	要問合せ	JR久大本線賀来駅から徒歩5分の桑原上より大分バス新屋敷下車、徒歩15分	218頁J	大分市教育委員会文化財課 097-537-5639
	144	亀塚古墳	不可。復元石棺は可	JR日豊本線坂ノ市駅から徒歩30分	218頁J	
	145	築山古墳	不可	JR日豊本線幸崎駅から大分バス築山古墳入口下車、徒歩1分	218頁J	
	146	臼塚古墳	可	JR日豊本線熊崎駅から徒歩15分	218頁J	臼杵市教育委員会文化・文化財課 0972-86-2725

県	番号	古墳名	見学	交通	頁	問合せ先
大分県	147	下山古墳	可	JR日豊本線熊崎駅から徒歩15分	218頁J	臼杵市教育委員会文化・文化財課 0972-86-2725
	148	鬼塚古墳	要問合せ。個人宅地内	JR久大本線豊後森駅から車で10分	217頁I	玖珠町教育委員会社会教育課 0973-72-7151
	149	ガランドヤ古墳群	1号墳のみ限定公開	JR久大本線日田駅から車で15分	216頁H	日田市教育委員会文化財保護課 0973-24-7171
宮崎県	152	南方古墳群	不可。野田支群37号墳の石棺は可	天下支群1号墳・10号墳▽JR日豊本線延岡駅から宮崎交通バス天下神社前下車すぐ／大貫支群24号墳▽同公民館前下車、徒歩7分	220頁O	延岡市教育委員会文化課 0982-22-7047
	153	川南古墳群	不可	JR日豊本線川南駅からコミュニティバス役場前で乗り換え西の別府下車、徒歩20分	220頁P	川南町教育委員会教育課 0983-27-8020
	154	持田古墳群	不可。15号墳の舟形石棺は西都原考古博物館で展示。	JR日豊本線高鍋駅から宮崎交通バス坂本東下車、徒歩15分	220頁P	高鍋町教育委員会社会教育課 0983-23-3326
	156	祇園原古墳群	不可	JR日豊本線高鍋駅から宮崎交通バス祇園原下車、徒歩15分	220頁P	新富町教育委員会生涯学習課 0983-33-6080
	158	茶臼原古墳群	千畑古墳▽可／他は不可	児屋根塚古墳▽JR日豊本線高鍋駅から宮崎交通バス茶臼原入口下車、徒歩5分／千畑古墳▽同千畑下車、徒歩5分	220頁P	西都市教育委員会社会教育課 0983-43-0846
	159	西都原古墳群	鬼の窟古墳（復元石室）・13号墳▽可／4号地下式横穴墓▽カメラの遠隔操作で観察可／酒元ノ上横穴墓群▽覆屋展示。以上、博物館開館日のみ／他は不可	JR日豊本線宮崎駅から宮崎交通バス西都バスセンター乗り換え西都原下車（女狭穂塚）、西都原考古博物館前下車（西都原考古博物館）	220頁P	宮崎県立西都原考古博物館 0983-41-0041
	163	松本塚古墳	不可	JR日豊本線宮崎駅から宮崎交通バス西都バスセンターへ。三和交通バスに乗り換え松元下車、徒歩3分	220頁P	西都市教育委員会社会教育課 0983-43-0846
	164	常心塚古墳	不可	JR日豊本線宮崎駅から宮崎交通バス西都バスセンターで乗り換え中村下車、徒歩20分	220頁P	
	165	本庄古墳群	不可	JR日豊本線宮崎駅から宮崎交通バス六日町または仲町下車すぐ	220頁P	国富町教育委員会社会教育課 0985-75-2361
	166	生目古墳群	不可	JR日豊本線宮崎駅から宮崎交通バス、ボンベルタ橘前で乗り換え坂の下下車、徒歩2分	220頁P	生目の杜遊古館 0985-47-8001

県	頁	名称	埋葬施設見学の可否	アクセス	マップ	問合せ先
宮崎県	168	下北方古墳群	不可	JR日豊本線宮崎駅から宮崎交通バス名田神社前下車、徒歩5分。13号墳までは徒歩25分	220頁P	宮崎市教育委員会文化財課 0985－21－1836
	169	蓮ヶ池横穴墓群	不可	JR日豊本線宮崎駅から宮崎交通バス住吉南小学校前下車、徒歩10分	220頁P	
	170	島内地下式横穴墓群	横穴系地下式板石積石室▽可。ガラス越し／他は不可。139号墓は位置表示あり	JR吉都線京町温泉駅から徒歩40分	221頁Q	えびの市歴史民俗資料館 0984－35－3144
鹿児島県	174	小浜崎古墳群	可	鬼塚1号墳▽肥薩おれんじ鉄道出水駅から出水・天草ロマンシャトルバス温泉センター前へ。コミュニティバスに乗り換え上小浜下車、徒歩15分	219頁M	長島町教育委員会社会教育課 0996－88－6500
	174	明神古墳群	可	明神古墳群・明神下岡遺跡▽肥薩おれんじ鉄道出水駅から出水・天草ロマンシャトルバス温泉センター前へ。コミュニティバスに乗り換え蔵之元小学校下下車、徒歩10分／指江古墳群▽同シャトルバス指江庁舎前下車、徒歩7分	219頁M	
	175	鳥越古墳群	可。1号墳の移築復元石室のみ。ガラス越し	肥薩おれんじ鉄道阿久根駅から南国交通バス阿久根市役所前下車、徒歩5分	219頁M	阿久根市教育委員会生涯学習課 0996－72－1051
	176	永野別府原古墳群	可	肥薩おれんじ鉄道出水駅からエアポートシャトルバス薩摩支所前下車、徒歩25分	221頁Q	さつま町教育委員会社会教育課 0996－53－1111
	177	横瀬古墳	不可	JR日南線志布志駅から三州自動車で大崎三文字下車、徒歩35分	221頁R	大崎町教育委員会社会教育課 099－476－1111
	177	神領古墳群	不可	JR日南線志布志駅から三州自動車で大崎三文字下車、徒歩25分	221頁R	
	178	唐仁古墳群	不可	JR日南線志布志駅から三州自動車で東串良下車、徒歩60分	221頁R	東串良町教育委員会社会教育課 0994－63－3134
	179	塚崎古墳群	不可	JR日南線志布志駅から三州自動車で高山下車、徒歩45分	221頁R	肝付町教育委員会生涯学習課 0994－65－2594

おすすめの博物館・資料館

施設名	所在地・電話番号	見どころ
九州国立博物館	福岡県太宰府市石坂４－７－２ 092-918-2807	九州の古墳から出土した一級資料が多数展示。装飾古墳のVRシアターも上映
伊都国歴史博物館	福岡県糸島市井原916 092-322-7083	釜塚古墳石室や平原王墓の原寸大レプリカほか糸島地域の弥生－古墳時代関係資料
福岡市博物館	福岡県福岡市早良区百道浜３－１－１ 092-845-5011	鋤崎古墳の原寸大レプリカや老司古墳の出土品
福津市複合文化センター歴史資料館	福岡県福津市津屋崎１－７－２ 0940-52-3321	津屋崎古墳群の出土品が充実
宗像大社神宝館	福岡県宗像市田島2331 0940-62-1311	沖ノ島の出土品
海の道むなかた館	福岡県宗像市深田588 0940-62-2600	世界遺産「神宿る島」宗像・沖ノ島と関連遺産群のガイダンス施設
王塚装飾古墳館	福岡県嘉穂郡桂川町寿命376 0948-65-2900	王塚古墳の原寸大レプリカや九州の装飾古墳の模型
五郎山古墳館	福岡県筑紫野市原田３－９－５ 092-927-3655	リアル体験ができる五郎山古墳の原寸大レプリカや顔料サンプル
吉井歴史民俗資料館	福岡県うきは市吉井町983－１ 0943-75-3120	月岡古墳や塚堂古墳の出土品
岩戸山歴史文化交流館	福岡県八女市吉田1562－１ 0943-24-3200	岩戸山古墳ほか八女古墳群の出土品、磐井のアニメーション
佐賀県立博物館	佐賀県佐賀市城内１－15－23 0952-24-3947	熊本山古墳や久保泉丸山遺跡の石棺、谷口古墳遺物レプリカ
壱岐市立一支国博物館	長崎県壱岐市芦辺町深江鶴亀触515－１ 0920-45-2731	鬼の窟古墳や笹塚古墳の出土品
熊本県立装飾古墳館	熊本県山鹿市鹿央町岩原3085 0968-36-2151	県内の装飾古墳のレプリカや出土品が充実
熊本県立美術館	熊本市中央区二の丸２ 096-352-2111	鴨籠古墳の石棺。千金甲１号墳ほかの装飾古墳のレプリカ多数
熊本市塚原歴史民俗資料館	熊本市南区城南町塚原1924 0964-28-5962	塚原古墳群の出土品
海部古墳資料館	大分県大分市里646－１ 097-524-2300	亀塚古墳に隣接。市内の古墳のジオラマや模型
宮崎県立西都原考古博物館	宮崎県西都市三宅字西都原西5670 0983-41-0041	西都原古墳群出土品や県内の古墳出土資料、考古学の研究過程がわかる仮想「考古学研究所」
えびの市歴史民俗資料館	宮崎県えびの市大明司2146－２ 0984-35-3144	島内地下式横穴墓群の出土品
生目の杜遊古館	宮崎県宮崎市跡江4058－１ 0985-47-8001	生目古墳群をはじめとした宮崎市内の古墳出土品

※古墳時代の資料が充実している施設のみ掲載

掲載古墳マップ

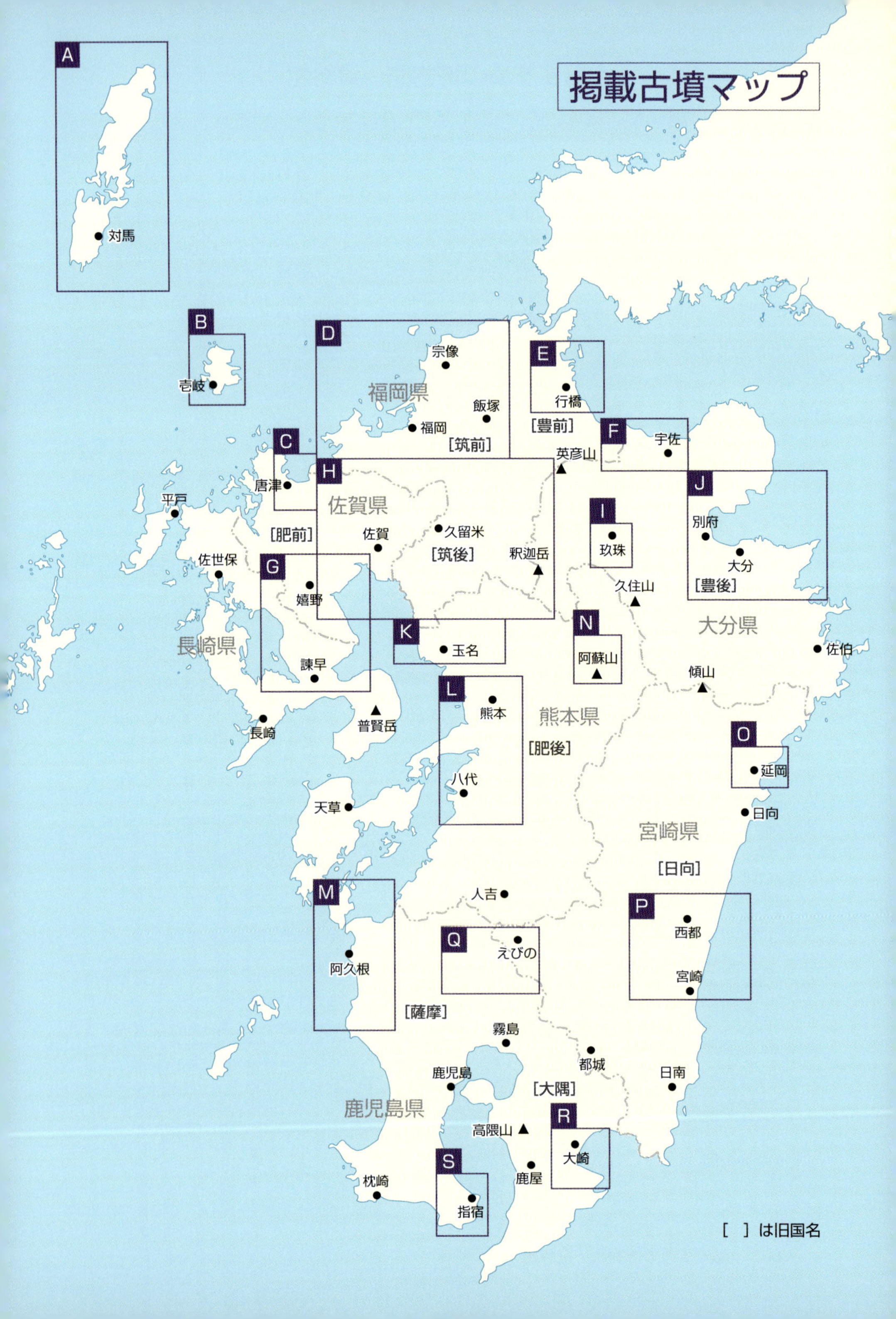
A
対馬
B
壱岐
C
唐津
D
宗像
福岡県
飯塚
福岡
[筑前]
E
行橋
[豊前]
F
宇佐
英彦山
H
佐賀県
久留米
佐賀
[筑後]
釈迦岳
[肥前]
平戸
佐世保
G
嬉野
諫早
I
玖珠
J
別府
大分
[豊後]
久住山
N
阿蘇山
大分県
佐伯
傾山
K
玉名
長崎県
L
熊本
熊本県
[肥後]
普賢岳
長崎
O
延岡
八代
天草
日向
宮崎県
[日向]
M
人吉
P
西都
宮崎
Q
えびの
阿久根
[薩摩]
霧島
都城
鹿児島
日南
[大隅]
鹿児島県
R
大崎
高隈山
S
鹿屋
枕崎
指宿
[ ] は旧国名

B 壱岐
掛木古墳
笹塚古墳
兵瀬古墳
鬼の窟古墳
双六古墳
382
一支国博物館
壱岐空港
郷ノ浦港
0
5km

A 対馬
御岳
382
浅茅湾
対馬
やまねこ空港
出居塚古墳
根曽古墳群
矢立山古墳群
厳原港
矢立山
0
10km

C 唐津
204
福吉駅
唐津湾
202
西唐津駅
唐津城
松浦川
谷口古墳
虹ノ松原駅
浜崎駅
323
唐津駅
横田下古墳
島田塚古墳
樋の口古墳
497
久里双水古墳
山本駅
筑肥線
0
5km

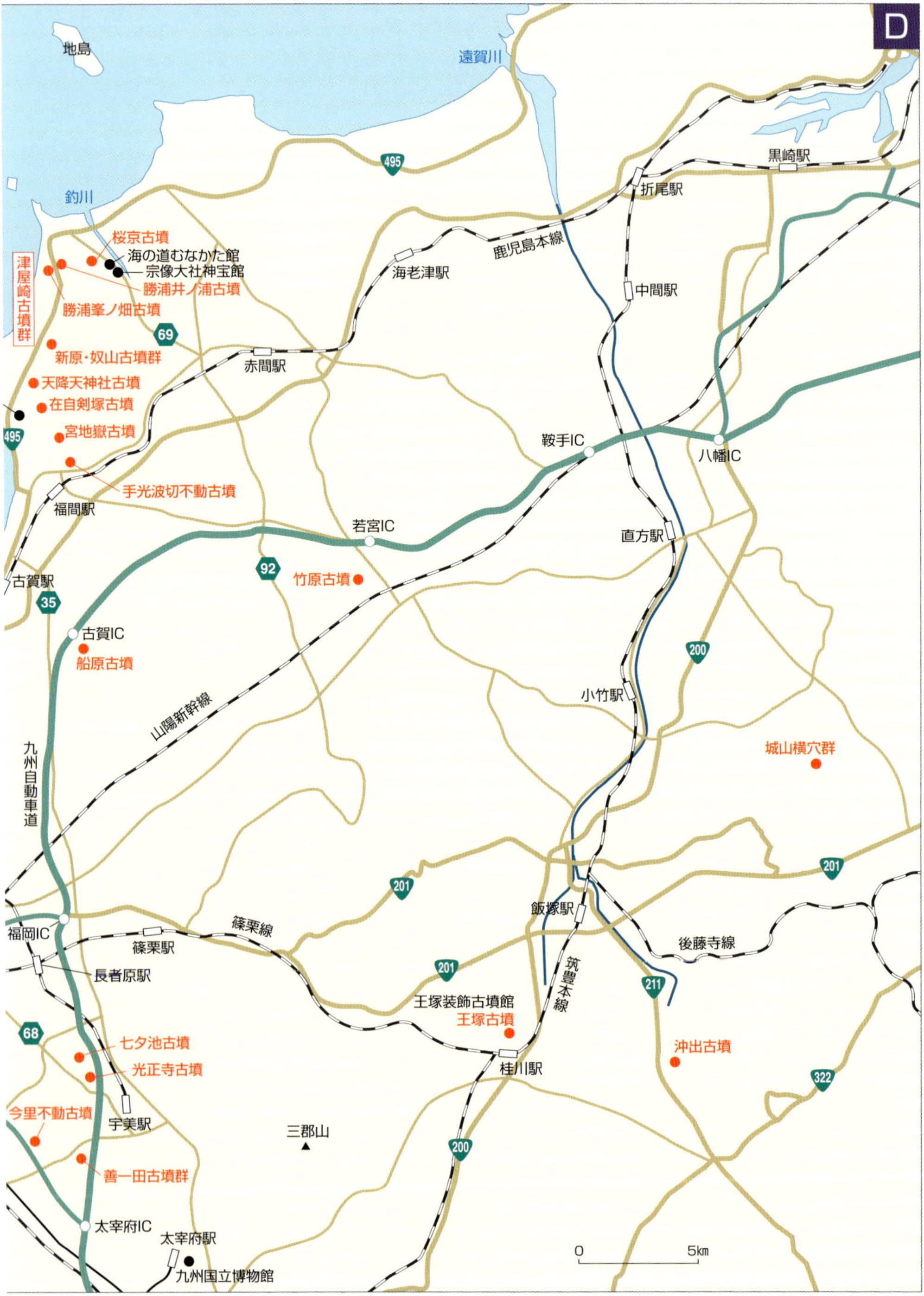
D
地島
遠賀川
釣川
495
黒崎駅
折尾駅
鹿児島本線
海老津駅
中間駅
津屋崎古墳群
桜京古墳
海の道むなかた館
宗像大社神宝館
勝浦井ノ浦古墳
勝浦峯ノ畑古墳
69
新原・奴山古墳群
赤間駅
天降天神社古墳
在自剣塚古墳
宮地嶽古墳
鞍手IC
八幡IC
手光波切不動古墳
福間駅
若宮IC
直方駅
92
竹原古墳
古賀駅
35
古賀IC
船原古墳
200
山陽新幹線
小竹駅
九州自動車道
城山横穴群
201
飯塚駅
福岡IC
篠栗線
篠栗駅
後藤寺線
長者原駅
筑豊本線
211
王塚装飾古墳館
王塚古墳
68
七夕池古墳
光正寺古墳
沖出古墳
桂川駅
322
今里不動古墳
宇美駅
三郡山
善一田古墳群
太宰府IC
太宰府駅
九州国立博物館
0
5km

D 福岡・糸島・宗像・筑豊

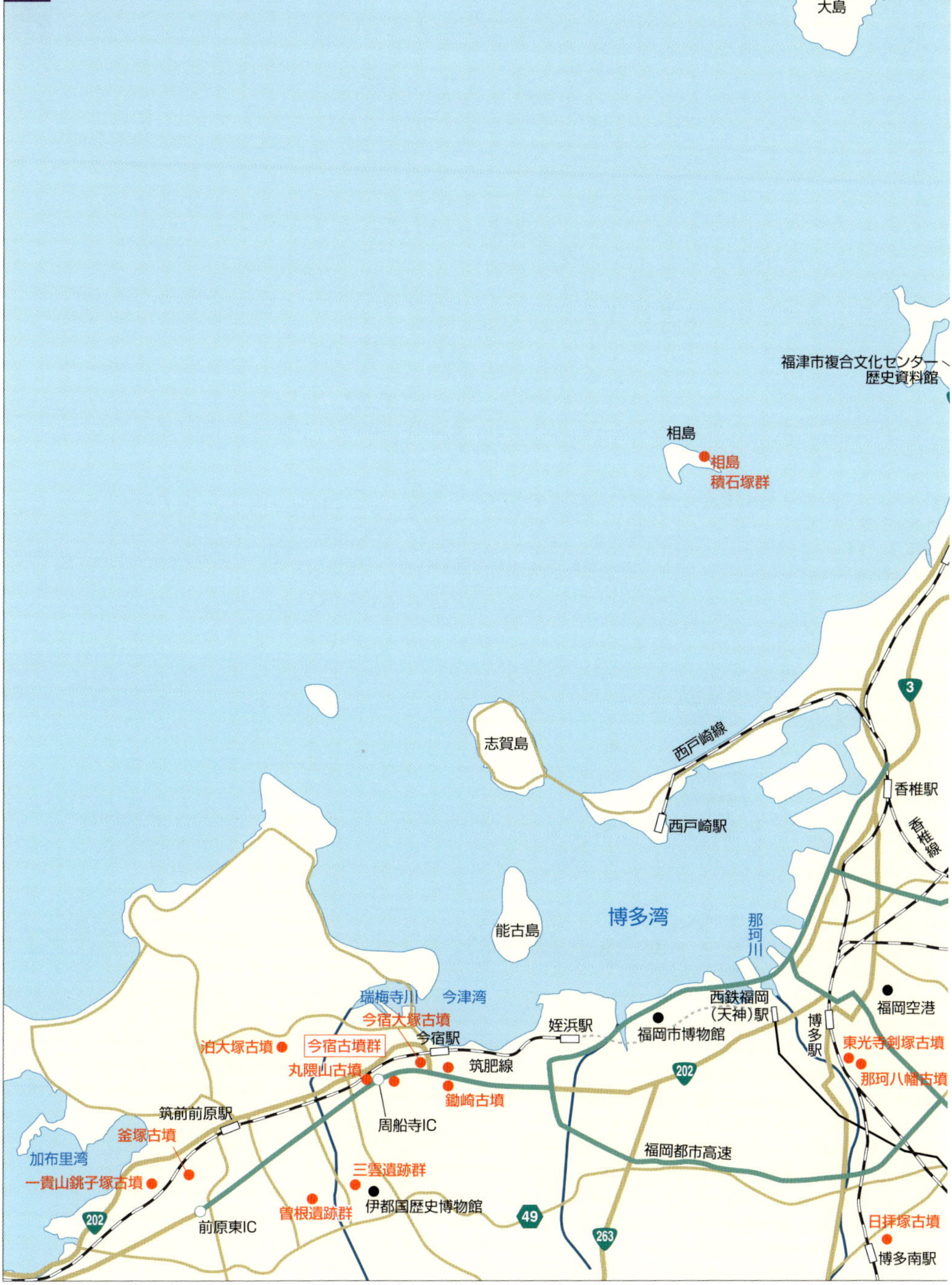

大島
福津市複合文化センター
歴史資料館
相島
相島
積石塚群
3
西戸崎線
志賀島
香椎駅
西戸崎駅
香椎線
博多湾
能古島
那珂川
瑞梅寺川
今津湾
今宿大塚古墳
西鉄福岡
(天神)駅
福岡空港
姪浜駅
福岡市博物館
泊大塚古墳
今宿古墳群
今宿駅
博多駅
東光寺剣塚古墳
丸隈山古墳
筑肥線
202
那珂八幡古墳
鋤崎古墳
筑前前原駅
周船寺IC
釜塚古墳
福岡都市高速
加布里湾
三雲遺跡群
一貴山銚子塚古墳
曽根遺跡群
伊都国歴史博物館
202
49
前原東IC
263
日拝塚古墳
博多南駅

京築 E
北九州空港
下曽根駅
小倉東IC
北九州JCT
苅田北九州空港IC
貫山
苅田駅
石塚山古墳
番塚古墳
周防灘
御所山古墳
東九州自動車道
平尾台
小波瀬西工大前駅
10
行橋駅
行橋IC
平成筑豊鉄道田川線
橘塚古墳
綾塚古墳
障子ヶ岳
新田駅
日豊本線
201
豊津駅
甲塚方墳
みやこ豊津IC
0
5km

中津・宇佐 F
山国川
宇島駅
周防灘
中津城
中津駅
豊前IC
213
日豊本線
駅館川
豊前善光寺駅
10
四日市横穴墓群
穴ヶ葉山古墳群
百留横穴墓群
葛原古墳
川部・高森古墳群
（大分県立歴史博物館）
福岡県
212
中津IC
宇佐駅
宇佐神宮
東九州自動車道
大分県
387
宇佐IC
0
5km

G
嬉野・諫早
武雄北方IC
肥前山口駅
佐世保線
武雄温泉駅
有田駅
武雄JCT
潮見古墳
玉島古墳
嬉野IC
肥前鹿島駅
有明海
ひさご塚古墳
彼杵駅
東そのぎIC
多良駅
佐賀県
経ヶ岳
大村湾
長崎自動車道
大村線
長崎本線
大村IC
長崎県
小長井駅
長戸鬼塚古墳
長崎空港
大村駅
諫早湾
諫早駅
島原鉄道
守山大塚古墳
吾妻駅
諫早IC
長崎多良見IC
498
207
444
34
251
0
5km

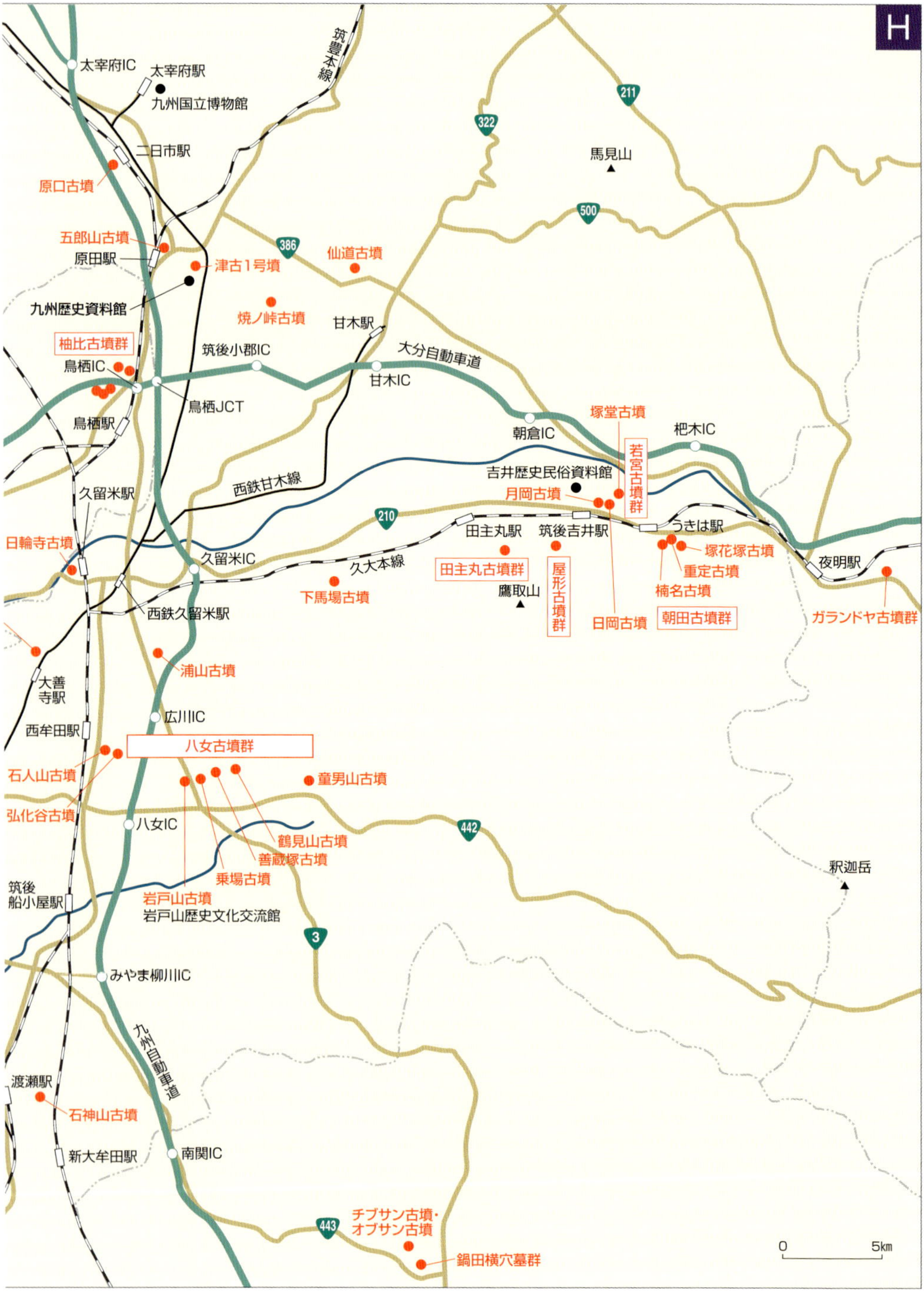
H
筑豊本線
太宰府IC
太宰府駅
九州国立博物館
211
322
二日市駅
馬見山
原口古墳
500
五郎山古墳
386
仙道古墳
原田駅
津古1号墳
九州歴史資料館
焼ノ峠古墳
甘木駅
柚比古墳群
筑後小郡IC
大分自動車道
鳥栖IC
甘木IC
鳥栖JCT
鳥栖駅
塚堂古墳
朝倉IC
杷木IC
若宮古墳群
吉井歴史民俗資料館
西鉄甘木線
久留米駅
月岡古墳
210
田主丸駅
筑後吉井駅
うきは駅
日輪寺古墳
塚花塚古墳
久留米IC
久大本線
夜明駅
田主丸古墳群
屋形古墳群
重定古墳
楠名古墳
下馬場古墳
鷹取山
西鉄久留米駅
日岡古墳
朝田古墳群
ガランドヤ古墳群
浦山古墳
大善寺駅
広川IC
西牟田駅
八女古墳群
石人山古墳
童男山古墳
弘化谷古墳
442
八女IC
鶴見山古墳
善蔵塚古墳
釈迦岳
筑後船小屋駅
乗場古墳
岩戸山古墳
岩戸山歴史文化交流館
3
みやま柳川IC
九州自動車道
渡瀬駅
石神山古墳
南関IC
新大牟田駅
チブサン古墳・オブサン古墳
443
鍋田横穴墓群
0
5km

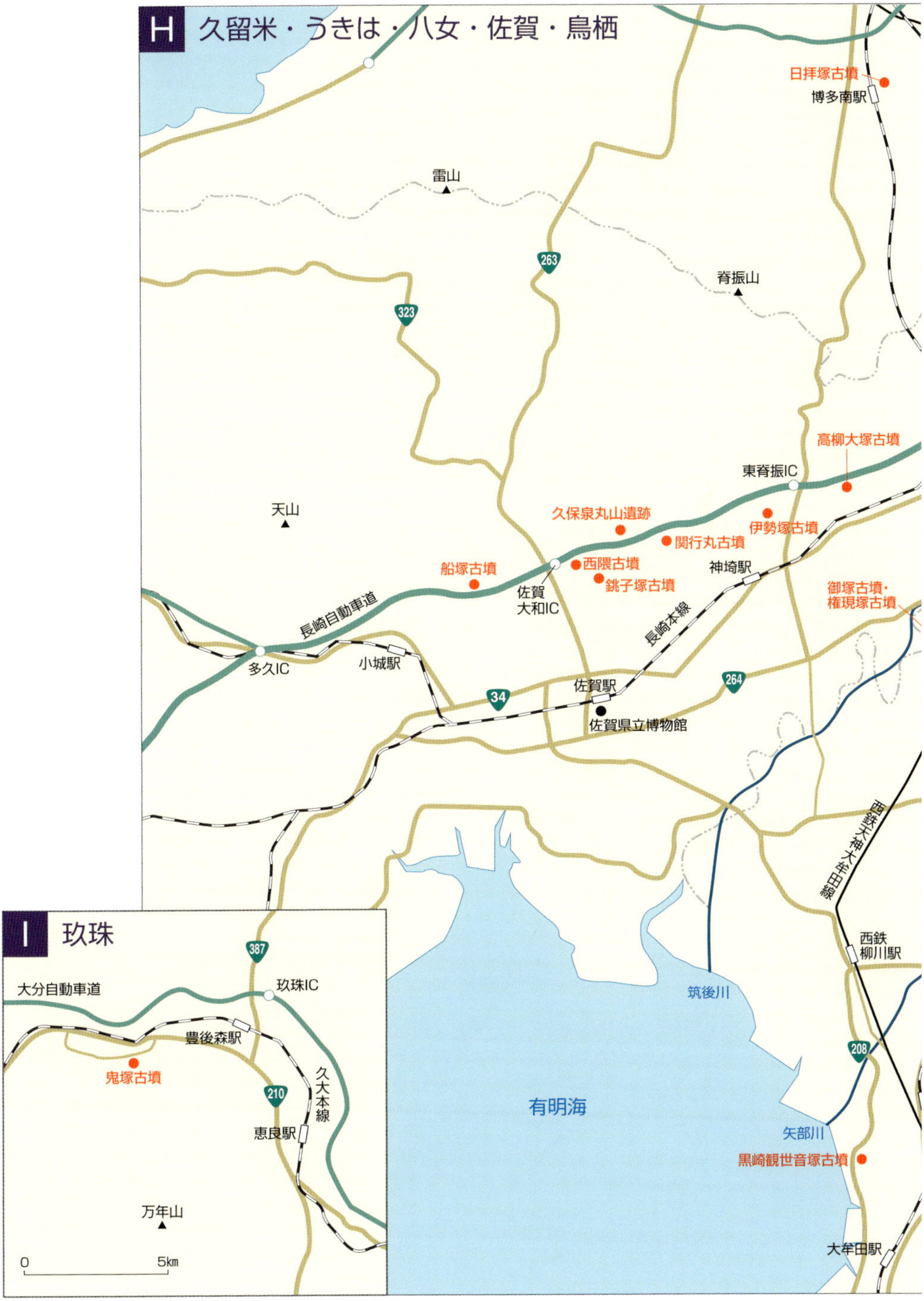
H
久留米・うきは・八女・佐賀・鳥栖
日拝塚古墳
博多南駅
雷山
263
脊振山
323
高柳大塚古墳
東脊振IC
天山
久保泉丸山遺跡
伊勢塚古墳
関行丸古墳
船塚古墳
西隈古墳
神埼駅
銚子塚古墳
御塚古墳・
権現塚古墳
佐賀
大和IC
長崎自動車道
長崎本線
多久IC
小城駅
264
佐賀駅
34
佐賀県立博物館
西鉄天神大牟田線
西鉄
柳川駅
筑後川
208
有明海
矢部川
黒崎観世音塚古墳
大牟田駅
I
玖珠
387
大分自動車道
玖珠IC
豊後森駅
鬼塚古墳
久大本線
210
恵良駅
万年山
0
5km

大分・別府
J
大分空港
213
大分農業
文化公園IC
杵築駅
10
小熊山古墳
御塔山古墳
日出IC
速見IC
日出JCT
別府湾
500
別府大学駅
鬼ノ岩屋1号墳・2号墳
別府IC
別府駅
丑殿古墳
古宮古墳
大分駅
滝尾百穴横穴古墳群
亀塚古墳
坂ノ市駅
築山古墳
幸崎駅
大分IC
千代丸古墳
賀来駅
大分米良IC
大分宮河内IC
日豊本線
217
久大本線
向之原駅
210
東九州自動車道
442
中判田駅
臼塚古墳
臼杵湾
熊崎駅
下山古墳
臼杵駅
臼杵IC
0
5km

大牟田駅
443
チブサン古墳・
オブサン古墳
鍋田横穴墓群
菊池市へ
山鹿温泉
389
萩ノ尾古墳
325
荒尾駅
熊本県立
装飾古墳館
岩原古墳群
菊水IC
九州新幹線
有明海
208
石貫ナギノ横穴墓群・
石貫穴観音横穴墓群
清原古墳群
九州自動車道
3
大坊古墳
永安寺東古墳・
永安寺西古墳
新玉名駅
長洲駅
植木IC
鹿児島本線
菊池川
玉名駅
208
0
5km
玉名・山鹿
K

L 熊本・宇土・八代
熊本県立美術館
熊本駅
益城熊本空港IC
鹿児島本線
井寺古墳
嘉島JCT
御船IC
三角線
宇土駅
塚原古墳群
国越古墳
松橋IC
小川駅
九州新幹線
大野窟古墳
野津古墳群
新八代駅
八代JCT
球磨川
八代駅
大鼠蔵尾張宮古墳
肥薩おれんじ鉄道
田川内1号墳
日奈久温泉駅
日奈久IC
九州自動車道
3
57
501
266
218
443
0
5km

M 長島・阿久根・川内
八代海
明神古墳群
小浜崎古墳群
指江古墳群
47
389
3
折口駅
阿久根駅
鳥越古墳群
肥薩おれんじ鉄道
天草灘
西方駅
九州新幹線
46
267
川内川
端陵古墳
川内駅
0
5km

延岡
O
菅原神社古墳
388
延岡道路
野田支群
延岡駅
五ヶ瀬川
大瀬川
大貫支群
218
10
天下支群
南方古墳群
日向灘
日豊本線
延岡南IC
0
5km

阿蘇
N
↑小国へ
くじゅうへ↑
上御倉古墳
下御倉古墳
大観峰
竹田へ→
212
中通古墳群
熊本へ
内牧駅
57
宮地駅
豊肥本線
265
阿蘇中岳
根子岳
0
5km

西都
宮崎
P
国見山
川南古墳群
10
219
高鍋IC
持田古墳群
千畑古墳
児屋根塚古墳
西都原古墳群
茶臼原古墳群
小丸川
高鍋駅
松本塚古墳
日豊本線
祇園原古墳群
常心塚古墳
西都IC
日向新富駅
東九州自動車道
一ツ瀬川
日向灘
佐土原駅
219
本庄古墳群
本庄川
住吉IC
蓮ヶ池横穴墓群
生目古墳群
下北方
古墳群
10
大淀川
シーガイアIC
蓮ヶ池駅
宮崎西IC
宮崎駅
0
5km

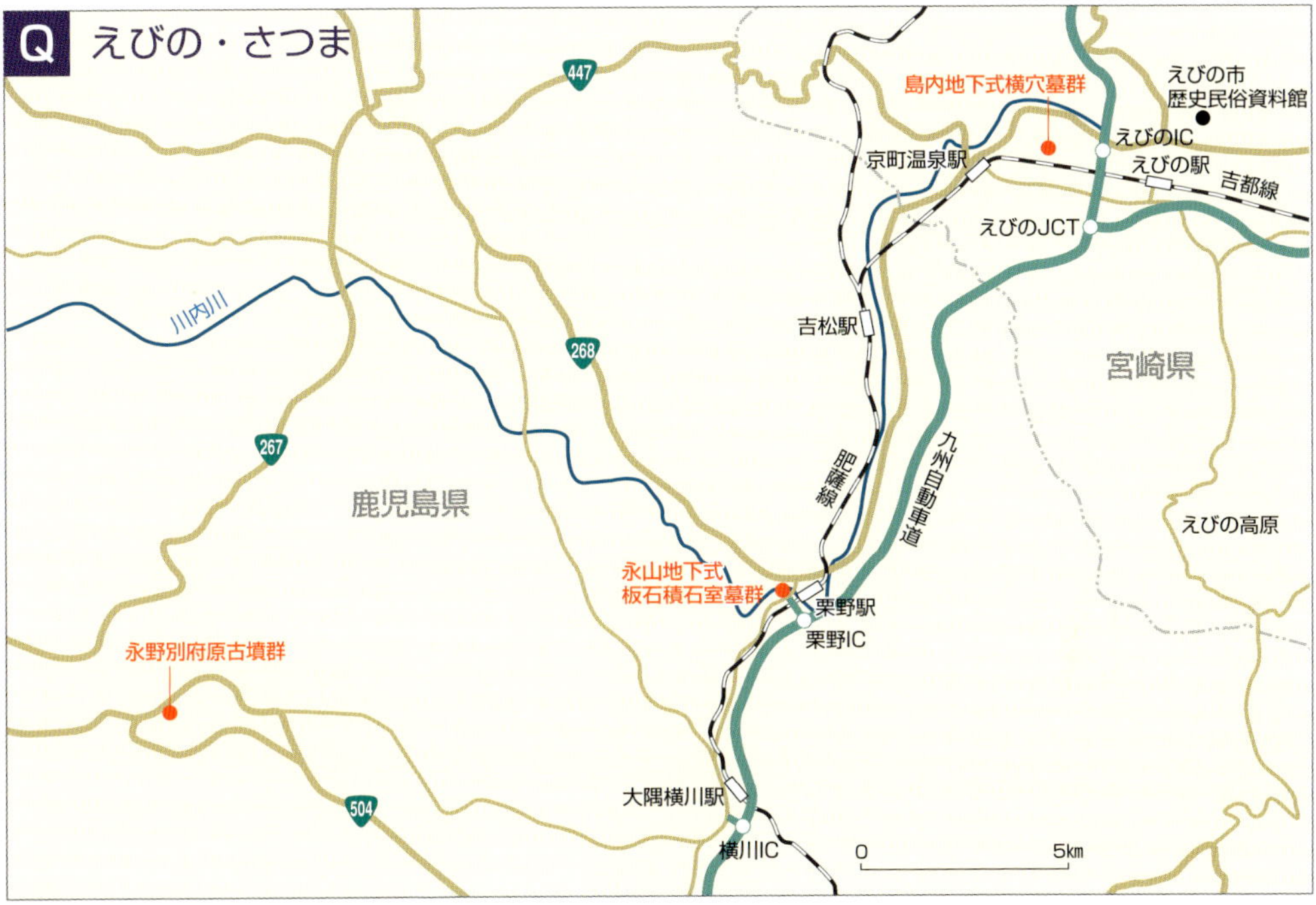
Q えびの・さつま
447
島内地下式横穴墓群
えびの市
歴史民俗資料館
えびのIC
京町温泉駅
えびの駅
吉都線
えびのJCT
川内川
吉松駅
268
宮崎県
267
肥薩線
九州自動車道
鹿児島県
えびの高原
永山地下式
板石積石室墓群
栗野駅
栗野IC
永野別府原古墳群
504
大隅横川駅
横川IC
0
5km

S 指宿
鹿児島湾
薩摩今和泉駅
弥次ヶ湯古墳
池田湖
指宿駅
鰻池
226
指宿枕崎線
大山駅
開聞岳
0
5km

R 大崎
志布志駅
神領古墳群
大崎町役場
横瀬古墳
鹿屋へ
220
志布志湾
448
東串良町
役場
唐仁古墳群
肝属川
肝付町
役場
塚崎古墳群
0
5km

主要参考文献

古墳の基本データは主として自治体や大学などが刊行した史誌と発掘調査報告書に拠り、一部改変した。詳細は原典にあたってほしい。

■全国・総論

小林行雄『古墳時代の研究』青木書店、一九六一年
小林行雄編『装飾古墳』平凡社、一九六四年
森浩一編『論集 終末期古墳』塙書房、一九八三年
近藤義郎『前方後円墳の時代』岩波書店、一九八三年
石野博信ほか編『古墳時代の研究』雄山閣、一九九〇－九三年
大塚初重編『図説 西日本古墳総覧』新人物往来社、一九九一年
文化庁文化財保護部史跡研究会監修『図説日本の史跡三 原始三』同朋社出版、一九九一年
近藤義郎編『前方後円墳集成』山川出版社、一九九一－二〇〇〇年
白石太一郎『古墳とヤマト政権』文春新書、一九九九年
白石太一郎『古墳とその時代』山川出版社、二〇〇一年
辻田淳一郎『鏡と初期ヤマト政権』すいれん舎、二〇〇七年
広瀬和雄編『考古学の基礎知識』角川選書、二〇〇七年
一瀬和夫・福永伸哉・北條芳隆編『古墳時代の考古学』一－一〇、同成社、二〇一一－一四年
若狭徹・埼玉県立さきたま史跡の博物館編『継体大王と地方豪族』吉川弘文館　二〇二五年

■九州

志佐惲彦編『庚申堂塚調査報告書 付 佐賀県下の前方後円墳』佐賀県立博物館、一九七八年
小田富士雄『九州考古学研究 古墳時代篇』学生社、一九七九年
唐津湾周辺遺跡調査会編『末盧國』六興出版、一九八二年
森貞次郎『九州の古代文化』六興出版、一九八三年
高木正文編『熊本県装飾古墳総合調査報告書』熊本県教育委員会、一九八四年
小田富士雄『九州古代文化の形成 弥生・古墳時代篇』学生社、一九八五年
宮崎県『宮崎県史叢書 宮崎県前方後円墳集成』一九九七年
柳沢一男「南九州古墳の様相」全国公立埋蔵文化財センター連絡協議会、二〇〇三年
田中聡一『壱岐の古墳』長崎県壱岐市教育委員会、二〇〇八年
九州前方後円墳研究会『九州における首長系譜の再検討』二〇一〇年
重藤輝行「宗像地域における古墳時代首長の対外交渉と沖ノ島祭祀」『宗像・沖ノ島と関連遺産群 研究報告一』二〇一一年
土生田純之・亀田修一編『古墳時代研究の現状と課題』同成社、二〇一二年
九州前方後円墳研究会『沖ノ島祭祀と九州諸勢力の対外交渉』二〇一二年
吉村武彦ほか編『筑紫と南島』角川選書、二〇二二年
福岡県教育委員会『福岡県の装飾古墳』二〇二五年

■初心者向けのおすすめ本

小林行雄『古墳の話』岩波新書、一九五九年
都出比呂志『古墳時代の王と民衆 古代史復元6』講談社、一九八九年
戸沢充則監修、シリーズ『遺跡を学ぶ』新泉社、二〇〇四年－
右島和夫・千賀久『列島の考古学 古墳時代』河出書房新社、二〇一一年
スソアキコ『スソアキコのひとり古墳部』イート・プレス、二〇一四年（漫画・コミックエッセイ）
吉村靖徳『ふくおか古墳日和』海鳥社、二〇一四年（写真集）
広瀬和雄『知識ゼロからの古墳入門』幻冬舎、二〇一五年
松木武彦編著『考古学から学ぶ古墳入門』講談社、二〇一九年
松木武彦監修、譽田亜紀子著、スソアキコイラスト『知られざる古墳ライフ』誠文堂新光社、二〇二一年
柳沢一男『装飾古墳ガイドブック』新泉社、二〇二二年
河野一隆『装飾古墳の謎』文春新書、二〇二三年

■ウェブサイト

文化庁「国指定文化財等データベース」
独立行政法人国立文化財機構奈良文化財研究所「全国遺跡報告総覧」

［協力者一覧］

阿久根市教育委員会、壱岐市立一支国博物館、うきは市教育委員会、えびの市教育委員会、王塚装飾古墳館、大分県立歴史博物館、大分市教育委員会、大分市海部資料館、大野城心のふるさと館、小郡市教育委員会、鹿児島大学総合研究博物館、嘉島町教育委員会、春日市教育委員会、唐津市教育委員会、杵築市教育委員会、肝付町立歴史民俗資料館、九州国立博物館、九州大学考古学研究室、九州歴史資料館、熊本県立美術館、古賀市教育委員会、西都原考古博物館、佐賀県立博物館、佐賀市教育委員会、志免町教育委員会、新富町教育委員会、武雄市教育委員会、鳥栖市教育委員会、和水町教育委員会、玉名市教育委員会、筑紫野市教育委員会、筑前町教育委員会、氷川町教育委員会、福岡市博物館、福津市教育委員会、別府市教育委員会、みやこ町教育委員会、みやま市教育委員会、妙正寺、八代市教育委員会、神崎八幡神社、八女市教育委員会、有木芳隆、綾部哲具、井浦一、生野里美、池田祐司、井上信隆、今井涼子、今田治代、岩橋由季、上田龍児、上野智裕、大塚恵治、奥村俊久、尾崎源太郎、尾園晃、川副麻理子、河野史郎、川原圭士郎、岸本圭、小嶋篤、小林啓、猿渡真弓、重藤輝行、下原幸裕、進村真之、末永崇、杉本岳史、高橋浩子、高橋政行、竹田宏司、田中聡一、田中義家、辻田淳一郎、徳永博文、友岡信彦、中川祐二、中野和浩、野原千賀子、秦広之、西嶋剛広、西田巌、仁田坂聡、橋本達也、早瀬賢、東憲章、樋渡将太郎、細川金也、益永浩仁、松崎友里、水ノ江和同、森井千賀子、森下靖士、柳澤一男、山元瞭平、吉田和彦、吉永明

（敬称略）

吉村靖徳（よしむら・やすのり）

1965年、東京生まれ。九州歴史資料館副館長。著書に「大宰府と西海道」『アクロス福岡文化誌 3　古代の福岡』（分担執筆、海鳥社、2009年）、『ふくおか古墳日和』（海鳥社、2014年）、『九州の島めぐり』（海鳥社、2019年）など。福岡市在住。

［撮影機材］ Nikon D800　Ricoh GR DIGITAL Ⅳ
GoPro HERO3+ (with PHANTOM2)
CONTAX G1+Planner45/f2
Leica D-LUX8
iPhone 13 mini

九州《きゅうしゅう》の古墳《こふん》
増補改訂版

■

2025年 3 月21日　第 1 刷発行

■

著　者　吉村靖徳
発行者　杉本雅子
発行所　有限会社海鳥社
〒812-0023　福岡市博多区奈良屋町13番 4 号
電話092(272)0120　FAX092(272)0121
印刷・製本　大村印刷株式会社
ISBN978-4-86656-178-3
http://www.kaichosha-f.co.jp
［定価は表紙カバーに表示］